BRENO LUIZ FILOMENO SALDANHA

ENGENHARIA ECONÔMICA
PROJETOS DE INVESTIMENTO

2020

Copyright © 2020 Breno Luiz Filomeno Saldanha

Todos os direitos reservados. Este ebook ou qualquer parte dele não pode ser reproduzido, ou usado de forma alguma sem autorização expressa, por escrito, do autor, exceto pelo uso de citações breves.

O autor empenhou-se em citar adequadamente e dar o devido crédito a todos os detentores dos direitos autorais de qualquer material utilizado neste livro, caso inadvertidamente, a identificação de algum deles tenha sido omitida, prontamente será corrigido.

Apesar dos melhores esforços do autor e dos revisores, é inevitável que surjam erros no texto. Assim, são bem-vindas as comunicações de leitores sobre correções, ou sugestões, referentes ao conteúdo, ou ao nível pedagógico que auxiliem o aprimoramento do texto. Os comentários dos leitores podem ser encaminhados ao autor através do e-mail blf.saldanha@gmail.com.

Engenharia Econômica: Projetos de Investimento
1ª edição - Rio de Janeiro, 2020.
ISBN 979-85-58-22435-1

Design capa: Julia Bertoldo Saldanha

Dedico este livro a João Gaspar e Ulda Maria, meus pais, que me ensinaram que o conhecimento não tem limites, não está restrito ao pouco que sei.

SUMÁRIO

PREFÁCIO 1

1   VALOR DO DINHEIRO NO TEMPO 3
    1.1   O que são juros? 4
    1.2   A usura 4
    1.3   Significado monetário do tempo 5
    1.4   Utilização do poder liberatório do dinheiro por terceiros 5
    1.5   Finalmente os juros 6
    1.6   Margem Bruta 7
    1.7   Taxas de juros 7
    1.8   Diagrama de Fluxo de Caixa 8
    1.9   Regimes de capitalização 9
    1.10 Comparação entre Juros Simples e Compostos 10
    1.11 Operação financeira 11

2   JUROS SIMPLES 12
    2.1   Regime de juros simples 12
    2.2   Taxas de juros simples equivalentes e proporcionais 14
    2.3   Juros simples exatos e Juros simples ordinários 14
    2.4   Equivalência de capitais em juros simples 16
    2.5   Exercícios resolvidos de juros simples 17

3   JUROS COMPOSTOS 24
    3.1   Regime de juros compostos 24
    3.2   Taxas de juros compostos 26
    3.3   Taxas over 29
    3.4   Taxa de juros contínua 33
    3.5   Juros compostos em períodos não inteiros 34
    3.6   Equivalência de capitais em juros compostos 36
    3.7   Exercícios resolvidos de juros compostos 36

4   DESCONTO 51
    4.1   Desconto simples racional 52
    4.2   Desconto simples comercial 53
        4.2.1   *Taxa de juros simples implícita* 54
        4.2.2   *Taxa de juros compostos implícita* 55
        4.2.3   *Outros custos cobrados nas operações de desconto* 56
    4.3   Equivalência de capitais em desconto simples 57
    4.4   Exercícios resolvidos de desconto 59

5   SÉRIES UNIFORMES 75
    5.1   Classificação das Séries 75

5.2	Séries uniformes postecipadas	77
5.3	Séries uniformes antecipadas	80
5.4	Séries uniformes diferidas	82
5.5	Perpetuidades	84
5.6	Bonds do mercado americano	85
5.7	Duration	88
5.8	Funções do Excel® para séries uniformes	91
5.9	Exercícios resolvidos de séries	94
6	**SISTEMAS DE AMORTIZAÇÃO**	**118**
6.1	Sistema Francês de amortização	119
6.2	Sistema de amortização constante (SAC)	122
6.3	Sistema misto de amortização	125
6.4	Sistema americano	126
6.5	Período de carência	128
6.6	Custos extras cobrados nas operações financeiras	129
6.7	Custo Efetivo Total (CET)	129
6.8	Funções do Excel® para sistemas de amortização	132
6.9	Exercícios resolvidos de sistemas de amortização	133
7	**INFLAÇÃO E ÍNDICES DE PREÇOS**	**147**
7.1	Medindo a Inflação	148
7.2	Taxas reais e Taxas combinadas	149
7.3	Índices de Preços	151
7.4	Determinando a variação de preços	152
7.5	Referências de taxas financeiras	154
7.6	Rentabilidade de aplicações financeiras	154
7.7	Exercícios resolvidos de índices e taxas	157
8	**AVALIAÇÃO DE INVESTIMENTOS**	**166**
8.1	Engenharia Econômica	167
8.2	Análise de viabilidade econômico-financeira	169
8.3	Projeção, Predição e Planejamento	169
8.4	Fluxo de caixa	171
8.5	Indicadores de rentabilidade	171
8.5.1	*Taxa de atratividade e prazo de análise*	*172*
8.5.2	*Valor Presente Líquido (VPL)*	*173*
8.5.3	*Valor Anual Equivalente*	*175*
8.5.4	*Taxa interna de retorno (TIR)*	*176*
8.5.5	*Taxa Interna de Retorno Modificada (TIRM)*	*178*
8.5.6	*Prazo de recuperação do capital investido (Payback)*	*180*
8.5.7	*Payback descontado (payback modificado)*	*181*
8.6	Funções do Excel® para análise de investimentos	182
8.6.1	*VPL*	*182*
8.6.2	*TIR*	*183*
8.6.3	*MTIR*	*183*
8.6.4	*XTIR*	*184*
8.6.5	*XVPL*	*186*

8.7 FLUXO INCREMENTAL ENTRE PROJETOS MUTUAMENTE EXCLUSIVOS 187
8.8 EXERCÍCIOS RESOLVIDOS DE ANÁLISE DE INVESTIMENTOS 191

9 CUSTOS 221

9.1 CONCEITOS RELATIVOS A CUSTOS 221
   9.1.1 *Produção* 221
   9.1.2 *Custo do ciclo de vida* 222
   9.1.3 *Custos afundados* 222
   9.1.4 *Custo de oportunidade* 222
9.2 CUSTOS DE PRODUÇÃO 223
   9.2.1 *Custos diretos* 223
   9.2.2 *Custos indiretos* 223
   9.2.3 *Custos fixos* 224
   9.2.4 *Custos variáveis* 224
9.3 CUSTOS RECORRENTES E NÃO RECORRENTES 224
9.4 CUSTO MARGINAL 225
   9.4.1 *Custo médio x custo marginal* 225
9.5 PONTO DE EQUILÍBRIO 226
   9.5.1 *Margem de contribuição* 228
   9.5.2 *Índice da margem de contribuição (IMC)* 228
   9.5.3 *Ponto de equilíbrio financeiro, contábil e econômico* 229
9.6 CONCEITOS CONTÁBEIS PARA A ANÁLISE DE INVESTIMENTOS 231
   9.6.1 *Depreciação ou amortização do investimento* 232
   9.6.2 *Ganho de capital* 233
   9.6.3 *Ativo Intangível e Ativo Financeiro* 234
   9.6.4 *Impostos cumulativos e não cumulativos* 236
9.7 DIFERIMENTO E AMORTIZAÇÃO DE DESPESAS PRÉ-OPERACIONAIS 236
9.8 EXERCÍCIOS RESOLVIDOS DE CUSTOS 237

10 PROJETOS DE INVESTIMENTO 249

10.1 PROJETOS DE INVESTIMENTO COMO UM SISTEMA 250
10.2 CARACTERÍSTICAS DOS PROJETOS DE INVESTIMENTO 251
10.3 ESTRUTURA CONTRATUAL 252
10.4 DIMENSÕES DE UM PROJETO DE INVESTIMENTO 254
   10.4.1 *Condições para a existência do projeto* 255
   10.4.2 *Receitas e garantias* 256
   10.4.3 *Capex* 258
   10.4.4 *Opex* 261
   10.4.5 *Financiamento* 262
   10.4.6 *Estrutura societária* 264
   10.4.7 *Efeito tributário* 266
   10.4.8 *Análise de risco* 267

11 FINANCIAMENTO 270

11.1 PROJECT FINANCE 271
   11.1.1 *Condições contratuais que geram discussões* 272
11.2 ESTRUTURA DE CAPITAL — ALAVANCAGEM 274
11.3 FONTES DE FINANCIAMENTO 276

11.4	TIPOS DE DÍVIDA	278
11.5	FINANCIAMENTO DO TIPO MINI-PERM	279
11.6	GARANTIAS PARA OS FINANCIAMENTOS	279
11.7	MERCADO FINANCEIRO	281
11.8	UNDERWRITING	282

12 FLUXO DE CAIXA 284

12.1	ELABORAÇÃO DO FLUXO DE CAIXA	284
12.1.1	*Tipos de Fluxo de caixa*	*289*
12.1.2	*Máxima exposição do fluxo de caixa*	*290*
12.2	ANÁLISE DE SENSIBILIDADE	291
12.3	ANÁLISE DE CENÁRIOS	292

13 ANÁLISE DE RISCO 298

13.1	MITIGAÇÃO DE RISCO	299
13.2	IDENTIFICAÇÃO DO RISCO	299
13.2.1	*Risco financeiro*	*300*
13.2.2	*Risco comercial ou de mercado*	*301*
13.2.3	*Risco de construção*	*302*
13.2.4	*Risco tributário-contábil*	*303*
13.2.5	*Risco de Insumos*	*304*
13.2.6	*Risco operacional*	*304*
13.2.7	*Risco de integridade*	*305*
13.2.8	*Risco ambiental e social*	*305*
13.2.9	*Risco-País*	*306*
13.2.10	*Risco de força maior e caso fortuito*	*308*
13.3	CONTINGÊNCIA	308
13.4	MEDINDO O RISCO	309

14 CONSIDERAÇÕES FINAIS 310

BIBLIOGRAFIA 312

PREFÁCIO

> *Para construir um navio, não comece por juntar madeiras, cortar tábuas e distribuir tarefas, e sim ensine às pessoas a almejar a infinita imensidão do oceano.*
> ANTOINE DE SAINT-EXUPÉRY

Em um campo vasto, técnico e repleto de nuances como Finanças, é raro encontrar um autor que reúna uma extensa experiência profissional em conceber, desenvolver e executar Projetos de Investimentos à didática necessária para tornar conceitos complexos acessíveis até mesmo a iniciantes. Àqueles que almejam estudar e praticar Finanças, ambas qualidades são essenciais, uma vez que o conhecimento acadêmico nem sempre abarca tudo aquilo que é efetivamente utilizado na gestão de empresas ou na vida cotidiana.

Nesse sentido, 'Engenharia Econômica: Projetos de Investimentos' tem um escopo ambicioso, a começar pelos princípios da Matemática Financeira — valor do dinheiro no tempo, juros e taxa de desconto, sistemas de amortização e inflação — que formam os alicerces sobre os quais os demais ensinamentos são estruturados. O aprendizado de tais princípios, permite ao leitor solucionar corretamente diversos problemas do dia-a-dia, como avaliar a melhor aplicação do seu dinheiro, entender o custo e os riscos de um financiamento, e analisar os efeitos da inflação, conforme medida por diferentes índices, sobre o seu capital.

O livro, então, passa para a avaliação, análise de viabilidade e categorização de Projetos de Investimentos sob um prisma conceitual e pragmático, e concluí com considerações bastante atuais e aprofundadas sobre Financiamentos e Análise de Risco. Ao todo, 'Engenharia Econômica' confere ao leitor — independentemente de sua compreensão prévia — a capacidade de comparar alternativas de investimento, classificar e gerir custos, aferir a melhor opção de compra e financiamento de ativos fixos, dentre outros.

Esse amplo escopo é possibilitado por décadas de experiência e reconhecimento profissional e acadêmico do autor, Breno Luiz Filomeno Saldanha, que explora cada capítulo com leveza e abrangência, focando nos elementos chave para a correta compreensão e aplicação do conteúdo abordado. Os conceitos são acompanhados de exemplos do universo corporativo, ajudando a tangenciar temas potencialmente abstratos e são finalizados com exercícios de fixação. Sua estrutura é nitidamente modular, permitindo que o leitor leia, consulte e retorne a determinadas seções sem grandes perdas de continuidade.

'Engenharia Econômica' vem em um momento bastante oportuno, em que cada vez mais brasileiros buscam enveredar pela área de investimentos, seja como possível carreira, seja como diversificação de suas finanças pessoais. Como material didático ou guia profissional, seu conteúdo permite o cálculo dos fundamentos financeiros de um ativo ou projeto — ainda que sujeito a imprecisões inerentes a qualquer modelo — e abre caminho para a sua subsequente e bem sucedida execução. Com sua abordagem sistemática e bem fundamentada, o livro ensina e ajuda analistas e engenheiros no desenvolvimento de Projetos de Investimentos, fugindo de conclusões e escolhas determinadas por meras percepções subjetivas do mercado e de seus *players*.

Ao fim de 'Engenharia Econômica', o leitor atento não terá apenas aprendido e utilizado conceitos, números, fórmulas e linhas de uma planilha — e sim construído seu navio, lançado à beira da imensidão do oceano.

IGOR ROMITELLI DE QUEIROZ
Rio de Janeiro, Novembro de 2020

1
VALOR DO DINHEIRO NO TEMPO

Intuitivamente todos têm noção do valor do dinheiro no tempo. Quando nos deparamos com a possibilidade de escolher entre receber uma determinada quantidade de dinheiro hoje ou em uma data futura, todos acabamos optando por receber imediatamente, quer por podermos usufruir do poder liberatório ou pelo próprio risco de não recebermos no futuro.

O entendimento do mecanismo por trás das transações financeiras, seja no momento de investir, desenvolver um projeto ou avaliar uma oportunidade de investimento, requer a compreensão do conceito do valor do dinheiro no tempo. O conhecimento dos cálculos financeiros é essencial na gestão financeira de empresas e na vida cotidiana das pessoas.

A Matemática Financeira é o ramo da matemática que se dedica a analisar e calcular o *valor do dinheiro no tempo* e a Engenharia Econômica consiste na aplicação destes conceitos aos projetos de investimento.

1.1 O que são juros?

Na área econômica dois conceitos sempre acompanharam os registros da história humana: *impostos* e *juros*. Nas citações mais antigas, os juros eram pagos pelo uso de sementes ou de outras conveniências tomadas emprestadas. Os juros eram expressos por uma quantidade adicional de sementes ou de outros bens em relação às quantidades originalmente emprestadas. Muitas das práticas financeiras existentes nos dias de hoje tiveram sua origem nesses antigos costumes de empréstimo e devolução de sementes e de outros produtos agrícolas.

Desde que o homem passou a acumular riquezas e as suas necessidades foram aumentando, a busca do dinheiro e do seu poder de compra, tanto para satisfazer as necessidades básicas quanto para empreender, esteve sempre presente na história humana.

Está também registrado na história que a ideia dos juros estava bastante desenvolvida já no ano de 575 a.C. Nessa época já existia uma companhia de banqueiros internacionais, com matriz na Babilônia, cuja renda era proveniente das taxas de juros cobradas pelo uso de seu dinheiro no financiamento do comércio internacional.

Os sumérios antigos estavam familiarizados com todos os tipos de contratos legais e usuais, como faturas, recibos, notas promissórias, crédito, juros simples e compostos, hipotecas, escrituras de venda e endossos.

Como em todas as convenções que têm existido por milhares de anos, algumas das práticas relativas a juros foram modificadas para satisfazerem às exigências atuais, mas alguns dos antigos costumes ainda persistem. Por exemplo, quando as sementes eram emprestadas para a semeadura de uma certa área, era lógico esperar o pagamento na próxima colheita — no prazo de um ano. Assim, o cálculo de juros numa base anual, o acúmulo anual de juros (juros compostos), para o financiamento das antigas viagens comerciais, que não podiam ser concluídas em um ano, era bem razoável.

§ *Existe no Museu do Louvre uma tábua datada aproximadamente do ano de 1700 a.C., na qual está registrado o seguinte problema: Por quanto tempo deve-se aplicar uma certa quantidade de dinheiro a juros compostos anuais de 20% para que ela dobre de valor?*

1.2 A usura

A cobrança de valores exorbitantes sobre o capital emprestado era chamada desde os tempos bíblicos de usura, e estava proibida aos cristãos[1]. Na Idade Média acreditava-se que dinheiro não poderia gerar dinheiro. O empréstimo de dinheiro

---

[1] *Êxodo* 22, 21–27.

estava restrito aos não cristãos, que eram tolerados em função da necessidade de financiamento para o comércio internacional.

Com a evolução do sistema financeiro, os pensadores da época começaram a achar justo que o credor recebesse uma parte dos lucros obtidos com o fruto de seu empréstimo, sob a forma de juros. No final do século XV, surgiram as primeiras tabelas que regulavam e limitavam os valores cobrados pelo empréstimo de dinheiro. Teve origem nessa época a primeira diferenciação entre juro e usura. Juro era a taxa cobrada dentro dos valores estipulados na tabela prevista em lei e usura passou a ser o termo utilizado para se referir à cobrança de taxas superiores a este limite máximo permitido.

Quando da revolução protestante em 1536, Juan Calvino refutou a ilegalidade da cobrança de juros. Com isso a cobrança de juros foi se consolidando como parte da essência das transações comerciais.

1.3 Significado monetário do tempo

O *tempo* passa a ter significado monetário no momento em que existe uma preferência pela satisfação antecipada de necessidades e, acima de tudo, as pessoas estão dispostas a pagar por isto. Isto porque a maioria das pessoas prefere o consumo imediato, e está disposta a pagar um *preço* por isto. Por sua vez, quem for capaz de esperar até possuir a quantia suficiente para adquirir seu bem desejado e, neste ínterim, estiver disposto a emprestar esta quantia a alguém, menos paciente, deve ser recompensado por esta abstinência na proporção do tempo e risco que a operação envolver.

O conceito monetário do tempo surgiu naturalmente quando o Homem percebeu que existe uma estreita relação entre a necessidade de dinheiro e o tempo necessário para obtê-lo. Processos de acumulação de capital e a desvalorização da moeda levariam normalmente à aceitação da ideia de juros. O tempo, o risco e a quantidade[2] de dinheiro para empréstimos disponível no mercado definem qual será a remuneração do credor.

1.4 Utilização do poder liberatório do dinheiro por terceiros

O conceito de remuneração por utilização temporária de um determinado bem de propriedade de terceiros está bastante difundido em nossa sociedade. Para ter o direito de morar em uma residência que não nos pertence, fazemos um acordo com o proprietário de forma a pagar-lhe um aluguel. Este aluguel remunera o proprietário pelo empréstimo e pela indisponibilidade do imóvel durante o prazo

---

[2] Quanto maior a disponibilidade, maior a liquidez do mercado.

acordado. O salário dá direito, ao empregador, de dispor durante determinado prazo do trabalho de um funcionário contratado. Da mesma forma, os juros são a contrapartida paga pela utilização temporária de determinado capital. Este valor remunera o dono do capital pelo empréstimo e indisponibilidade deste capital, pois por um determinado prazo o seu dinheiro será utilizado por outra pessoa. O capital emprestado ou aplicado será devolvido acrescido de juros na data acordada entre as partes, isto é, será realizado o pagamento adicional pela privação do proprietário de usufruir durante determinado prazo do poder liberatório de seu capital.

Tabela 1 - Fatores de produção e sua remuneração

Fator de Produção	Descrição	Remuneração
Capital Real (Físico)	Equipamentos, edificações — bens utilizados no processo produtivo.	Aluguel
Capital Humano (Trabalho)	Mão de obra necessária no processo produtivo.	Salário
Capital Financeiro	Dinheiro necessário para o financiamento do processo produtivo.	Juros

1.5 Finalmente os juros

"Juros são a compensação pelo custo de oportunidade do dinheiro e da incerteza de reembolso do valor emprestado; ou seja, representam o preço do tempo e o preço do risco. O preço do tempo é a compensação pelo custo de oportunidade do dinheiro — o que poderia ser feito com o dinheiro em outros lugares — e o preço do risco é uma compensação pelo risco financeiro. Ou seja, quanto mais arriscado o investimento, maior a taxa de juros" (DRAKE, et al., 2009 p. 4)[3].

Considerando a posição do proprietário do capital, o valor recebido a título de juros deverá ser o suficiente para remunerar:

a) as despesas operacionais com a realização da transferência temporária do capital;
b) a perda de poder aquisitivo do capital ocasionada pela elevação dos preços no período do empréstimo (inflação);
c) o pagamento pela cessão do poder liberatório do capital durante o prazo do empréstimo;
d) o risco financeiro de não pagamento associado à operação de empréstimo — inadimplência;
e) o risco do negócio em função das variáveis de caráter econômico, político e social, fatores externos que desequilibram a condição inicialmente pactuada para o empréstimo.

---

[3] Tradução do autor.

1.6 Margem Bruta

A margem bruta de uma determinada operação, que pode ser um empréstimo, uma compra ou venda, é obtida através da divisão da diferença entre o valor recebido e o valor aplicado pelo valor aplicado.

– Margem Bruta = *(Valor resgatado – Valor aplicado)/ Valor aplicado*

ƒ $MB = {V_r}/{V_a} - 1$

Com a margem bruta somente temos a informação do percentual de remuneração obtido na operação, e não sabemos o prazo necessário para obter esta margem. A informação não permite avaliar ou comparar operações, pois, dependendo do prazo, pode ser uma margem adequada ou não.

Exercício 1. Um imóvel foi adquirido por $500.000,00 e após determinado prazo foi revendido pelo valor de $700.000,00. Calcule a margem bruta obtida na operação.

– $V_a = 500.000,00$
– $V_r = 700.000,00$
– $MB = {V_r}/{V_a} - 1$
– $MB = {700.000}/{500.000} - 1$

Λ $MB = 40\%$

Λ *Não podemos afirmar se foi efetivamente um bom negócio, uma vez que isso depende do prazo, da inflação ocorrida neste prazo e das outras oportunidades disponíveis no mercado.*

1.7 Taxas de juros

Denomina-se Taxa de Juros a associação de uma determinada rentabilidade a um período de referência. Desta forma, se associarmos no exemplo anterior a taxa de 40%, obtida na operação, à sua duração, por exemplo um semestre, teremos que a taxa de juros da operação foi de 40% ao semestre.

As taxas de juros são apresentadas de duas formas: a primeira, que relaciona a quantidade de juros a ser paga por cada centena de capital, e a segunda, que relaciona a quantidade de juros a ser paga por cada unidade de capital.

Taxa Centesimal (Percentual): Representa os juros devidos por cem unidades de capital que serão pagos segundo a periodicidade definida pela unidade da taxa de juros. Por exemplo: em 10% ao mês, para cada mês de utilização do capital, serão pagas 10 unidades adicionais de capital para cada centena de unidades emprestadas ou investidas.

Taxa Unitária: Representa os juros devidos por cada unidade de capital emprestada ou investida. Assim como na representação centesimal, os juros serão pagos segundo a periodicidade definida pela unidade da taxa de juros.

Tabela 2 – Conversão de taxa percentual em taxa unitária

Taxa de juros percentual	Operação	Taxa de juros unitária
10%	10/100	0,10
45%	45/100	0,45
180%	180/100	1,80

As taxas de juros são usualmente apresentadas em sua forma centesimal, porém, quando inserimos seu valor nas fórmulas de cálculo devemos usar sua forma unitária. A calculadora financeira HP12C®[4] faz automaticamente esta conversão, portanto, na utilização da calculadora devemos empregar as taxas com o valor na forma percentual. A quantidade de juros a ser paga pela utilização temporária de um capital, pode ser obtida: através da aplicação de uma taxa de juros sobre este capital, durante um determinado prazo, resultando no valor dos juros a serem pagos.

1.8 Diagrama de Fluxo de Caixa

Para uma melhor compreensão das operações, podemos representar graficamente os valores de entrada e saída de caixa e os tempos em que ocorrem.

Os diagramas de fluxo de caixa apresentam as seguintes convenções para a sua representação:

a) A linha do tempo horizontal representa os anos, meses, semanas, etc.
b) As setas acima da linha do tempo representam as entradas de caixa ou receitas: valores positivos.
c) As setas abaixo da linha do tempo representam as saídas de caixa ou despesas: valores negativos.
d) Para os eventos de entrada e saída de caixa, salvo dito explicitamente em contrário, considera-se que ocorrem no final dos períodos.
e) Todos estes movimentos de caixa estão inseridos em um ambiente em que se aplica uma *taxa de juros positiva* e diferente de zero.

---

[4] A calculadora HP12C® é uma calculadora financeira que utiliza o método RPN (*Reverse Polish Notation*) e que introduziu o conceito de fluxo de caixa nas calculadoras, utilizando sinais distintos para entrada e saída de recursos. Produzida pela Hewlett-Packard e lançada em 1981, suas operações lógico-matemáticas são referência no mercado financeiro.

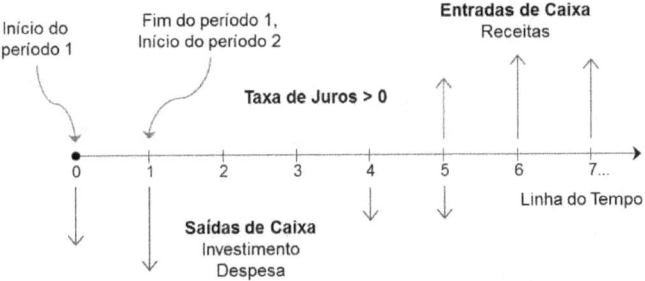

Figura 1 - Diagrama do Fluxo de Caixa

§ *As calculadoras financeiras também fazem a distinção entre entradas e saídas de caixa, utilizando o* **sinal negativo** *para as saídas de caixa e o* **sinal positivo** *para as entradas de caixa.*

1.9 Regimes de capitalização

A sucessiva incorporação dos juros ao valor principal, ao longo dos períodos financeiros, denomina-se capitalização, resultando em um valor futuro. A operação inversa de retirar os juros incorporados é denominada descapitalização ou valor descontado, o que resulta em um valor presente. O conceito de presente e futuro aqui é de um valor em relação ao outro, não estando relacionados a uma data presente ou futura, apesar de muitas vezes ser este o caso.

Figura 2 - Capitalizar ou Descapitalizar valores no tempo

A incorporação dos juros ao capital ao longo do tempo, ou seja, a *capitalização*, pode se dar de três formas distintas: a capitalização simples, a capitalização composta e a capitalização contínua.

Capitalização simples: Os juros são sempre calculados sobre o capital inicialmente aplicado, não são devidos juros sobre os juros incorridos nos períodos anteriores. A capitalização simples é linear e os juros são constantes para cada um dos períodos que compõem o prazo total da operação. Os juros acumulados na capitalização simples são modelados através de uma progressão aritmética.

Capitalização composta: Neste caso não só o capital inicial rende juros, mas os juros devidos dos períodos anteriores são incorporados ao capital em cada período financeiro para o cálculo dos juros do período seguinte, isto é, são devidos *juros sobre juros*. A capitalização composta é exponencial e os juros são crescentes com o prazo de aplicação. Os juros na capitalização composta são modelados através de uma progressão geométrica.

Capitalização contínua: Os juros são capitalizados instantaneamente, isto é, considerando-se que o processo de capitalização dos juros não ocorre em patamares como na capitalização composta, e sim de forma contínua ao longo do prazo de aplicação. A capitalização contínua tem como modelo o exponencial e^r.

– $Valor\ Acumulado = C \cdot e^{n \cdot r}$

ƒ $J = C \cdot [(e^{n \cdot r} - 1)]$

Tabela 3 - Comparação entre os sistemas de capitalização, taxa de juros de 10% ao ano

Período (ano)	Capital	Juros segundo a forma de Capitalização		
		Simples	Composta	Contínua
0	1.000,00			
1	1.000,00	100,00	100,00	105,17
2	1.000,00	100,00	110,00	116,23
3	1.000,00	100,00	121,00	128,46
4	1.000,00	100,00	133,10	141,97
Total de juros		**400,00**	**464,10**	**491,82**

1.10   Comparação entre Juros Simples e Compostos

Os juros simples apresentam um comportamento linear ao longo do tempo e os juros compostos têm um crescimento exponencial.

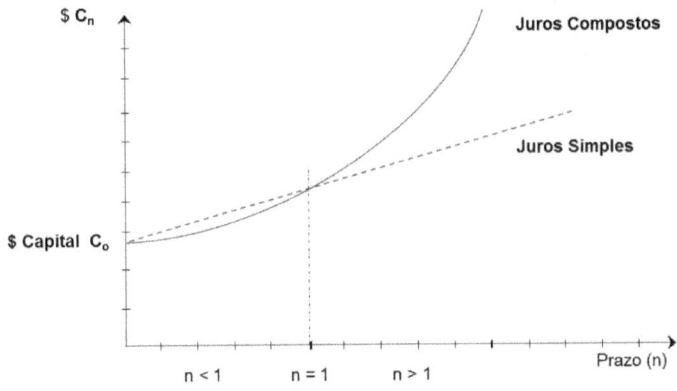

Figura 3 - Crescimento de juros simples e juros compostos
Fonte: baseado (JUER, 1985 p. 57).

§ *Quando são considerados prazos inferiores a um período, os juros calculados como juros simples resultam em valores ligeiramente superiores aos valores calculados como juros compostos.*

1.11 Operação financeira

Operações financeiras são investimentos, empréstimos, substituição de títulos com vencimentos distintos que ocorrem em um ambiente em que existe uma taxa de juros simples ou composta maior que zero.

Desta forma, a realização de uma operação financeira implica em:

a) Um investimento ou empréstimo de capital com o resgate ou pagamento ocorrendo no futuro;
b) A substituição de um capital ou grupo de capitais por outro(s) equivalentes;
c) O ambiente apresentar uma taxa de juros simples ou composta positiva.

Nas operações que ocorrem neste ambiente de taxa de juros positiva, dois ou mais capitais somente podem ser somados ou subtraídos se estiverem referidos à mesma data. Os valores referidos a datas diferentes devem primeiro ser convertidos em valores equivalentes referidos a uma mesma data base. A conversão deve ser feita conforme o regime de juros aplicado e seguindo as regras do *valor do dinheiro no tempo*. Somente após este procedimento os valores podem ser somados ou subtraídos.

Nos capítulos seguintes vamos detalhar as operações financeiras que ocorrem no ambiente de capitalização simples e de capitalização composta. A capitalização contínua é comumente considerada um exercício teórico, não sendo seu uso corrente.

2
JUROS SIMPLES

O regime de capitalização simples, por definição, consiste na aplicação da taxa de juros sobre o valor do capital inicial, e mesmo no caso de múltiplos períodos a base de cálculo não é alterada. Em outras palavras, os juros referentes aos períodos anteriores não são remunerados, sendo apenas acumulados para determinação do total de juros a serem pagos. Assim, nesse regime, o capital inicial cresce de forma linear ao longo do tempo. A utilização prática no Brasil do regime de juros simples é restrita a operações financeiras de curto prazo.

2.1 Regime de juros simples

Diagrama do fluxo de caixa

Nos juros simples, quando da aplicação de um capital [C], durante determinado prazo composto de [n] períodos, a uma taxa de juros [i] referida a cada período, teremos ao final um montante acumulado [M] que será obtido pela soma dos juros [J] acumulados com o capital inicialmente aplicado.

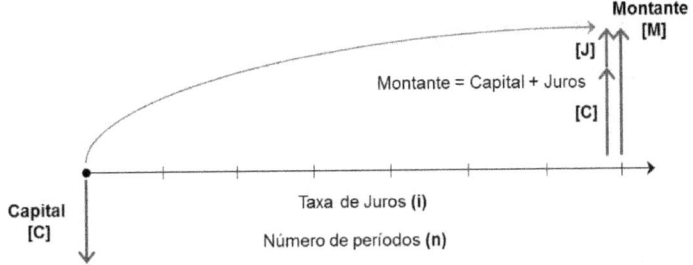

Figura 4 - Diagrama dos elementos de juros simples

Cálculo dos Juros

Para cada período ao qual está referida a taxa de juros da operação, são calculados os juros através do produto entre o capital e a taxa de juros. Os juros para os prazos maiores que um período serão iguais ao somatório dos juros calculados para cada período contido no prazo da aplicação.

Os juros simples são determinados através da multiplicação da taxa de juros pelo capital e pelo número de períodos.

ƒ $J = \sum(i \cdot C) = C \cdot i \cdot n$

§ *Sempre no cálculo dos problemas matemáticos é necessário haver homogeneidade entre as unidades de tempo a que estão referidos o prazo e a taxa de juros simples.*

Nos juros simples, o cálculo dos juros sempre toma como base o capital inicial, ou seja, não há o pagamento de juros sobre os juros ainda não pagos dos períodos anteriores.

Cálculo do montante

O montante resgatado após um determinado prazo de uma operação financeira no regime de juros simples é igual à soma do capital aplicado com os juros obtidos durante o prazo da aplicação.

- $M = C + J$
- $M = C + C \cdot i \cdot n$

ƒ $M = C \cdot (1 + i \cdot n)$

Exercício 2. O capital de $121.800,00 foi investido à taxa de juros de 2% ao mês durante 8 meses. Qual foi o montante e quanto foi recebido de juros?

- $J = C \cdot i \cdot n$
- $J = 121.800 \cdot 0,02 \cdot 8$

   Λ $J = \$19.488,00$

- $M = C \cdot (1 + 0{,}02 \cdot 8)$
- $M = 121.800 \cdot 1{,}16$

$\Lambda \quad M = \$141.288{,}00$

Exercício 3. O capital de $25.000,00 foi investido à taxa de juros simples de 2% ao mês durante o prazo de 1 ano. Quanto foi recebido de juros no término do prazo?

- $C = 25.000{,}00$
- $i = 2\%$ *ao mês*
- $n = 1$ *ano* $\equiv 12$ *meses*

Ψ O cálculo dos juros simples será feito pela aplicação direta da fórmula

- $J = C \cdot i \cdot n$
- $J = 25.000{,}00 \cdot 0{,}02 \cdot 12$

$\Lambda \quad J = \$6.000{,}00$

2.2 Taxas de juros simples equivalentes e proporcionais

Duas ou mais taxas de juros simples são ditas equivalentes se, ao serem aplicadas sobre um mesmo capital durante um mesmo prazo, resultarem no mesmo montante (ou renderem a mesma quantidade de juros).

- **Exemplo:** *36% ao ano $\equiv$ 18% ao semestre*

Considerando o prazo de um ano de aplicação, tanto a taxa de 36% ao ano quanto a taxa de 18% ao semestre rendem a mesma quantidade de juros, e deste modo são ditas equivalentes. Para verificar se uma taxa de juros simples é equivalente a outra, teremos que dividir ou multiplicar a taxa pelo número de vezes em que o novo prazo está contido no prazo anterior ou, no caso inverso, o número de vezes em que o novo prazo contém o prazo anterior. Em juros simples as taxas equivalentes são simplesmente proporcionais.

2.3 Juros simples exatos e Juros simples ordinários

Quando os prazos forem dados em dias ou através das datas de aplicação e de resgate, a taxa de juros utilizada deverá estar também referida ao dia. Porém, a taxa de juros informada, em muitos casos, é referida ao ano, e surge então uma distinção na forma de conversão desta taxa de juros na sua forma equivalente diária.

Quando utilizamos para fazer esta conversão o ano civil com 365 dias, os juros calculados são denominados juros simples exatos. Por sua vez, quando utilizamos o ano comercial com 360 dias, os juros calculados são denominados juros simples ordinários.

Existe na bibliografia uma controvérsia quanto à forma de contar o prazo para os juros ordinários com a adoção de 30 dias para todos os meses, denominada por alguns autores juros simples comerciais.

Tabela 4 - Tipos de juros simples

Tipo de Juros simples	Conversão da taxa de juros	Contagem dos dias
Juros Exatos	número de dias no ano civil [365]	Calendário
Juros Ordinários	número de dias no ano comercial [360]	Calendário
Juros Comerciais	número de dias no ano comercial [360]	Meses de 30 dias

§ *Note-se a incongruência matemática dos juros ordinários: quando um capital ficar aplicado por mais de 360 dias e menos de 365 dias, os juros relativos ao prazo serão maiores do que ao se considerar o período inteiro de um ano.*

Exercício 4. O capital de $72.000,00 esteve aplicado durante 6 meses, de abril até setembro. Considerando a taxa de juros simples contratada como de 98% ao ano, calcule os montantes obtidos utilizando os critérios de juros exatos, juros ordinários e juros comerciais.

Ψ Juros simples exatos

— $i = 0{,}98/365$
— $i = 0{,}2685\ \%$ ao dia
— $n = 30 + 31 + 30 + 31 + 31 + 30$
— $n = 183$ dias
— $M = 72.000 \cdot (1 + 0{,}002685 \cdot 183)$

Λ $Me = \$107.377{,}56$

Ψ Juros simples ordinários

— $i = 0{,}98/360$
— $i = 0{,}2722\ \%$ ao dia
— $n = 30 + 31 + 30 + 31 + 31 + 30$
— $n = 183$ dias
— $M = 72.000 \cdot (1 + 0{,}002722 \cdot 183)$

Λ $Me = \$107.865{,}07$

Ψ Juros simples comerciais

- $i = 0{,}98/365$
- $i = 0{,}2722\%$ ao dia
- $n = 30 + 30 + 30 + 30 + 30 + 30$
- $n = 180$ dias
- $M = 72.000 \cdot (1 + 0{,}002722 \cdot 180)$

Λ $Me = \$107.277{,}12$

2.4 Equivalência de capitais em juros simples

Dois ou mais capitais que estão referidos a datas diferentes são ditos financeiramente equivalentes se, ao serem convertidos a uma mesma data de análise, usando as regras de juros simples, resultarem valores iguais. Em juros simples a questão da equivalência tem algumas especificidades, uma vez que capitais equivalentes só o são em uma única data base.

Esta característica tem origem no fato de que, em cada data para a qual calculamos o valor equivalente, incorporamos ou retiramos os juros incorridos. Se convertemos este novo valor a outra data, estamos emulando uma operação em que o valor na nova data é calculado sobre o capital mais juros incorridos, ou seja, de uma forma indireta estamos calculando juros sobre os juros anteriores.

Portanto, para cada data de análise devemos verificar novamente a equivalência, sempre utilizando o valor referido à data original. Esta característica de o prazo não poder ser fracionado é referida como a incindibilidade do prazo, em juros simples.

Exercício 5. Verifique a equivalência, nas datas 0 e 4, dos capitais de $7.200,00 referido à data 2 e de $9.000,00 à data 5, considerando uma taxa de juros simples de 10% por período.

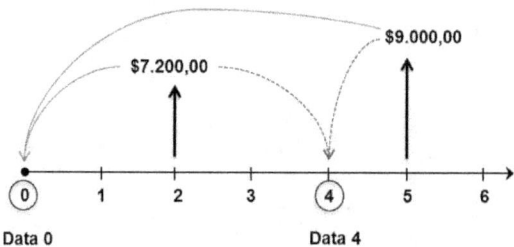

a.) Data 0

- $C = M/(1 + i \cdot n)$
- $Valor\ Equivalente\ 1 = 7.200/(1 + 2 \cdot 0{,}10)$
- $Valor\ Equivalente\ 1 = 6.000{,}00$

- Valor Equivalente 2 = 9.000/(1 + 5·0,10)
- Valor Equivalente 2 = 6.000,00

   Λ   Estes capitais são equivalentes considerando a avaliação na data 0

b.) Data 4

- $M = C \cdot (1 + in)$
- Valor Equivalente 1 = 7.200·(1 + 2·0,10)
- Valor Equivalente 1 = 8.640,00
- Valor Equivalente 2 = 9.000/(1 + 1·0,10)
- Valor Equivalente 2 = 8.181,82

   Λ   Fazendo a avaliação na data 4, estes capitais não são equivalentes

2.5 Exercícios resolvidos de juros simples

Exercício 6. *MPapprentice* tem as seguintes dívidas a liquidar: $6.000,00 com vencimento em três meses e $4.800,00 vencendo em quatro meses. Ele propõe substituir estes dois pagamentos por um pagamento único com vencimento em 6 meses. Calcular o valor deste novo pagamento, considerando a taxa de juros simples de 2,1% ao mês e a data 0 para verificar a equivalência entre a soma dos montantes relativos aos dois pagamentos e o novo montante relativo ao pagamento único.

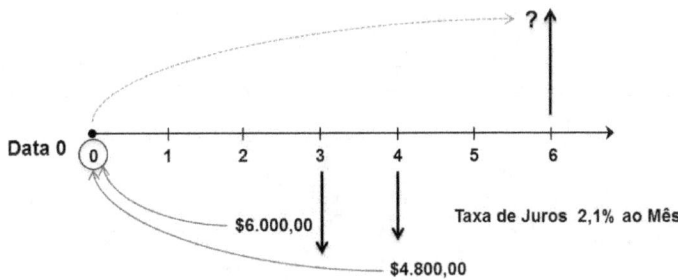

Ψ   Cálculo do valor equivalente aos dois pagamentos na Data 0

- $C = M/(1 + i \cdot n)$
- Valor Equivalente 1 = 6.000/(1 + 3·0,021)
- Valor Equivalente 1 = 5.644,40
- Valor Equivalente 2 = 4.800/(1 + 4·0,021)
- Valor Equivalente 2 = 4.428,04
- Valor Equivalente = 10.072,45

Ψ Cálculo do valor do novo pagamento na data 6

− *Novo Pagamento = VE·(1 + in)*
− *Novo Pagamento = 10.072,45·(1 + 6·0,021)*

Λ *Novo Pagamento = $11.341,58*

Exercício 7. O capital de $165.000,00 foi aplicado durante o período de 10 meses, resultando em $22.000,00 de juros. Qual foi a taxa de juros simples anual utilizada?

− *C = 165.000,00*
− *n = 10 meses*
− *J = 22.000,00*

Ψ Aplicando a fórmula de juros simples

− $J = C \cdot i \cdot n$
− $22.000,00 = 165.000,00 \cdot i \cdot 10/12$

Λ *i = 16% aa*

Exercício 8. Quantos meses deve permanecer aplicado um capital para que os juros resultantes sejam iguais ao dobro do valor aplicado, se a taxa de juros simples for de 25% ao bimestre?

− $J = 2 \cdot C$
− *i = 25% ao bimestre ≡ 12,5% ao mês*

Ψ Supondo que o valor aplicado seja igual a "C" e, portanto, os juros iguais a "2C", podemos calcular o prazo da aplicação desta forma

− $J = C \cdot i \cdot n$
− $2 \cdot C = C \cdot 0,125 \cdot n$

Λ *n = 16 meses*

Exercício 9. O capital de $30.000,00 rendeu $4.560,00 de juros simples exatos. Se a taxa de juros simples da operação foi de 73% ao ano e a aplicação ocorreu no dia 18 de março de 2101, em que data ocorreu o resgate?

− $J = C \cdot i \cdot n$
− *C = 30.000,00*
− *J = 4.560,00*
− *i = 73% ao ano ≡ 0,73/365 = 0,002 ao dia*

Ψ Cálculo do prazo da operação

- $4.560,00 = 30.000,00 \cdot 0,002 \cdot n$

  Λ $n = 76$ dias

  Λ Data = 2 de junho de 2101

Exercício 10. O capital de $64.000,00, aplicado a juros simples ordinários à taxa de juros de 48% ao ano, resultou no dia 8 de setembro de 2101 no montante de $70.656,00. Determine em que data ocorreu a aplicação.

- $C = 64.000,00$
- $i = 48\%$ ao ano $\equiv 0,48/360 = 0,001333$ ad
- $M = 70.656,00$

Ψ Aplicando a fórmula do montante para o cálculo do prazo da aplicação

- $M = C \cdot (1 + i \cdot n)$
- $70.656 = 64.000 \cdot (1 + 0,001333 \cdot n)$
- $n = 78$ dias
- Data = 8 de setembro de 2101 − 78 dias

  Λ Data = 22 de junho de 2101

Exercício 11. A aplicação de $72.000,00 por um período de 10 meses resultou no montante de $114.480,00. Se a taxa de juros simples dos 4 últimos meses foi de 5% ao mês, qual a taxa mensal do período inicial?

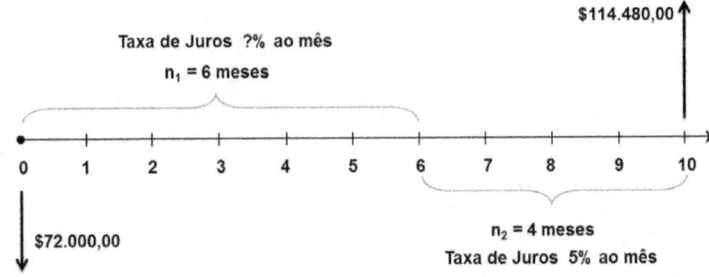

Ψ Os juros simples são calculados sempre sobre o capital inicial. Desta forma, o montante é o capital mais os juros dos dois períodos

- $M = C + J_1 + J_2$
- $M = C + C \cdot i_1 \cdot n_1 + C \cdot i_2 \cdot n_2$
- $114.480 = 72.000 \cdot (1 + i_1 \cdot 6 + 0,05 \cdot 4)$
- $1,59 - 1,2 = i_1 \cdot 6$

Λ $i_1 = 6,5\%$ ao mês

Exercício 12. A *JGcompany* aplica 40% de seu capital à taxa de juros simples de 4% ao mês e o restante do capital à taxa de juros simples de 6,5% ao mês. Se a empresa recebe mensalmente $2.750,00 de juros, qual o valor do capital inicial?

Ψ   São duas aplicações distintas: a primeira de 40% do capital e a segunda dos 60% restantes

Ψ   1ª aplicação   Ψ   2ª aplicação

− $C_1 = 0,4 \cdot C$ − $C_2 = 0,6 \cdot C$
− $i_1 = 6\%$ ao mês   − $i_2 = 5\%$ ao mês
− $n = 1$ mês   − $n = 1$ mês

Ψ   Os juros são obtidos através da soma dos juros produzidos em cada uma das aplicações durante 1 mês

− $J = J_1 + J_2$
− $J = C_1 \cdot i_1 \cdot n + C_2 \cdot i_2 \cdot n$
− $2.750 = 0,4 \cdot C \cdot 0,04 \cdot 1 + 0,6 \cdot C \cdot 0,065 \cdot 1$

Λ $C = \$50.000,00$

Exercício 13. O capital de $20.000,00 foi investido à taxa de juros simples de 7,5% a.m. Decorrido certo prazo de aplicação, a taxa de juros foi majorada para 10% a.m. Se quatro meses após a majoração foi apurado um montante para todo o prazo do investimento de $37.000,00, por quantos meses este capital esteve aplicado à taxa de juros de 7,5% ao mês?

− $C = 20.000,00$
− $i_1 = 7,5\%$ am
− $i_2 = 10\%$ am
− $n_2 = 4$ meses
− $M = 37.000,00$

Ψ   O montante é igual ao capital mais os juros

− $M = C \cdot (1 + i_1 \cdot n_1 + i_2 \cdot n_2)$
− $37.000 = 20.000 \cdot (1 + 0,075 \cdot n_1 + 0,10 \cdot 4)$
− $1,85 - 1,4 = 0,075 \cdot n_1$

Λ $n_1 = 6$ meses

Exercício 14. *UMinvestitore* deposita determinado capital em um banco. Após 3 meses de aplicação o montante resultante é de $181.800,00. Este montante é novamente aplicado, à mesma taxa de juros simples, resultando, após mais 6 meses de aplicação, no novo montante de $185.436,00. Determine:
a.) a taxa de juros simples anual;
b.) o capital inicial.

- $n_1 = 3$ *meses* $\equiv 0,25$ *ano*
- $M_1 = 181.800,00$
- $n_2 = 6$ *meses* $\equiv 0,5$ *ano*
- $M_2 = 185.456,00$

Ψ Montante dos primeiros 3 meses de aplicação

- $M_1 = C \cdot (1 + i \cdot n_1)$
- $181.800 = C \cdot (1 + i \cdot 0,25)$ **(1)**

Ψ Montante nos 6 meses restantes. Importante: o valor aplicado não foi o capital inicial, e sim o montante da primeira operação

- $M_2 = M_1 \cdot (1 + i \cdot n_2)$
- $185.456 = 181.800 \cdot (1 + i \cdot 0,5)$

  Λ $i = 4\%$ *ao ano*

Ψ Substituindo o valor da taxa na equação *(1)*

- $181.800 = C \cdot (1 + 0,04 \cdot 0,25)$

  Λ $C = \$180.000,00$

Exercício 15. O capital de $39.000,00 esteve aplicado a juros simples durante 10 meses. A taxa de juros dos primeiros meses foi de 8% ao mês e então foi aumentada para 10% ao mês, resultando no montante de $75.660,00. Calcule os prazos de aplicação de cada uma das taxas de juros.

- $C = 39.000,00$
- $M = 75.660,00$
- $n = n_1 + n_2 = 10$ *meses* $\therefore n_2 = 10 - n_1$
- $i_1 = 8\%$ *ao mês*
- $i_2 = 10\%$ *ao mês*
- $M = C \cdot (1 + i_1 \cdot n_1 + i_2 \cdot n_2)$
- $75.660 = 39.000 \cdot (1 + 0,08 n_1 + 0,10 \cdot (10 - n_1))$
- $1,94 = 2 - 0,02 n_1$

  Λ $n_1 = 3$ *meses*; $n_2 = 7$ *meses*

Exercício 16. Os capitais de $14.000,00 e $21.000,00 foram aplicados a juros simples durante o mesmo período, o 1º à taxa de juros de 8% ao mês e o 2º à taxa de juros de 14% ao mês. Se o montante da segunda aplicação é o dobro do montante da primeira aplicação, por quantos meses os capitais estiveram aplicados?

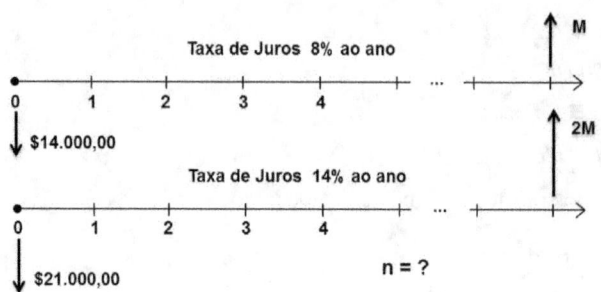

Ψ 1ª aplicação   Ψ 2ª aplicação

- $C_1 = 14.000,00$ - $C_2 = 21.000,00$
- $n_1 = n$ - $n_2 = n$
- $i_1 = 8\%$ ao mês   - $i_2 = 14\%$ ao mês
- $M_1 = M$ - $M_2 = 2 \cdot M$

Ψ Calculando os montantes das aplicações

- $M_1 = 14.000 \cdot (1 + 0{,}08 \cdot n)$ **(1)**
- $M_2 = 21.000 \cdot (1 + 0{,}14 \cdot n)$ **(2)**

Ψ Multiplicando a equação *(1)* por 2

- $2 \cdot M_1 = 28.000 \cdot (1 + 0{,}08 \cdot n)$ **(3)**

Ψ Igualando as equações *(2)* e *(3)*

- $M_2 = 2 \cdot M_1$
- $21.000 \cdot (1 + 0{,}14 \cdot n) = 28.000 \cdot (1 + 0{,}08 \cdot n)$
- $0{,}14 \cdot n - 0{,}1067 \cdot n = 1{,}3333 - 1$
- $0{,}0333 \cdot n = 0{,}3333$

  Λ $n = 10$ *meses*

BLFS

Exercício 17. Dois capitais C_1 e C_2, sendo C_1 \$12.500,00 unidades monetárias menor que C_2, foram aplicados respectivamente a 4% ao mês durante 8 meses e a 3% ao mês durante 9 meses. Se os juros resultantes das aplicações foram iguais, quais os valores dos capitais C_1 e C_2?

Ψ São efetuadas duas aplicações distintas: a primeira do capital C_1 e a segunda do capital C_2

  Ψ 1ª aplicação   Ψ 2ª aplicação

  – $C_1 = C_2 - 12.500,00$ – $C_2 = C_2$
  – $i_1 = 4\%$ ao mês   – $i_2 = 3\%$ ao mês
  – $n_1 = 8$ meses   – $n_2 = 9$ meses

Ψ Como as aplicações rendem juros iguais, temos

– $J_1 = J_2$
– $C_1 \cdot i_1 \cdot n_1 = C_2 \cdot i_2 \cdot n_2$
– $(C_2 - 12.500) \cdot 0,04 \cdot 8 = C_2 \cdot 0,03 \cdot 9$
– $0,32 \cdot C_2 - 4.000 = 0,27 \cdot C_2$
– $0,05 \cdot C_2 = 4.000$

  Λ $C_2 = \$80.000,00$

– $C_1 = C_2 - 12.500$

  $C_1 = \$67.500,00$

3
JUROS COMPOSTOS

Os juros compostos são o sistema mais empregado no mercado financeiro, e quase que exclusivamente na análise de projetos de investimento. A lógica de remuneração, na medida do transcurso do tempo de aplicação do capital no regime dos juros compostos, consiste na sucessiva incorporação dos juros vencidos ao capital. Ou seja, quando aplicamos ou tomamos um capital calculamos inicialmente os juros sobre este capital, porém ao final de um período os juros incorridos, não amortizados, são incorporados ao capital para o cálculo dos juros do período seguinte e assim sucessivamente.

Apesar de haver alguns questionamentos sobre os juros compostos, parece lógico que em não havendo pagamento de juros, os juros do período seguinte devam incidir sobre a nova dívida composta do capital inicial mais os juros. De fato, se os juros fossem pagos o capital poderia ser novamente aplicado ou emprestado, gerando por sua vez novos juros.

3.1 Regime de juros compostos

O montante ou *valor futuro* em juros compostos é obtido, assim como nos juros simples, pela soma do capital ou *valor presente* aos juros incorridos no período. Porém, nos juros compostos, o cálculo dos juros será feito não só sobre o capital aplicado inicialmente mas também cumulativamente sobre os juros incorridos nos períodos anteriores.

§ *Os juros são devidos no final de cada período de capitalização da taxa de juros. As taxas de juros devem indicar qual o período de referência e com que frequência os juros devem ser capitalizados.*

O procedimento do cálculo do *valor futuro* [FV] a partir de um *valor presente* [PV] durante o prazo da operação [n], a uma taxa de juros compostos [i], é denominado *Capitalização*; ao procedimento inverso, de a partir de um *valor futuro* encontrar o *valor presente*, dá-se o nome de *Descapitalização*. O valor descapitalizado também é denominado *valor descontado*.

§ *Ao usar o termo "descontado", devemos ter cuidado para não confundi-lo com as operações de desconto descritas a seguir no capítulo 4.*

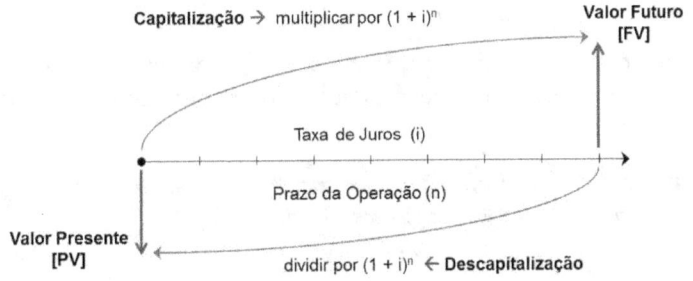

Figura 5 - Diagrama dos elementos dos juros compostos

Cálculo do Valor Futuro (montante)

Com base no conceito de juros compostos, o *valor futuro* após um período de capitalização será igual ao *valor presente* mais os juros do período, então:

- $FV = PV + J$
- $J = i \cdot PV$
- $FV = PV + PV \cdot i$
- $FV = PV \cdot (1 + i)$

Considerando o segundo período de capitalização, teremos a incorporação dos juros ao capital no cálculo dos juros do período seguinte. Assim sendo, o novo capital considerando os juros incorridos será representado pela equação $PV \cdot (1 + i)$ e os juros e o novo *valor futuro* do período seguinte serão obtidos desta forma:

- $J_2 = i \cdot PV_0 \cdot (1 + i)$
- $FV_2 = [PV_1] + [J_2]$
- $FV_2 = [PV_0 \cdot (1 + i)] + [PV_0 \cdot (1 + i) \cdot i]$

- $FV_2 = [PV_0 \cdot (1 + i)] \cdot (1 + i)$
- $FV_2 = PV_0 \cdot (1 + i)^2$

Portanto, a cada período de capitalização teremos que multiplicar o novo *valor presente* por *(1 + i)*. Resulta disso que o *valor futuro* é igual ao *valor presente* multiplicado *n vezes* por 1 mais a taxa de juros.

∫ $FV = PV \cdot (1 + i)^n$

O fator *(1 + i)^n* é denominado *fator de capitalização* ou *fator de valor futuro*. Ao multiplicá-lo pelo *valor presente*, encontramos o *valor futuro*.

§ *Devemos atentar para o fato de que na elaboração dos cálculos é necessário que as unidades de tempo da taxa de juros e do prazo sejam as mesmas.*

Frequência de capitalização

Em muitos casos a taxa de juros é referida a mais de uma unidade de tempo, um período de referência e a frequência dentro deste período com a qual os juros são incorporados ao capital.

§ *A **frequência de capitalização** nem sempre está explícita na taxa de juros. Em muitos casos ela é indicada em condições contratuais, tais como: os juros são incorporados ao capital semestralmente, os juros serão exigíveis a cada mês. É bastante usual que as taxas sejam anuais e a frequência de capitalização coincida com a periodicidade de pagamento das prestações.*

3.2 Taxas de juros compostos

As taxas de juros compostos são distintas das taxas de juros simples, pois estão associadas a duas unidades de tempo: o período de referência, que indica o prazo da taxa, e a frequência de capitalização, que informa a periodicidade com que os juros devem ser incorporados ao capital. Através da combinação das unidades do período de referência e da frequência de capitalização, podemos ter:

a) as **taxas de juros efetivas**, quando o período e a frequência estão referidos à mesma unidade de tempo; e
b) as **taxas de juros nominais,** quando a unidade de tempo do período de referência é maior que a unidade da frequência de capitalização.

Taxas Efetivas

São taxas efetivas aquelas que apresentam o período de referência e a frequência de capitalização referidos à mesma unidade de tempo. Por exemplo: 12% ao ano capitalizados anualmente, 3% ao mês com capitalização mensal. Desta forma, por haver homogeneidade entre as unidades, estas podem ser empregadas diretamente nas fórmulas de juros compostos.

período de referência = frequência de capitalização

Taxas Nominais

As taxas nominais são aquelas em que o período de referência e a frequência de capitalização estão expressos em unidades distintas, sendo o período de referência considerado inteiro (normalmente anual), e a frequência de capitalização uma fração deste. Por exemplo, são taxas nominais: 12% ao ano com capitalização trimestral e 10% ao ano capitalizados mensalmente. As taxas nominais trazem em sua estrutura um problema, pois estão referidas a unidades distintas e, portanto, *não podem* ser utilizadas diretamente nas fórmulas de juros compostos.

período de referência > frequência de capitalização

§ *As taxas nominais necessariamente devem ser convertidas em taxas efetivas antes de serem utilizadas nos cálculos financeiros.*

Taxas de juros equivalentes

O conceito de taxa equivalente é bastante importante na matemática financeira, pois permite a conversão das diversas taxas, tanto nominais quanto efetivas, aos prazos das aplicações. Duas taxas de juros referidas a períodos diferentes serão consideradas equivalentes quando forem aplicadas no mesmo prazo, e conduzirem o mesmo *valor presente* a um mesmo *valor futuro*.

Taxa efetiva equivalente a taxa nominal

A determinação de uma taxa efetiva equivalente a uma taxa nominal é feita através da divisão do valor da taxa nominal pelo número de capitalizações que ocorrem no período de referência. Logo, com a divisão da taxa nominal pela frequência de capitalização contida no período de referência, a taxa efetiva encontrada manterá a unidade de tempo da frequência de capitalização.

— $\text{taxa efetiva} = \text{taxa nominal} / \text{número de capitalizações no período de referência}$

ƒ $i = j / \text{frequência de capitalização}$

Por exemplo, a taxa nominal de 12% ao ano com capitalização mensal é equivalente à taxa efetiva de 1% ao mês com capitalização mensal (12%/12).

Taxa nominal equivalente a taxa efetiva

A determinação de uma taxa nominal equivalente a uma taxa efetiva é feita através do cálculo do produto entre o valor da taxa efetiva e a frequência de capitalização que ocorrerá dentro do novo período de referência, isto é, pela quantidade de capitalizações contidas dentro do novo período de referência.

– *taxa nominal = taxa efetiva · número de capitalizações no período de referência*

ƒ $j = i \cdot$ *frequência de capitalização*

Por exemplo, a taxa efetiva de 3% ao mês com capitalização mensal é equivalente à taxa nominal de 18% ao semestre com capitalização mensal (3%·6).

Taxa efetiva equivalente a taxa efetiva

Para alterar a unidade de tempo da frequência de capitalização, é necessário determinar uma taxa efetiva equivalente a outra taxa efetiva. Como estas taxas estarão referidas a períodos diferentes, devemos portanto partir do princípio de que são equivalentes, ou seja, de que ambas as taxas, aplicadas sobre um mesmo *valor presente*, durante um mesmo prazo, devem resultar no mesmo *valor futuro*.

Deste modo, se os *valores presentes* forem iguais e os *valores futuros* forem iguais, os *fatores de capitalização* também serão iguais, então:

Ψ Para calcular uma taxa efetiva anual equivalente a uma taxa efetiva mensal, teremos

– $(1 + i_{anual})^1 = (1 + i_{mensal})^{12}$
– $i_a = (1 + i_m)^{12} - 1$

Ψ Calculando o inverso, com taxa mensal equivalente à taxa anual

– $i_{mensal} = (1 + i_{anual})^{mês/ano} - 1$
– $i_m = (1 + i_a)^{1/12} - 1$

Ψ Generalizando a fórmula

– $(1 + i_k) = (1 + i_q)^{k/q}$

ƒ $i_k = (1 + i_q)^{k/q} - 1$

Exercício 18. Um determinado capital está aplicado à taxa de juros de 36% ao ano com capitalização mensal. Qual a taxa de juros efetiva anual com que o capital está sendo remunerado?

– $i = j/fc$
– $i = 0,36/12$
– $i = 3\%$ *ao mês com capitalização mensal*
– $i_a = (1 + i_m)^{12} - 1$
– $i_a = (1 + 0,03)^{12} - 1$

$\wedge$ $i_a = 42,58\%$ ao ano com capitalização anual

Fazendo a análise da influência da frequência de capitalização no comportamento das taxas efetivas, apresentamos na Tabela 5 as taxas equivalentes à taxa anual de 8%, considerando diferentes frequências de capitalização.

Tabela 5 - Taxas efetivas equivalentes a 8% ao ano com distintas capitalizações

Capitalização	Taxa Nominal	Taxa Efetiva no período	Taxa Efetiva anual
Anual	8,0% aa/a	8,0000% aa/a	8,0000% aa/a
Semestral	8,0% aa/s	4,0000% as/s	8,1600% aa/a
Quadrimestral	8,0% aa/q	2,6667% aq/q	8,2152% aa/a
Trimestral	8,0% aa/t	2,0000% at/a	8,2432% aa/a
Bimestral	8,0% aa/b	1,3333% ab/b	8,2715% aa/a
Mensal	8,0% aa/m	0,6667% am/m	8,3000% aa/a
Semanal	8,0% aa/semana	0,1538% asm/sm	8,3220% aa/a
Diária	8,0% aa/d	0,0219% ad/d	8,3278% aa/a
Contínua	8,0% aa/continua	8,0000% aa/cont	8,3287% aa/a

Taxas de juros referidas a períodos especiais

Este tipo de taxa é usual no mercado, normalmente apresentando períodos de referência para adequar o número de dias úteis da aplicação. São as taxas de operações de curto prazo, como CDB, CDI e alguns fundos especiais de aplicação. As taxas deste tipo normalmente estão referidas a prazos como 28 dias, quatro semanas, 32 dias, 35 dias.

Nestes casos, para permitir a comparação entre taxas é necessário definir um período padrão. Normalmente se utiliza o mês, e a conversão é feita com base no conceito de taxas equivalentes.

- $i_{mensal} = (1 + i_{período})^{mês/período} - 1$
- $i_m = (1 + i_{28})^{30/28} - 1$
- $i_{mensal} = (1 + i_{dia\ útil})^{dias\ úteis\ por\ mês} - 1$

Exercício 19. A financeira *Caos Finance* está captando recursos pagando uma taxa efetiva de CDB de 4,5% para o período de 35 dias corridos. Calcule a taxa efetiva mensal equivalente.

- $i_{mensal} = (1 + 0,045)^{30/35} - 1$

$\wedge$ $i_{mensal} = 3,845\%\ am/m$

3.3 Taxas over

As taxas over tem origem nas *overnight*, que são operações realizadas no *open market* com o prazo mínimo de um dia. O *open market* no Brasil é o conjunto de transações realizadas todos os dias úteis as quais envolvem títulos de renda fixa de emissão pública ou privada. Neste mercado são adotadas as taxas over, que são taxas de juros nominais ao mês com capitalização por dia útil, ou melhor, por dia de funcionamento do mercado financeiro.

Apesar de serem uma taxa nominal e não indicarem a real rentabilidade mensal da operação, as taxas over são utilizadas como indicadores mensais da taxa de juros. Para determinar a rentabilidade efetiva mensal, é necessário converter a taxa over em uma taxa efetiva.

As taxas over específicas de cada mês são calculadas levando em conta o número de dias úteis reais daquele mês. Toda taxa over deve, necessariamente, indicar o número de dias úteis considerados na sua elaboração, ou pelo menos indicar a que período específico ela está referida — por exemplo, a taxa over do mês de julho de 2101 — de modo a possibilitar a contagem dos dias úteis.

Considerando-se, então, uma taxa over mensal com capitalização por dia útil, para convertê-la em taxa efetiva por dia útil basta dividi-la por 30.

- $i_{dia\ útil} = i_{taxa\ over} / 30$

Para determinar uma taxa over a partir de uma taxa efetiva mensal, calculamos a taxa efetiva por dia útil e depois multiplicamos por 30, conforme mostrado a seguir:

$$f \quad i_{taxa\ over} = \left[(1 + i_{mensal})^{1/dias\ úteis\ por\ mês} - 1\right] \cdot 30$$

No Brasil o Banco Central determina que para as taxas de referência, o ano de forma genérica tem 252 dias úteis. Por extrapolação os meses têm 21 dias úteis.

Exercício 20. A *JGcompany* aplica seus recursos a uma taxa over de 1,8% am, durante um mês, sendo contados neste prazo 21 dias úteis. Determinar a taxa efetiva mensal da operação (du = dia útil).

- $i_{du} = i_{taxa\ over} / 30$
- $i_{du} = 0,06\%$ ao dia útil/ dia útil
- $i_{mensal} = (1 + i_{du})^{du} - 1$
- $i_{mensal} = (1,0006)^{21} - 1$

$\Lambda \quad i_{mensal} = 1,2676\%\ am/m$

Exercício 21. Considere uma operação com o prazo de 42 dias corridos. Durante este prazo foram contados 28 dias úteis, com a operação tendo sido contratada a uma taxa over de 2,7% am. Sabendo-se que o capital aplicado foi de $42.000,00, calcular a taxa efetiva mensal e o montante ao término do prazo.

- $i_{du} = i_{taxa\ over} / 30$
- $i_{du} = 0,09\%$ ao dia útil/ dia útil
- $PV = 42.000,00$

- $FV = PV \cdot (1 + i_{du})^{du}$
- $FV = 42.000 \cdot (1,0009)^{28}$

Λ $FV = 43.071,36$

Ψ Determinar o número de dias úteis por um mês (30 dias)

- $du/mês = (28/42) \cdot 30 = 20$

Ψ Calcular a taxa efetiva mensal

- $i_{mensal} = (1 + i_{du})^{du} - 1$
- $i_{mensal} = (1,0009)^{20} - 1$

Λ $i_{mensal} = 1,8155\%\ am/m$

Exercício 22. Em uma aplicação de $110.000,00 pelo prazo de 42 dias corridos, foram resgatados $111.997,32. Sabendo-se que a operação foi contratada a uma taxa over de 1,8% am, calcular o número de dias úteis e a taxa efetiva mensal.

- $i_{du} = i_{taxa\ over}/30$
- $i_{du} = 0,018/30 = 0,0006$
- $i_{du} = 0,06\%$ ao dia útil/ dia útil
- $PV = 110.000,00$
- $FV = 111.997,32$
- $FV = PV \cdot (1 + i_{du})^{du}$
- $111.997,32 = 110.000 \cdot (1,0006)^{du}$
- $(1,0006)^{du} = 1,01816$
- $du = ln(1,01816)/ln(1,0006)$

Λ $du = 30$ dias úteis

Ψ Determinar o número de dias úteis por mês

- $du/mês = (30/42) \cdot 30 = 21,4286$

Ψ Calcular a taxa efetiva mensal

- $i_{mensal} = (1 + i_{du})^{du} - 1$
- $i_{mensal} = (1,0006)^{21,4286} - 1$

Λ $i_{mensal} = 1,2936\%\ am/m$

Cobrança de spread

As operações financeiras com taxa over normalmente vêm acompanhadas da cobrança pela instituição financeira de uma taxa adicional, denominada *spread*. O *spread* é um percentual cobrado acima da taxa de juros, sendo normalmente calculado para cada renovação diária da operação. Assim, para a definição do custo real da operação, ele pode ser incorporado à taxa de juros.

Exercício 23. A *JGcompany* tomou um empréstimo que é renovado diariamente. A taxa de negociação contratada é uma taxa nominal over de 3,3% am, sendo cobrado pelo banco, ainda, um spread de 0,05% pela estruturação da operação. Considerando o padrão de 21 dias úteis por mês, calcule a taxa efetiva mensal da operação.

- $j_{over} = 3,3\%\ am$
- $i_{du} = 0,033/30 = 0,11\%\ ad$

Ψ Custo efetivo do empréstimo incluindo o *spread* cobrado

- $i_{all\ in} = (1,0011) \cdot (1,0005) - 1$
- $i_{all\ in} = 0,16\%\ por\ dia\ útil$

Ψ A taxa efetiva equivalente mensal, utilizando o padrão de 21 dias úteis no mês

- $i_m = (1,0016)^{21} - 1$

Λ $i_m = 3,414\%\ am/m$

Taxa over ano

No Brasil, assim como em economias de outros países, vivemos um desgastante período inflacionário. Com a reorganização da economia foi possível trazer a inflação para níveis controláveis, e uma das ações do Banco Central nesse sentido foi alterar a forma de fixação das taxas de juros. O Banco Central, no final de 1997, criou a *Taxa Over Anual*, uma taxa efetiva anual que tem como base o ano de 252 dias úteis.

A *Taxa over anual* é uma taxa efetiva anual, que deve ser aplicada por dia útil, sendo que sua conversão para dia útil segue os conceitos referentes aos cálculos de taxas equivalentes.

- $i_{dia\ útil} = (1 + i_{over\ anual})^{1/252} - 1$

Exercício 24. Se a taxa over efetiva anual para o ano de 2101 é de 4%, qual será a taxa de juros por dia útil?

- $i_{du} = (1 + 0,04)^{1/252} - 1$

Λ $i_{du} = 0,01556\ \%\ adu/du$

Exercício 25. Se a taxa over mensal cobrada por uma instituição financeira é de 1,8%, considerando 21 dias úteis, qual é a taxa over anual equivalente?

- $i_{over} = 1,8\%$ ao mês/du
- $i_{du} = i_{over}/30 = 0,018/30 = 0,0006$
- $i_{over\,efetiva} = (1 + i_{du})^{du} - 1$
- $i_{over\,efetiva} = (1 + 0,0006)^{252} - 1$

Λ $i_{over\,efetiva} = 16,3177\%$ aa/a (over)

3.4 Taxa de juros contínua

Utilizando o princípio de equivalência de taxas de juros, também podemos calcular taxas contínuas equivalentes às taxas de juros referidas a períodos discretos através da equação:

∫ $i = e^r - 1$

∫ $r = ln(1 + i)$

Onde (r) é a taxa de juros contínua e (i) a taxa de juros discreta referida à mesma unidade de tempo.

Exercício 26. Calcule as taxas anuais com capitalização contínua equivalentes às seguintes taxas de juros:

a.) 17% ao ano com capitalização anual

- $r = ln(1 + i_a) = ln(1,17) = 0,1570$

Λ $r = 15,70\%$ ano capitalização contínua

Ψ Prova

- $i_a = e^{0,1570} - 1 = 1,17 - 1 = 0,17 \equiv 17\%$ aa/a

b.) 1,2% ao mês com capitalização diária

- $i_{diária} = 0,012/30 \equiv 0,04\%$ ad/d
- $i_{anual} = (1 + 0,0004)^{360} - 1 = 0,1549$
- $i_{anual} = 15,49$ aa/a
- $r = ln(1 + i_a) = ln(1,1549) = 0,1440$

Λ $r = 14,40\%$ ano capitalização contínua

c.) 17% ao ano com capitalização mensal

- $i_{anual} = (1 + 0,17/12)^{12} - 1 = 0,1839$

- $i_{anual} = 18,39\%\ aa/a$
- $r = ln(1 + i_a) = ln(1,1839) = 0,1688$

Λ $r = 16,88\%$ ano capitalização contínua

3.5 Juros compostos em períodos não inteiros

Na aplicação de um capital a uma taxa de juros compostos durante um determinado prazo, pode ser necessário conhecer o valor futuro antes de se obter um número inteiro de capitalizações dos juros. Nestes casos podem ser adotados dois critérios no cálculo dos juros na fração do período final.

Convenção Linear

Por esta convenção, os juros referentes à parcela inteira do período são calculados pelos critérios de juros compostos, e, para o cálculo da parte não inteira do período, são utilizadas as regras dos juros simples.

ƒ $FV = PV \cdot (1 + i)^p \cdot (1 + i \cdot f)$

O que define o período inteiro e o período não inteiro é a frequência de capitalização da taxa de juros.

- $i = 20\%\ aa/m$
- $n = 2$ anos, 2 meses e 12 dias
- $p = 26$ meses, e
- $f = 12/30 = 0,4$ mês

Convenção Exponencial

Neste caso os juros referentes a todo o prazo, inclusive a fração, são calculados segundo as regras dos juros compostos, utilizando o "n" como um número racional.

§ *A calculadora HP12C® permite o cálculo de ambas as convenções, que podem ser habilitadas através das teclas STO e EEX. As duas convenções são identificadas pela presença, no lado direito do visor, da letra "c". Quando o "c" não está visível a calculadora adota a convenção linear, e quando o "c" está visível a calculadora utiliza a convenção exponencial. Atenção, a calculadora não encontra o prazo fracionário, sempre apresenta o valor inteiro superior.*

Exercício 27. Ao se aplicar $12.700,00, à taxa de juros de 5,5% am/m, durante determinado prazo, o valor resgatado foi de $20.348,10. Se para o cálculo deste valor foi adotada a convenção linear e o resgate ocorreu 6 dias antes do término do último período, por quanto tempo o capital esteve aplicado?

- $PV = 12.700,00$
- $FV_l = 20.348,10$
- $i = 5,5\%\ am/m$
- $f = 24/30 = 0,8\ mês$
- $FV_l = PV \cdot (1+i)^p \cdot (1+i \cdot f)$
- $20.348,10 = 12.700 \cdot (1+0,055)^p \cdot (1+0,055 \cdot 0,8)$
- $20.348,10/(12.700 \cdot 1,044) = (1,055)^p$
- $1,534686 = (1,055)^p$
- $p = \ln(1,534686)/\ln(1,055)$
- $p = 8\ meses$

$\wedge$ $n = 8\ meses\ e\ 24\ dias$

Exercício 28. O capital de $53.000,00 foi aplicado segundo as regras da convenção linear a uma conta remunerada que pagou uma taxa de juros de 8% am/m para os primeiros 6 meses de aplicação e 10% am/m para o prazo restante. Se o resgate ocorreu 12 dias antes do término do 9º mês, qual o valor do montante?

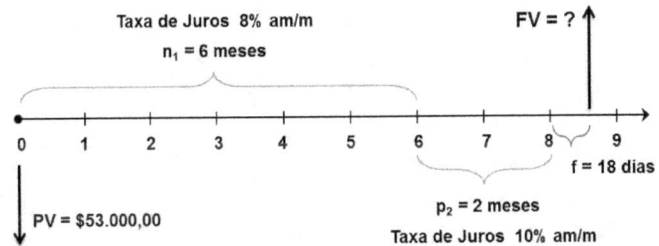

- $n_1 = 6\ meses\ e\ p_2 = 2\ meses$
- $i_1 = 8\%\ am/m\ e\ i_2 = 10\%\ am/m$
- $f = 18\ dias \equiv 0,6\ mês$
- $FV_l = PV \cdot (1+i1)^{n1} \cdot (1+i)^{p2} \cdot (1+i \cdot f)$
- $FV_l = 53.000 \cdot (1+0,08)^6 \cdot (1+0,10)^2 \cdot (1+0,10 \cdot 0,6)$
- $FV_l = 53.000 \cdot 1,586874 \cdot 1,21 \cdot 1,06$

$\wedge$ $FV_l = \$107.872,23$

3.6 Equivalência de capitais em juros compostos

Dois capitais ou dois conjuntos de capitais são ditos equivalentes em juros compostos se, ao serem capitalizados ou descontados para uma mesma *data de referência*, resultam no mesmo valor. Em juros compostos não há o problema de cindibilidade do prazo: considerando-se a taxa de juros constante para todo o prazo, dois capitais equivalentes são equivalentes em qualquer data de análise.

Na análise de investimentos será rotineira a comparação de um grupo de valores referentes a despesas e custos do investimento com um outro grupo, referente a suas receitas. A taxa de juros que determina a equivalência entre as receitas e as despesas é a *taxa interna de retorno* da operação. Portanto, o somatório das receitas descapitalizadas é igual ao somatório das despesas descapitalizadas. No item 8.5.4, iremos abordar com mais profundidade o conceito de taxa interna de retorno.

3.7 Exercícios resolvidos de juros compostos

Exercício 29. M*Sinvestor* aplica o capital de $6.540,00 durante 7 meses, resgatando o montante de $9.000,00. Pergunta-se: qual a taxa de juros mensal da aplicação?

- $PV = 6.540,00$
- $n = 7\ meses$
- $FV = 9.000,00$

Ψ   Solução

- $FV = PV \cdot (1 + i)^n$
- $9.000,00 = 6.540 \cdot (1 + i)^7$
- $(1 + i) = (1{,}376147)^{1/7}$

  $\Lambda \quad i = 4{,}67\%\ am/m$

Exercício 30. Encontre o prazo, em meses, durante o qual ficou aplicado o capital de $7.800,00, e a taxa de juros compostos de 12% am/m, para resultar no montante de $15.395,82.

- $PV = 7.800,00$
- $i = 12\%\ am/m$
- $FV = 15.395,82$

Ψ   Aplicando a fórmula de juros compostos

- $15.395{,}82 = 7.800 \cdot (1 + 0{,}12)^n$
- $(1{,}12)^n = 1{,}9738$

- $n = ln(1{,}9738)/ln(1{,}12)$

Λ $n = 6\ meses$

Exercício 31. O capital de $4.920,00 esteve aplicado por 12 meses. Sendo nos quatro primeiros a taxa de juros de 6,5% am/m e no restante do prazo de 8% am/m, qual o valor do montante?

- $PV = 4.920{,}00$
- $n_1 = 4\ meses$
- $i_1 = 6{,}5\%\ ao\ mês$
- $n_2 = 8\ meses$
- $i_2 = 8\%\ ao\ mês$

Ψ Solução

- $FV = PV \cdot (1 + i_1)^{n1} \cdot (1 + i_2)^{n2}$
- $FV = 4.920{,}00 \cdot (1 + 0{,}065)^6 \cdot (1 + 0{,}08)^6$

Λ $FV = \$11.715{,}42$

Exercício 32. Ao se aplicar um capital durante 3 meses, a taxa de juros compostos do mês seguinte foi sempre o dobro da taxa de juros do mês anterior. Considerando que a taxa de juros do primeiro mês foi "i", determine a fórmula para o cálculo do montante.

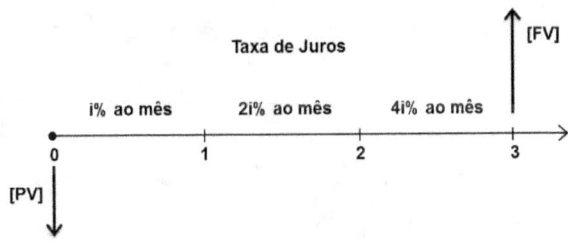

Λ $FV = PV \cdot (1 + i) \cdot (1 + 2i) \cdot (1 + 4i)$

Exercício 33. Um capital esteve aplicado durante 9 meses, sendo nos 3 primeiros meses a taxa de juros de 4,5% am/m e no prazo restante de 7% am/m. Se o montante obtido foi de $7.560,00, qual o valor do capital inicial?

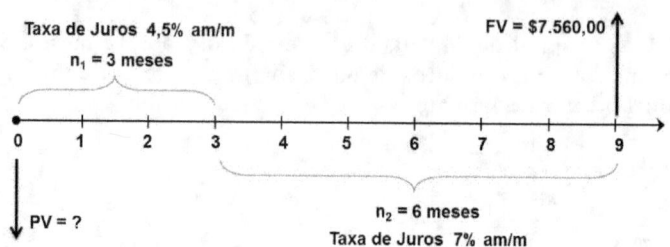

– $FV = 7.560,00$
– $FV = PV \cdot (1 + i_1)^{n1} \cdot (1 + i_2)^{n2}$
– $7.560 = PV \cdot (1 + 0,045)^3 \cdot (1 + 0,07)^6$
– $7.560 = PV \cdot 1,141166 \cdot 1,500730$

Λ $PV = \$6.624,80$

Exercício 34. O valor de $15.100,00 é aplicado em uma operação na qual a taxa de juros dos primeiros 4 meses é de 4,2% am/m, e após esse prazo a taxa de juros passa a ser de 5,7% am/m. Se o valor resgatado no final da operação foi de $32.754,63, qual a duração total da aplicação?

– $PV = 15.100,00$
– $n_1 = 4$ meses
– $i_1 = 4,2\%$ am/m
– $i_2 = 5,7\%$ am/m
– $FV = 32.754,63$

Ψ O montante é obtido pela aplicação do capital às taxas i_1 e i_2

– $FV = PV \cdot (1 + i_1)^{n1} \cdot (1 + i_2)^{n2}$
– $32.754,63 = 15.100 \cdot (1 + 0,042)^4 \cdot (1 + 0,057)^{n2}$
– $1,840030 = (1,057)^{n2}$
– $n_2 = \ln(1,840030)/\ln(1,057)$
– $n_2 = 11$ meses
– $n = n_1 + n_2$

Λ $n = 15$ meses

Exercício 35. O capital de $17.000,00 esteve aplicado durante um ano, resultando no montante de $49.200,00. Se a taxa de juros dos 4 primeiros meses foi de 7,2% am/m, qual a taxa de juros do prazo restante?

- $PV = 17.000,00$
- $n_1 = 4\ meses$ e $n_2 = 8\ meses$
- $i_1 = 7,2\%\ am/m$
- $FV = 49.200,00$

Ψ O montante é igual ao capital mais os juros referentes a 1 ano

- $FV = PV \cdot (1 + i_1)^{n1} \cdot (1 + i_2)^{n2}$
- $49.200,00 = 17.000 \cdot (1 + 0,072)^4 \cdot (1 + i_2)^8$
- $2,191478 = (1 + i_2)^8$
- $(1 + i_2) = (2,1914781)^{1/8}$

Λ $i_2 = 10,30\%\ am/m$

Exercício 36. Um capital ficou aplicado durante determinado prazo, rendendo de juros compostos o valor de $14.707,82. Se o saldo acumulado permanecer aplicado, à mesma taxa de juros, por mais 5 meses, o montante de toda a operação será de $97.142,84. Se a taxa de juros é de 9,5% am/m, qual foi o prazo total da aplicação?

- $n_2 = 5\ meses$
- $FV = 97.142,84$
- $i = 9,5\%\ am/m$

Ψ O valor aplicado por 5 meses para a obtenção do montante foi

- $FV = PV \cdot (1 + i)^n$
- $97.142,84 = PV_1 \cdot (1 + 0,095)^5$
- $PV_1 = 61.707,82$

Ψ Este valor é o montante da primeira aplicação. O capital inicial PV aplicado à taxa de juros de 9,5% am/m resulta após determinado período no montante de 61.707,82. Como deste montante 14.707,82 são juros, o capital inicial pode ser obtido diminuindo do valor do montante os juros

- $PV = PV_1 - J$
- $PV = 61.707,82 - 14.707,82$
- $PV = 47.000,00$

Ψ Obtido o capital inicial, podemos calcular o prazo da 1ª operação

- $61.707,82 = 47.000 \cdot (1 + 0,095)^{n1}$
- $n_1 = \ln(1,31293)/\ln(1,095)$

- $n_1 = 3\ meses$
- $n = n_1 + n_2$

$\Lambda\quad n = 8\ meses$

Exercício 37. Uma aplicação durante 10 meses resultou no montante de $501.892,33. Se durante os três primeiros meses os juros foram de $48.518,06 e durante o prazo restante a taxa de juros foi de 7,5% am/m, qual o valor do capital?

- $n = 10\ meses$
- $FV = 501.892,33$
- $n_1 = 3\ meses$
- $J_1 = 48.518,06$
- $i_2 = 7,5\%\ am/m$

Ψ O valor aplicado por 7 meses para a obtenção do montante foi

- $FV = PV \cdot (1 + i)^n$
- $501.892,33 = PV_1 \cdot (1 + 0,075)^7$
- $PV_1 = 302.518,06$

Ψ Como no exercício anterior, podemos obter o valor do capital inicial assim

- $PV = PV_1 - J_1$
- $PV = 302.518,06 - 48.518,06$
- $PV = 254.000,00$

Ψ Com o capital inicial obtido, calculamos a taxa de juros da 1ª operação

- $302.518,06 = 254.000 \cdot (1 + i_1)^3$
- $i_1 = (1,191016)^{1/3} - 1$

$\Lambda\quad i_1 = 6\%\ am/m$

Exercício 38. A *JSenterprise* dispõe de três fontes de recursos com as seguintes taxas de juros. Qual deve ser a ordem para captação?
 a.) i = 120% ao ano com capitalização mensal;

- $i = j/fc$
- $i_m = 1,2/12 \equiv 10\%\ am/m$

 b.) i = 120% ao ano com capitalização anual;

- $i_m = (1 + i_a)^{1/12} - 1$
- $i_m = (1 + 1,2)^{1/12} - 1$
- $i_m = 6,79\%\ am/m$

c.) i = 120% ao ano com capitalização trimestral.

Ψ Primeiro passo: transformar em taxa efetiva trimestral

- $i_t = 1{,}2/4 \equiv 30\%\ at/t$

Ψ Segundo passo: calcular a taxa equivalente mensal

- $i_m = (1 + i_t)^{1/3} - 1$
- $i_m = (1 + 0{,}3)^{1/3} - 1$
- $i_m = 9{,}14\%\ am/m$

Λ *b.), c.) e a.)*

Exercício 39. Qual a taxa de juros nominal anual com capitalização mensal equivalente às seguintes taxas de juros?
a.) i = 5% ao mês com capitalização mensal;

- $j = 0{,}05 \cdot 12 = 0{,}60$

Λ *j = 60% ao ano com capitalização mensal*

b.) r = 10% ao ano com capitalização contínua;

Ψ Primeiro passo: cálculo da taxa efetiva mensal

- $i_{anual} = e^r - 1$
- $i_{anual} = e^{0{,}10} - 1$
- $i_{anual} = 10{,}517\%\ aa/a$
- $i_{mensal} = (1 + 0{,}10517)^{1/12} - 1$
- $i_{mensal} = 0{,}83681\%\ am/m$

Ψ Segundo passo: cálculo da taxa nominal

- $j = 0{,}0083681 \cdot 12 = 0{,}100417$

Λ *j = 10,0417% ao ano com capitalização mensal*

c.) i = 30% ao semestre com capitalização trimestral.

Ψ Primeiro passo: cálculo da taxa efetiva trimestral

- $i = j/fc$
- $i_t = 0{,}3/2 \equiv 15\%\ at/t$

Ψ Segundo passo: cálculo da taxa efetiva mensal

- $i_m = (1 + i_t)^{1/3} - 1$
- $i_m = (1 + 0{,}15)^{1/3} - 1$

- $i_m = 4,77\%\ am/m$

Ψ Terceiro passo: cálculo da taxa nominal

- $j = 0,0477 \cdot 12$

Λ $j = 57,23\%$ ao ano com capitalização mensal

Exercício 40. O capital de $31.220,00 esteve aplicado à taxa de juros de 8,4% am/m, durante determinado prazo, resultando no montante de $59.059,35. Se no cálculo do montante foi adotada a convenção linear e a fração de período foi de 27 dias, por quanto tempo o capital esteve aplicado?

- $PV = 31.220,00$
- $FV_l = 59.059,35$
- $i = 8,4\%\ am/m$
- $f = 27/30 = 0,9$ mês
- $FV_l = PV \cdot (1 + i)^p \cdot (1 + i \cdot f)$
- $59.059,35 = 31.220 \cdot (1 + 0,084)^p \cdot (1 + 0,084 \cdot 0,9)$
- $1,758753 = (1,084)^p$
- $p = \ln(1,758753)/\ln(1,084)$
- $p = 7$ meses

Λ $n = 7$ meses e 27 dias

Exercício 41. A *JGcompany*, caso deseje ampliar seus negócios, que apresentam uma lucratividade média de 42% ao ano, pode obter o capital necessário em instituições financeiras à taxa de juros de 38,6% aa/m. A empresa deve ou não optar pela ampliação?

- $i_{rentabilidade} = 42\%$ ao ano
- $j_{captação} = 38,6\%\ aa/m$

Ψ Para comparar as duas taxas, teremos que determinar as taxas de juros equivalentes referidas a uma mesma unidade

- taxa mensal de rentabilidade
- $i_m = (1 + i_a)^{1/12} - 1$
- $i_m = (1 + 0,42)^{1/12} - 1$

Λ $i_m = 2,96\%\ am/m$

Ψ Cálculo da taxa de juros mensal de captação

- $i = j/fc$
- $i_m = 0,386/12 = 0,0322$

Λ $i_m = 3{,}22\%\ am/m$

Λ   Não é viável a ampliação com recursos captados nestas instituições financeiras, uma vez que o custo de captação é maior que a possível rentabilidade obtida com a aplicação deste recurso no negócio

Exercício 42. Um investidor obtém em uma operação de 70 dias corridos (48 dias úteis) um rendimento efetivo de 1,8% am. Encontre a taxa over da operação.

– $du/mês = (48/70) \cdot 30 = 20{,}5714$

– $i_{du} = (1 + i_{mensal})^{1/du} - 1$

– $i_{du} = (1 + 0{,}018)^{1/20{,}571} - 1$

– $i_{du} = 0{,}08676\%\ adu/du$

– $i_{taxa\ over} = i_{du} \cdot 30$

Λ $i_{taxa\ over} = 2{,}6028\%\ am$

Exercício 43. Em reunião do Comitê de Política Monetária do Banco Central (Copom) foi comunicado que em janeiro de 2101 haverá, após a última alteração ocorrida em março de 2100, uma nova redução na taxa básica de juros, a Taxa Selic, que irá de 5,50% aa para 5,00% aa. Uma aplicação de $50.000,00 ocorreu em 30 de setembro de 2100, em um investimento que remunera a 100% da taxa de juros Selic, com um prazo de 12 meses. Considerando os dias úteis apresentados na tabela abaixo, determine o valor a ser resgatado no vencimento da operação.

Mês - Ano	Dias úteis	
	2100	2101
janeiro	-	22
fevereiro	-	18
março	-	21
abril	-	21
maio	-	21
junho	-	21
julho	-	22
agosto	-	23
setembro	-	19
outubro	21	-
novembro	20	-
dezembro	20	-

Ψ   Durante a aplicação tivemos a vigência de duas taxas Selic: no período de outubro, novembro e dezembro, de 5,5%, e no período restante de 5,0%

– $n_1 = 61$ dias úteis e $n_2 = 188$ dias úteis

Ψ   As taxas de referência têm como base o ano de 252 dias úteis

– $i_1 = (1 + 0{,}055)^{1/252} - 1 \equiv 0{,}021249\%\ adu/du$

– $i_2 = (1 + 0{,}050)^{1/252} - 1 \equiv 0{,}019363\%\ adu/du$

- $FV = 50.000 \cdot (1 + 0{,}00021249)^{61} \cdot (1 + 0{,}00019363)^{188}$

  $\Lambda \quad FV = \$52.529{,}89$

Exercício 44. A *JGcompany* fez um empréstimo de $214.000,00. O prazo contratado foi de 40 dias úteis, com a taxa nominal over de 2,7% am, sendo cobrado pelo banco, ainda, um *spread* diário de 0,10% pela intermediação da operação. Calcule o valor a ser pago quando do vencimento do empréstimo e a taxa de juros efetiva da operação, considerando o padrão de 21 dias úteis por mês.

- $j_{over} = 2{,}7\%\ am$.
- $i_{du} = 0{,}027/30 \equiv 0{,}09\%\ adu/du$.
- $PV = 214.000$

Ψ Custo efetivo do empréstimo incluindo o *spread* cobrado

- $i_{all\ in} = (1{,}0009) \cdot (1{,}001) - 1$
- $i_{all\ in} = 0{,}1901\%$ por dia útil

Ψ Cálculo do valor a pagar

- $FV = PV \cdot (1 + i)^n$
- $FV = 214.000 \cdot (1 + 0{,}001901)^{40}$

  $\Lambda \quad FV = \$230.889{,}64$

Ψ A taxa efetiva equivalente mensal, utilizando o padrão de 21 dias úteis no mês, será

- $i_m = (1{,}001901)^{21} - 1$

  $\Lambda \quad i_m = 4{,}069\%\ am/m$

Exercício 45. Determine o valor apurado, segundo a convenção linear, resultante da aplicação do capital de $48.000,00 à taxa de juros de 26% ao ano com capitalização trimestral, no prazo de 1 ano, 5 meses e 12 dias.

- $PV = 48.000{,}00$
- $i = 26\%\ aa/t \equiv 6{,}5\%\ at/t$
- $n = 1$ ano, 5 meses e 12 dias
- $p = 5$ trimestres
- $f = 0{,}8$ trimestre
- $FV_l = PV \cdot (1 + i)^p \cdot (1 + i \cdot f)$
- $FV_l = 48.000 \cdot (1 + 0{,}065)^5 \cdot (1 + 0{,}065 \cdot 0{,}8)$

  $\Lambda \quad FV_l = \$69.183{,}90$

Exercício 46. HS*discovery* aplicou por 5 meses e alguns dias o capital de $279.000,00, resgatando o montante de $352.306,12. Sabendo que a taxa de juros da operação foi de 4,25% am/m e que no cálculo do montante foi adotada a convenção linear, qual o prazo total desta aplicação?

- $PV = 279.000,00$
- $FV_l = 352.306,12$
- $i = 4,25\%\ am/m$
- $n = 5\ meses$
- $FV_l = PV \cdot (1 + i)^p \cdot (1 + i \cdot f)$
- $352.306,12 = 279.000 \cdot (1 + 0,0425)^5 \cdot (1 + 0,0425 \cdot f)$
- $352.306,12 = 279.000 \cdot 1,231347 \cdot (1 + 0,0425 \cdot f)$
- $0,0425 \cdot f = 1,0255 - 1$
- $f = 0,6\ mês \equiv 18\ dias$

$\Lambda\quad n = 5\ meses\ e\ 18\ dias$

Exercício 47. O capital de $42.000,00 foi aplicado segundo as regras da convenção linear em um investimento que remunera após os 6 primeiros meses com a taxa de juros de 6% am/m. Se o valor resgatado foi de $61.145,00 e o resgate ocorreu 18 dias antes do término do 9º mês, qual o valor da taxa de juros durante o prazo inicial de 6 meses?

- $PV = 42.000,00$
- $n_1 = 6\ meses$
- $i_2 = 6\%\ am/m$
- $p_2 = 2\ meses$
- $f = 12\ dias \equiv 0,4\ mês$
- $FV_l = 61.145,00$
- $FV_l = PV \cdot (1 + i1)^{n1} \cdot (1 + i)^{p2} \cdot (1 + i \cdot f)$
- $61.145 = 42.000 \cdot (1 + i)^6 \cdot (1 + 0,06)^2 \cdot (1 + 0,06 \cdot 0,4)$
- $(1 + i)^6 = 1,265319$
- $i = (1,265319)^{1/6} - 1$

$\Lambda\quad i = 4\%\ am/m$

Exercício 48. *CSmerchant* faz um depósito em uma conta remunerada para posteriormente pagar uma dívida composta de dois títulos com vencimentos em 36 e 48 dias nos valores de $25.000,00 e $32.000,00, respectivamente. Se a taxa de juros é de 7% am/m, qual o valor do depósito?

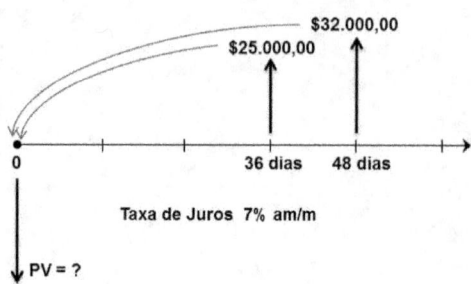

- $PMT_1 = 25.000,00$
- $PMT_2 = 32.000,00$
- $n_1 = 36\ dias$
- $n_2 = 48\ dias$
- $i = 7\%\ am/m$

Ψ O valor do depósito deve ser igual à soma dos valores das prestações descapitalizadas com a taxa que será utilizada para remunerar o valor depositado

- $DEP = PMT_1 \cdot (1 + i)^{-36/30} + PMT_2 \cdot (1 + i)^{-48/30}$
- $DEP = 25.000 \cdot (1,07)^{-1,2} + 32.000 \cdot (1,07)^{-1,6}$
- $DEP = 23.050,45 + 28.716,80$

   Λ $DEP = \$51.767,25$

Exercício 49. Uma mercadoria, cujo preço à vista é de $79.000,00, foi vendida na forma de uma entrada de $35.000,00 e mais uma parcela em 35 dias no valor de $50.000,00. Determine o valor da taxa de juros efetiva mensal cobrada pelo vendedor.

- $VV = 79.000,00$
- $ENT = 35.000,00$
- $PARC = 50.000,00$
- $n = 35\ dias$

Ψ Valor à vista = Entrada + Parcela descapitalizada por 35 dias

- $VV = ENT + PARC \cdot (1 + i)^{-35/30}$
- $79.000,00 = 35.000,00 + 50.000,00 \cdot (1 + i)^{-35/30}$
- $(1 + i) = (1,1364)^{-30/35}$

   Λ $i = 11,58\%\ am/m$

Exercício 50. Um empréstimo de $37.728,01 será pago em duas prestações, a primeira no valor de $16.000,00 com vencimento em 27 dias e a segunda no valor de $24.000,00. Se a taxa de juros é de 5% am/m, quando ocorrerá o vencimento da segunda prestação?

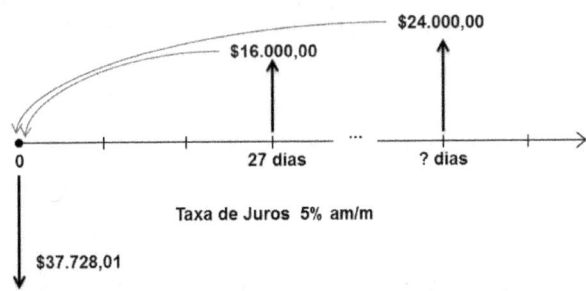

- $EMP = 37.728,01$
- $PREST_1 = 16.000,00$
- $PREST_2 = 24.000,00$
- $n_1 = 27$ dias
- $i = 5\%$ am/m

Ψ O empréstimo é igual à soma das prestações descapitalizadas

- $EMP = PREST_1 \cdot (1 + i)^{-27/30} + PREST_2 \cdot (1 + i)^{-n/30}$
- $37.728,01 = 16.000 \cdot 0,957039 + 24.000 \cdot (1,05)^{-n/30}$
- $0,933974 = (1,05)^{-n/30}$
- $-n/30 = \ln(0,933974)/\ln(1,05)$
- $-n/30 = -1,4$

Λ $n = 42$ dias

Exercício 51. Uma mercadoria cujo preço à vista é de $31.000,00 pode ser paga através de duas parcelas iguais com vencimentos em 45 e 60 dias, respectivamente. Se a taxa de juros é de 4,2% am/m, qual o valor das prestações?

- $VV = 31.000,00$
- $n_1 = 45$ dias
- $n_2 = 60$ dias

Ψ O valor à vista é igual à soma das prestações descapitalizadas

- $VV = PREST \cdot (1 + i)^{-45/30} + PREST \cdot (1 + i)^{-60/30}$
- $31.000 = PREST \cdot 0,940153 + PREST \cdot 0,921010$

Λ $PREST = \$16.656,25$

Exercício 52. *MRboss* adquiriu um bem cujo preço à vista é de $85.000,00, em três parcelas: a primeira, de $40.000,00, que será paga em 24 dias após a compra, e a segunda e a terceira, de mesmo valor nominal, que serão pagas em 39 e 54 dias após a compra, respectivamente. Se a taxa de juros de mercado é de 9% am/m, quais os valores da segunda e terceira parcelas no momento do pagamento?

- $VV = 85.000,00$
- $Pr_1 = 40.000,00$
- $n_1 = 24$ dias, $n_2 = 39$ dias e $n_3 = 54$ dias
- $Pr_2 = Pr_3 = Pr$
- $i = 9\%$ am/m

Ψ Valor à vista = 1ª prest. desc. 24 dias + 2ª prest. desc. 39 dias + 3ª prest. desc. 54 dias

- $VV = Pr_1 \cdot (1+i)^{-24/30} + Pr_2 \cdot (1+i)^{-39/30} + Pr_3 \cdot (1+i)^{-54/30}$
- $85.000 = 40.000 \cdot 0,933381 + Pr \cdot 0,894017 + Pr \cdot 0,856313$
- $1,7503 Pr = 47.665,67$

Λ $Pr = \$27.231,89$

Exercício 53. *JSenterprise* adquire os insumos necessários para a produção de sua fábrica pagando $48.000,00 à vista. Após 30 dias de manufatura, o equivalente em produto é comercializado em duas parcelas de $28.000,00, com vencimentos em 12 e 48 dias, respectivamente. Verifique a viabilidade do negócio, considerando as taxas mínimas de atratividade de 4,2% am/m e 10% am/m.

Ψ Compra   Ψ Venda

- $PV = 48.000,00$ - $PMT = 28.000,00$
                                         - $n_1 = 42$ dias e $n_2 = 78$ dias

Ψ Cálculo com a taxa de 4,2% am/m

- $VV_{4,2\%} = PMT_1 \cdot (1+0,042)^{-42/30} + PMT_2 \cdot (1+0,042)^{-78/30}$
- $VV_{4,2\%} = 28.000 \cdot 0,944029 + 28.000 \cdot 0,898553$
- $VV_{4,2\%} = 51.592,30$

Λ *A operação com a taxa de 4,2% am/m é viável*

Ψ Cálculo com a taxa de 10% am/m

- $VV_{10\%} = PMT_1 \cdot (1+0,10)^{-42/30} + PMT_2 \cdot (1+0,10)^{-78/30}$
- $VV_{10\%} = 28.000 \cdot 0,875085 + 28.000 \cdot 0,780511$

- $VV_{10\%} = 46.356,69$

Λ A operação com a taxa de 10% am/m é inviável

Exercício 54. *MRboss* possui uma conta que remunera seu saldo à taxa de juros de 4,7% am/m. Considerando as seguintes operações efetuadas: um depósito inicial no valor de $2.500,00, outro depósito no valor de $2.700,00 em 24 dias e após mais 12 dias uma retirada no valor de $1.800,00, determine o saldo da conta 15 dias após a retirada.

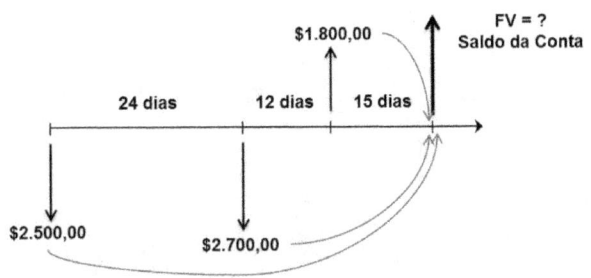

- $DEP_0 = 2.500,00;\ DEP_1 = 2.700,00;\ RET = 1.800,00$
- $n_0 = 51\ dias;\ n_1 = 27\ dias;\ n_r = 15\ dias$
- $S = 2.500 \cdot (1,047)^{51/30} + 2.700 \cdot (1,047)^{27/30} - 1.800 \cdot (1,047)^{15/30}$
- $S = 2.500 \cdot 1,081208 + 2.700 \cdot 1,042202 - 1.800 \cdot 1,023230$

Λ $Saldo = \$3.675,15$

Exercício 55. *UMinvestitore* vai adquirir um novo *smartphone* e encontra o aparelho desejado em duas opções de pagamento: à vista com 10% de desconto; ou sem desconto em duas parcelas iguais, sendo a primeira parcela no ato da compra e a outra em 30 dias. Com base nos dados desta oferta, determine a taxa mensal de juros que a loja está cobrando.

Ψ 1ª opção

- *Preço à vista* $= 0,90 \cdot$ *Preço de tabela*

Ψ 2ª opção

- *Preço a prazo = Preço de tabela, 50% no ato e 50% em 30 dias*
- *Valor financiado* $= 0,90 \cdot$ *Preço de tabela* $- 0,50 \cdot$ *Preço de tabela*
- *Valor financiado* $= 0,40 \cdot$ *Preço de tabela*
- *Prazo* $= 30\ dias \equiv 1\ mês$
- $FV = PV \cdot (1 + i)^n$
- $0,50 \cdot$ *Preço de tabela* $= 0,40 \cdot$ *Preço de tabela* $\cdot (1 + i)^1$
- $(1 + i)^1 = 0,50/0,40$

- $i = 1{,}25 - 1 = 0{,}25$

Λ $i = 25\%\ am/m$

Exercício 56. *CSmerchant* possui um capital de $38.000,00. Com este valor deseja pagar duas prestações, a primeira de $19.000,00 e a segunda de $32.645,80, com vencimentos em 2 e 4 meses, respectivamente. Qual deverá ser o valor mínimo da taxa de juros para ser possível o pagamento das prestações?

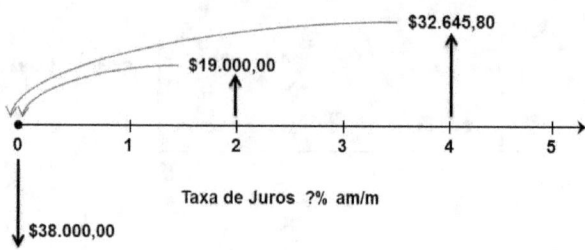

- $n_1 = 2$ meses e $n_2 = 4$ meses

Ψ O valor à vista deve ser igual à soma das prestações descapitalizadas

- $VV = PREST \cdot (1 + i)^{-2} + PREST \cdot (1 + i)^{-4}$
- $38.000 = 19.000 \cdot (1 + i)^{-2} + 32.645{,}80 \cdot (1 + i)^{-4}$

Ψ Dividindo a equação por 38.000

- $1 = 0{,}5 \cdot (1 + i)^{-2} + 0{,}8591 \cdot (1 + i)^{-4}$

Ψ Substituindo $(1 + i)^2$ por "x", temos

- $1 = 0{,}5 \cdot x + 0{,}8591 \cdot x^2$

Ψ Aplicando a fórmula de Bhaskara

- $x = \dfrac{-b \pm \sqrt{b^2 - 4ac}}{2a}$

- $x = \dfrac{-0{,}5 \pm \sqrt{0{,}5^2 - 4 \cdot 0{,}8591 \cdot (-1)}}{2 \cdot 0{,}8591}$

- $x = (-0{,}5 + 1{,}92)/1{,}7182$
- $x = 0{,}826446$, a raiz negativa não será considerada.

Ψ Usando a igualdade $(1 + i)^{-2} = x$, temos

- $0{,}826446 = (1 + i)^{-2}$
- $i = 0{,}826446^{-0{,}5} - 1$

Λ $i = 10\%$ ao mês/mensal

4
DESCONTO

O desconto de títulos é uma convenção secularmente aceita e amplamente utilizada nas operações comerciais e bancárias de curto prazo. Consiste no empréstimo de um determinado valor, tendo como garantia títulos de terceiros, em carteira, referentes a compromissos de pagamento futuros.

Como funciona esse desconto? Uma empresa que possui um título de terceiro, com vencimento futuro, vai a uma instituição financeira e efetua a operação de desconto deste título. A operação consiste em, no momento do desconto, receber um valor menor que o valor a ser pago por este terceiro na data do vencimento.

A instituição financeira, no momento do vencimento do título, fica na obrigação/direito de cobrar deste terceiro o valor original desse título. É importante observar que neste caso a instituição financeira tem direito de regresso, isto é, se o terceiro não efetuar o pagamento, ela tem o direito de cobrar o valor do título da empresa que o apresentou para a operação de desconto.

Factoring

Existem empresas que fazem uma operação muito semelhante chamada *factoring*. Nesse caso, essas empresas se especializaram em comprar títulos com risco de crédito. Na compra dos títulos as empresas cobram o chamado deságio, que além da taxa de desconto contém uma taxa referente ao risco de crédito do emissor do título. As empresas que operam com o *factoring* se diferenciam de outras instituições financeiras por não possuírem o direito de regresso, ou seja, a partir do momento em que o direito de crédito é vendido com o deságio, caso o terceiro não honre o pagamento a empresa de *factoring* não poderá cobrar o valor original do vendedor do título.

Diagrama das operações de desconto

Nas operações de desconto o valor de face do título é seu *Valor Nominal* [VN], ao valor pago ou adiantado pelo título é denominado *Valor Líquido* [VL] e a diferença entre o valor nominal e o valor líquido de *Desconto* [D], conforme mostrado na Figura 6.

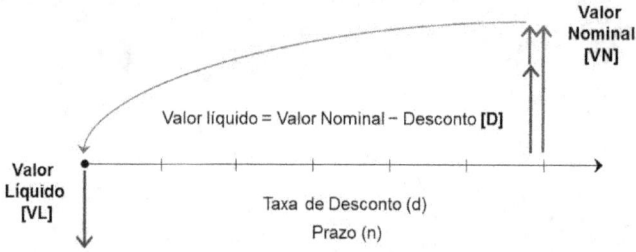

Figura 6 - Diagrama de operações de desconto racional e comercial

Para efetuar o cálculo deste desconto são utilizados dois conceitos: o do desconto simples racional, também chamado de desconto por dentro, e do desconto simples comercial, ou desconto por fora.

4.1 Desconto simples racional

O desconto racional é o cálculo do valor a ser descontado tendo como base o valor líquido pago pelo título, utilizando as regras de capitalização simples (Juros Simples). O cálculo do desconto é feito com a aplicação da taxa de juros sobre o valor líquido, considerando o prazo de antecipação do vencimento do título como prazo da operação.

- $D_r = VL_r \cdot i \cdot n$
- $VL_r = VN - D_r$
- $D_r / i \cdot n = VN - D_r$

- $D_r = {VN \cdot i \cdot n} / {(1 + i \cdot n)}$

∫ $VN = VL_r \cdot (1 + i \cdot n)$

Exercício 57. O título de valor nominal de $280.000,00 é descontado no dia 30 de junho de 2101, o vencimento é para o dia 20 de julho de 2101 e a taxa de juros é de 10% ao mês. Qual o valor cobrado a título de desconto e qual o valor líquido recebido?

- $VN = 280.000,00$
- $n = 20$ *dias*
- $i = 10\%$ *ao mês*

Ψ Cálculo do valor líquido a receber

- $VN = VL_r \cdot (1 + i \cdot n)$
- $280.000 = VL_r \cdot (1 + 0,10 \cdot 20/30)$
- $VL_r = 262.500,00$

Ψ Cálculo do desconto

- $D_r = VL_r \cdot i \cdot n$
- $D_r = 262.500 \cdot 0,10 \cdot 20/30$

Λ $D_r = \$17.500,00$

4.2 Desconto simples comercial

As operações de desconto, como já vimos, consiste na antecipação de recursos baseado em um título de determinado valor de face, e há distintas formas teóricas de efetuar este cálculo. O Desconto Comercial, entretanto, é o mais utilizado no mercado financeiro.

O desconto simples comercial, também chamado de desconto bancário ou desconto por fora, consiste na determinação do valor a ser descontado tomando como base o valor nominal (montante) do título, ou seja, trata-se da aplicação de uma *taxa de desconto* sobre o valor nominal do título considerando o prazo de antecipação. Determinado o desconto, o valor líquido pode ser obtido pela diferença entre o valor nominal e o desconto.

ʃ $D = VN \cdot d \cdot n$

- $VL = VN - D$
- $VL = VN - VN \cdot d \cdot n$

ʃ $VL = VN \cdot (1 - d \cdot n)$

§ *Se a* **taxa de desconto** *for igual ou maior que o inverso do prazo, ou seja, o produto de (d) vezes (n) for maior que 1, a adoção do desconto comercial simples nos conduzirá a um absurdo financeiro de um valor líquido negativo.*

Exercício 58. O título de valor nominal de $280.000,00 com vencimento para o dia 20 de julho de 2101 é descontado no dia 30 de junho de 2101, à taxa de desconto de 10% ao mês. Qual o valor cobrado a título de desconto e qual o valor líquido recebido?

Ψ Cálculo do valor descontado

- $D = VN \cdot d \cdot n$
- $D = 280.000 \cdot 0,10 \cdot 20/30$

Λ $D = \$18.666,67$

Ψ Cálculo do valor líquido

- $VL = VN - D$
- $VL = 280.000 - 18.666,67$

Λ $VL = \$261.333,33$

§ *Alguns autores também abordam os descontos racionais e os comerciais compostos, sendo que o primeiro é a aplicação exata das regras de juros compostos e o segundo não tem nenhuma utilização prática. Portanto, não vamos abordar estes conceitos.*

4.2.1 Taxa de juros simples implícita

Nas operações de desconto comercial que utilizam à *taxa de desconto [d]*, existe uma taxa de juros *[i]*, tal que o valor líquido comercial aplicado a esta taxa de juros, durante o prazo de antecipação do desconto, resulta no valor nominal do título. A esta taxa de juros simples equivalente chamamos de taxa implícita de juros na operação de desconto comercial.

Ψ O desconto racional pode ser expresso em função do valor nominal

- $D_r = {VN \cdot i \cdot n} / {(1 + i \cdot n)}$

Ψ O desconto comercial também segundo a equação a seguir

- $D = VN \cdot d \cdot n$

Ψ Igualando os descontos e simplificando, ficamos com a expressão

- $(1 + i \cdot n) \cdot (1 - d \cdot n) = 1$

Ψ Então podemos isolar *(i)* e *(d)*

ƒ $i = {d} / {(1 - d \cdot n)}$

ƒ $d = {i} / {(1 + i \cdot n)}$

Exercício 59. Um título de valor nominal de $100.000,00 com vencimento em 30 dias é descontado em uma instituição financeira, resultando no valor líquido de $70.000,00. Determine a taxa de desconto mensal utilizada e a taxa de juros simples mensal necessária para obter o mesmo valor nominal em uma aplicação durante os mesmos 30 dias.

- $VL = VN \cdot (1 - d \cdot n)$
- $70.000 = 100.000 \cdot (1 - d \cdot 1)$
- $0,7 = 1 - d$

∧ $d = 30\%$ ao mês

- $M = C \cdot (1 + i \cdot n)$
- $100.000 = 70.000 \cdot (1 + i \cdot 1)$
- $i = 1,4286 - 1$

∧ $i = 42,86\%$ em um mês

Ψ Poderíamos utilizar a fórmula

- $i = {}^d\!/_{(1 - d \cdot n)}$

- $i = {}^{0,30}\!/_{(1 - 0,30 \cdot 1)} \equiv 42,86\%$ ao mês

4.2.2 Taxa de juros compostos implícita

Considerando as operações de desconto comercial, também podemos calcular a taxa de juros compostos implícita na operação. Esta taxa de juros tem grande sentido prático, pois permite comparar o custo do desconto com o custo dos empréstimos e o rendimento das aplicações.

O cálculo é feito através da equiparação do valor nominal do título com o valor futuro e do valor líquido com o valor presente, considerando o prazo original da operação.

Ψ O desconto comercial é calculado desta forma

- $VL = VN \cdot (1 - d \cdot n)$
- $1/(1 - d \cdot n) = VN/VL$

Ψ Utilizando o critério de juros compostos, temos

- $FV = PV \cdot (1 + i)^n$
- $(1 + i)^n = FV/PV$

Ψ   Fazendo a igualdade entre as equações

- $1/(1 - d \cdot n) = (1 + i)^n$

  ∫ $i = ((1 - d \cdot n)^{-1/n}) - 1$

4.2.3 Outros custos cobrados nas operações de desconto

Nas operações de desconto, muitas instituições cobram custas que são descontadas do valor líquido disponibilizado. Além das custas também pode haver, neste tipo de operação, a incidência de impostos (no Brasil, o Imposto sobre Operações Financeiras - IOF). Na incidência do IOF distingue-se entre pessoa física e pessoa jurídica. Dado que as regras de incidência do IOF sofrem alterações ao longo do tempo, não vamos detalhar sua aplicação, e utilizaremos nos exercícios o valor líquido como base de incidência.

Existem ainda outras práticas bancárias que afetam o cálculo da taxa implícita. São as exigências bancárias por contrapartidas, sendo a mais comum a exigência de saldo médio, remunerado ou não, durante o período do desconto.

> "Uma forma bastante adotada de reciprocidade bancária é aquela baseada na manutenção, geralmente pelo prazo da operação, de determinado percentual do crédito concedido em contracorrente no banco. Em verdade, essa modalidade constitui-se no pagamento antecipado de uma parcela do principal da dívida, elevando o custo efetivo do empréstimo." (ASSAF Neto, 2019 p. 91).

§ Os **Juros cobrados antecipadamente** *nas operações financeiras também geram um custo adicional, e é possível calcular a taxa implícita relativa a essa forma cobrança dos juros na operação. O cálculo pode ser feito considerando o valor líquido recebido, já descontado dos juros, como valor presente e o montante a pagar no vencimento da operação, como valor futuro.*

Exercício 60. A *JSenterprise* desconta, no dia 20/09/2101, um título de valor de face de $60.000,00, com vencimento para 30/10/2101. A taxa de desconto simples cobrada pela instituição financeira é de 3,5% ao mês. Se a taxa de IOF é de 0,0041% ao dia e a instituição cobra 0,4% como custas da operação, qual é o custo efetivo desse empréstimo, em termos de taxa efetiva mensal?

Ψ   Cálculo do valor liberado

- $n = 30/10/2101 - 20/09/2101 = 40$ *dias*
- $D = 60.000 \cdot 0,035 \cdot 40/30 = 2.800,00$
- $VL = 60.000,00 - 2.800,00$
- $VL = 57.200,00$
- $IOF = 57.200 \cdot 0,000041 \cdot 40 = 93,81$
- $Tarifa = 60.000 \cdot 0,004 = 240,00$
- $Valor\ liberado = 60.000,00 - 2.800,00 - 93,81 - 240,00$

- $VLIB = 56.866,19$

Ψ Cálculo do custo efetivo

- $FV = PV \cdot (1+i)^n$
- $60.000,00 = 56.866,19 \cdot (1+i)^{(40/30)}$
- $i = (1,055108)^{30/40} - 1$

  Λ $i = 4,105\ \%\ am/m$

4.3 Equivalência de capitais em desconto simples

A utilização dos conceitos de equivalência ocorre principalmente na substituição de títulos por outros com novos vencimentos. Dois ou mais títulos são ditos equivalentes em desconto simples se, ao serem descontados para a data de análise, normalmente a data zero, produzem o mesmo valor líquido.

O desconto comercial simples apresenta o mesmo efeito de incindibilidade do prazo dos juros simples, isto é, os títulos só serão equivalentes para uma determinada data focal.

Exercício 61. Dois títulos de valores nominais de $40.000,00 e $50.000,00, com vencimentos em 15 e 25 dias respectivamente, serão substituídos por um novo título com vencimento em 35 dias. Considerando que os títulos seriam descontados à taxa de 0,6% ao dia, qual valor nominal o novo título precisará ter para que seja equivalente aos dois anteriores?

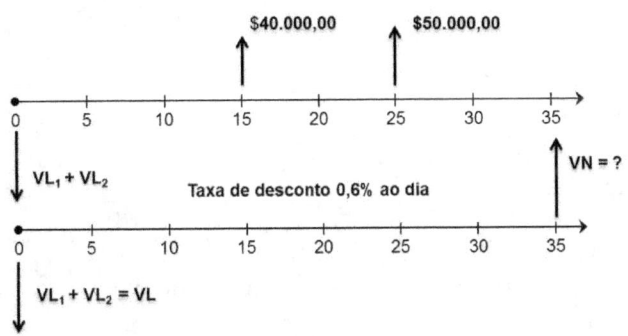

Ψ 1ª operação   Ψ 2ª operação

- $VN_1 = 40.000,00$ — $VN_2 = 50.000,00$
- $n_1 = 15\ dias;$ — $n_2 = 25\ dias$
- $d_1 = 0,6\%\ ao\ dia$ — $d_2 = 0,6\%\ ao\ dia$

Ψ Cálculo dos valores líquidos dos títulos 1 e 2

- $VL_1 = VN_1 \cdot (1 - d_1 \cdot n_1)$

- $VL_1 = 40.000 \cdot (1 - 0,006 \cdot 15)$
- $VL_1 = 36.400,00$

- $VL_2 = VN_2 \cdot (1 - d_1 \cdot n_1)$
- $VL_2 = 50.000 \cdot (1 - 0,006 \cdot 25)$
- $VL_2 = 42.500,00$

Ψ Cálculo do valor nominal do novo título

- $VL = VL_1 + VL_2 = 78.900,00$
- $n = 35\ dias$
- $d = 0,6\%\ ao\ dia$
- $VN = 78.900/(1 - 0,006 \cdot 35)$

Λ $VN = \$99.873,42$

Exercício 62. A *JGcompany* descontou uma nota promissória de valor nominal de $55.000,00, 75 dias antes de seu vencimento. O banco onde foi realizada a operação de desconto cobra a taxa de desconto de 3,5% a.m., porém exige um saldo médio de 20% do valor da operação a título de reciprocidade bancária, remunerando este saldo à taxa de juros compostos de 1,5% am/m. Calcular o valor liberado para a companhia e a taxa de juros compostos implícita da operação.

- $VN = 55.000,00$
- $n = 75\ dias$
- $VL = VN \cdot (1 - d \cdot n)$
- $VL = 55.000 \cdot (1 - (0,035/30) \cdot 75)$
- $VL = 50.187,50$
- $RET = 20\% \cdot 55.000 = 11.000,00$

Λ $VLIB = \$39.187,50$

Ψ O valor retido será resgatado no vencimento do título, portanto podemos considerar que o valor realmente descontado foi menor que o valor nominal

- $FV = 11.000 \cdot (1 + 1,015)^{(75/30)} = 11.417,15$
- $VN' = 43.582,85$

Ψ Calculando a taxa de juros implícita na operação de desconto

- $43.582,85 = 39.187,50 \cdot (1 + i)^{(75/30)}$
- $(1 + i) = 1,11216^{(30/75)}$

Λ $i = 4,34\%\ am/m$

4.4 Exercícios resolvidos de desconto

Exercício 63. O valor nominal de um título é de $12.850,00 e sua data de vencimento é 9 de agosto de 2101. O valor do desconto deste título foi de $2.570,00, considerando uma taxa de desconto simples de 48% ao bimestre. Qual a data em que foi descontado o título e quais as taxas de juros simples e de juros compostos bimestral implícitas na operação?

- $D = 2.570,00$
- $d = 48\%$ ao bimestre $\equiv 0,8\%$ ao dia
- $N = 12.850,00$

Ψ   Cálculo do prazo do desconto

- $D = N \cdot d \cdot n$
- $2.570,00 = 12.850,00 \cdot 0,008 \cdot n$
- $n = 25$ dias
- Data = 9 de agosto de 2101 − 25 dias

Λ   Data do desconto = 15 de julho de 2101

Ψ   Cálculo da taxa de juros simples implícita na operação

- $i = d/(1 - d \cdot n)$
- $i = 0,48 \cdot (1 - 0,48 \cdot 0,4167)$

Λ $i = 60\%$ ao bimestre

Ψ   Cálculo da taxa de juros simples implícita na operação

- $i = ((1 - d \cdot n)^{-1/n}) - 1$
- $d = 0,48/60 = 0,8\%$ ad
- $i = ((1 - 0,008 \cdot 25)^{-1/25}) - 1$

Λ $i = 70,84\%$ ab/b

Exercício 64. Uma Nota Promissória foi descontada no dia 14 de agosto de 2101 à taxa de desconto simples de 5% ao mês, resultando no valor líquido de $27.695,00. Sabendo-se que o desconto foi de $1.305,00, qual a data do vencimento da Nota Promissória e qual a taxa de juros compostos implícita na operação?

- $d = 5\%$ ao mês
- $VL = 27.695,00$
- $D = 1.305,00$

- $VN = VL + D = 29.000,00$

Ψ Cálculo do prazo da operação

- $D = VN \cdot d \cdot n$
- $1305 = 29.000 \cdot 0,05 \cdot n$
- $n = 0,9$ mês $\equiv 27$ dias
- Data $= 14$ de agosto de $2101 + 27$ dias

Λ Data $= 10$ de setembro de 2101

Ψ Cálculo da taxa implícita composta

- $FV = PV \cdot (1 + i)^n$
- $29.000 = 27.695 \cdot (1 + i)^{0,9}$
- $(1,0471)^{1/0,9} = (1 + i)$

Λ $i = 5,25\%$ am/m

Exercício 65. Um título no valor de $125.000,00 emitido no dia 10 de junho de 2101, com vencimento marcado para o dia 22 de outubro de 2101, foi descontado no dia 28 de setembro de 2101, à taxa de desconto simples de 2,5% ao mês. Sabendo que a instituição financeira cobra 0,8% de custas, determine o valor recebido pelo título na data do desconto e a taxa de juros simples implícita.

- $VN = 125.000,00$
- $n = 24$ dias
- $d = 2,5\%$ ao mês

Ψ Cálculo do valor líquido recebido

- $VL = 125.000,00 \cdot (1 - 0,025 \cdot 24/30)$
- $VL = 122.500,00$
- Custas $= 0,008 \cdot 125.000,00 = 1.000,00$

Λ Valor Recebido $= \$121.500,00$

Ψ Cálculo da taxa de juros implícita. Nesse caso, não podemos aplicar a relação entre taxas, devido à presença de custas

- $FV = PV \cdot (1 + i)^n$
- $125.000 = 121.500 \cdot (1 + i)^{24/30}$
- $i = (1,02881)^{30/24} - 1$

Λ $i = 3,6137\%$ ao mês

Exercício 66. Dois títulos foram descontados às taxas de desconto de 4% ao mês e 5,5% ao mês. O valor nominal do primeiro título é 20% maior que o valor nominal do segundo. O prazo de antecipação foi de 21 dias antes de seus respectivos vencimentos, resultando no valor líquido total de $57.453,30. Quais os valores nominais dos títulos?

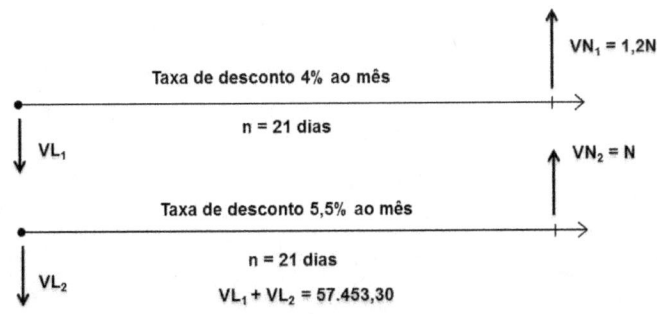

Ψ Devemos aplicar a fórmula para o cálculo do valor líquido nas duas operações, e como só temos a variável "N" podemos calcular o seu valor

- $VL_1 = VN_1 \cdot (1 - d_1 \cdot n_1)$
- $VL_1 = 1,2N \cdot (1 - 0,04 \cdot 0,7)$
- $VL_1 = 1,2N \cdot 0,9720$
- $VL_1 = 1,1664 \cdot N$
- $VL_2 = VN_2 \cdot (1 - d_2 \cdot n_2)$
- $VL_2 = N \cdot (1 - 0,055 \cdot 0,7)$
- $VL_2 = 0,9615 \cdot N$

Ψ Logo

- $VL_1 + VL_2 = 57.453,30$
- $1,1664 \cdot N + 0,9615 \cdot N = 57.453,30$
- $N = 57.453,30 / 2,1279 = 27.000$

Λ $VN_1 = \$27.000,00$ e $VN_2 = \$32.400,00$

Exercício 67. Ao se efetuar o cálculo do valor do desconto comercial de um título com vencimento em 42 dias, o resultado obtido é $352,31 maior que o valor do desconto racional. Qual é o valor nominal do título, se as taxas de juros e de desconto empregadas foram iguais a 4,9% ao mês?

- $n = 42\ dias$
- $D = D_r + 352,31$
- $d = 4,9\%\ ao\ mês$
- $i = 4,9\%\ ao\ mês$

Ψ Cálculo do desconto comercial

- $D = VN \cdot 0{,}049 \cdot 1{,}4$
- $D = 0{,}0686 \cdot VN$

Ψ Cálculo do desconto racional

- $D_r = VN \cdot 0{,}049 \cdot 1{,}4 / (1 + 0{,}049 \cdot 1{,}4)$
- $D_r = 0{,}0642 \cdot VN$

Ψ Usando a relação entre os descontos

- $D = D_r + 352{,}31$
- $0{,}0686 \cdot VN = 0{,}0642 \cdot VN + 352{,}31$

Λ $N = \$80.000{,}35$

Exercício 68. Dois títulos de valores nominais de $23.599,59 e $25.000,00 foram descontados à mesma taxa de desconto, 12 e 30 dias antes de seus vencimentos, resultando no mesmo valor líquido. Qual o valor líquido obtido com cada desconto e qual a taxa de desconto utilizada?

Ψ Foram realizadas duas operações de desconto. Os valores líquidos obtidos com os descontos dos títulos são iguais

- $VL_1 = VN_1 \cdot (1 - d_1 \cdot n_1)$
- $VL_2 = VN_2 \cdot (1 - d_2 \cdot n_2)$
- $VL_1 = VL_2$

Ψ Podemos calcular os valores líquidos através da fórmula de desconto comercial e depois igualá-los

Ψ 1ª operação   Ψ 2ª operação

- $VN_1 = 23.599{,}59$ - $VN_2 = 25.000{,}00$
- $n_1 = 12\ dias$ - $n_2 = 30\ dias$
- $d_1 = d$ - $d_2 = d$

Ψ Cálculo do valor líquido do 1º título

- $VL_1 = 23.599{,}59 \cdot (1 - d \cdot 12/30)$
- $VL_1 = 23.599{,}59 - 9.439{,}83 \cdot d$ **(1)**

Ψ Cálculo do valor líquido do 2º título

- $VL_2 = 25.000{,}00 \cdot (1 - d \cdot 30/30)$
- $VL_2 = 25.000{,}00 - 25.000{,}00 \cdot d$ **(2)**

Ψ Como os dois valores líquidos são iguais, podemos igualar as equações *(1)* e *(2)*

− $25.000,00d - 9.439,83d = 25.000,00 - 23.599,59$

− $d = 1.400,42 / 15.560,17$

Λ $d = 9\%$ ao mês
Λ $VL = \$22.750,00$

Exercício 69. Dois títulos de mesmo valor nominal são descontados com o mesmo prazo de antecipação, às taxas de desconto de 4% e 7,2% ao mês, resultando nos valores líquidos de $3.840,00 e $3.712,00. Qual o valor nominal dos títulos e o prazo de antecipação com que foram descontados?

Ψ Podemos encontrar os valores nominais dos títulos em função do prazo de antecipação desconhecido

Ψ 1ª operação   Ψ 2ª operação

− $VN_1 = N$ − $VN_2 = N$
− $n_1 = n$ − $n_2 = n$
− $d_1 = 4\%$ ao mês   − $d_2 = 7,2\%$ ao mês
− $VL_1 = 3.840,00$ − $VL_2 = 3.712,00$

− $VL_1 = VN_1 \cdot (1 - d_1 \cdot n_1)$
− $VL_2 = VN_2 \cdot (1 - d_2 \cdot n_2)$

Ψ Cálculo do valor nominal do 1º título

− $VN_1 = 3.840,00 / (1 - 0,04 \cdot n)$ *(1)*

Ψ Cálculo do valor nominal do 2º título

− $VN_2 = 3.712,00 / (1 - 0,072 \cdot n)$ *(2)*

Ψ Como os valores nominais são iguais, podemos igualar *(1)* e *(2)*

− $3.840,00 - 276,48 \cdot n = 3.712,00 - 148,48 \cdot n$
− $128,00n = 128,00$

Λ $n = 1$ mês
Λ $VN = \$4.000,00$

Exercício 70. Dois títulos foram descontados 21 e 28 dias antes de seus respectivos vencimentos, às taxas de desconto de 8% ao mês e 9% ao mês, sendo o valor nominal do segundo 30% maior que o do primeiro. Se o valor líquido total obtido com os dois descontos foi de $96.066,00, quais os valores nominais dos títulos?

Ψ   Foram realizadas duas operações de desconto

— *1ª operação*
— $VN_1 = VN_1;\ n_1 = 21\ dias;\ d_1 = 8\%\ ao\ mês$
— *2ª operação*
— $VN_2 = VN_1 + 30\%\ VN_1;\ n_2 = 28\ dias;\ d_2 = 9\%\ ao\ mês$

Ψ   A soma dos valores líquidos dos dois títulos é conhecida

— $VL = VL_1 + VL_2 = 96.066,00$

Ψ   Vamos calcular o valor líquido de cada um dos títulos em função dos seus valores nominais e somá-los

Ψ   Cálculo do valor líquido do 1º título

— $VL_1 = VN_1 \cdot (1 - d_1 \cdot n_1)$
— $VL_1 = VN_1 \cdot (1 - 0,08 \cdot 21/30)$
— $VL_1 = 0,9440 \cdot VN_1$ **(1)**

Ψ   Cálculo do valor líquido do 2º título

— $VL_2 = VN_2 \cdot (1 - d_2 \cdot n_2)$
— $VL_2 = 1,3 \cdot VN_1 \cdot (1 - 0,09 \cdot 28/30)$
— $VL_2 = 1,1908 \cdot VN_1$ **(2)**

Ψ   Usando a relação entre os dois valores líquidos, obtém-se

— $VL_1 + VL_2 = 96.066,00$ **(3)**

Ψ   Substituindo *(1)* e *(2)* em *(3)*

— $0,9440 \cdot VN_1 + 1,1908 \cdot VN_1 = 96.066,00$

Λ $VN_1 = \$45.000,00;\ VN_2 = \$58.500,00$

Exercício 71. Uma duplicata de $32.000,00 com vencimento no dia 22 de julho de 2101 foi descontada comercialmente no dia 1º de julho de 2101. Considerando que o valor liberado foi de $30.000,00 e sabendo que foi cobrada uma comissão de 1,5% sobre o valor nominal da duplicata, calcular a taxa mensal de desconto e a taxa efetiva de juros compostos da operação.

— $n = 22\ de\ julho\ de\ 2101 - 1º\ de\ julho\ de\ 2101 = 21\ dias$
— *Comissão* $= 0,015 \cdot 32.000,00 = 480,00$

- $Valor\ recebido = VN - D - Comissão$
- $D = 32.000 - 30.000 - 480 = 1.520,00$
- $D = VN \cdot d \cdot n$
- $1.520 = 32.000 \cdot d \cdot 21/30$

$\Lambda \quad d = 6,7857\%\ am$

Ψ Cálculo da taxa de juros compostos implícita na operação

- $FV = PV \cdot (1 + i)^n$
- $32.000 = 30.000 \cdot (1 + i)^{21/30}$
- $1 + i = (1,06667)^{30/21}$

$\Lambda \quad i = 9,6582\%\ am/m$

Exercício 72. Ao se descontar uma nota promissória 18 dias antes de seu vencimento, obteve-se o valor líquido de $47.328,00. Outra nota promissória de mesmo valor nominal foi descontada à mesma taxa de desconto 27 dias antes do vencimento, resultando no valor líquido de $45.492,00. Qual o valor nominal das notas promissórias e a taxa de desconto?

Ψ Foram realizadas duas operações de desconto

- 1ª operação
- $VN_1 = N;\ n_1 = 18\ dias;\ VL_1 = 47.328,00;\ d_1 = d$
- 2ª operação
- $VN_2 = N;\ n_2 = 27\ dias;\ VL_2 = 45.492,00;\ d_2 = d$

Ψ Os valores nominais dos títulos apresentados para os descontos são iguais

- $VN_1 = VN_2$

Ψ Calcular os valores nominais através da fórmula de desconto comercial e posteriormente igualá-los

- $VL_1 = VN_1 \cdot (1 - d_1 \cdot n_1)$
- $47.328,00 = VN_1 \cdot (1 - d \cdot 18/30)$
- $VN_1 = 47.328,00/(1 - 0,6 \cdot d)$ **(1)**

- $VL_2 = N_2 \cdot (1 - d_2 \cdot n_2)$
- $45.492,00 = VN_2 \cdot (1 - d \cdot 27/30)$
- $VN_2 = 45.492,00/(1 - 0,9 \cdot d)$ **(2)**

Ψ Igualando as equações *(1)* e *(2)*

- $VN_1 = VN_2$
- $47.328,00 - 42.595,20 \cdot d = 45.492,00 - 27.295,20 \cdot d$

- $15.300,00 \cdot d = 1.836,00$

  $\Lambda \quad d = 12\%$ ao mês
  $\Lambda \quad N = \$51.000,00$

Exercício 73. Uma empresa descontou um título no valor de $108.000,00, 45 dias antes de seu vencimento. A instituição financeira onde foi realizada a operação cobra uma taxa de desconto de 4,5% a.m. e ainda exige um saldo médio de 15% do valor da operação a título de reciprocidade bancária sem remuneração. Determine o valor liberado na operação de desconto e a taxa de juros compostos implícita de toda a operação.

- $VN = 108.000,00$
- $n = 45$ dias
- $VL = VN \cdot (1 - d \cdot n)$
- $VL = 108.000 \cdot (1 - (0,045/30) \cdot 45)$
- $VL = 100.710,00$
- $RET = 0,15 \cdot 108.000 = 16.200,00$
- $VLIB = 100.710 - 16.200$

  $\Lambda \quad VLIB = \$84.510,00$

Ψ O valor retido será liberado na data do vencimento do título, portanto podemos considerar que o valor realmente descontado foi menor que o valor nominal

- $VN' = 108.000 - 16.200 = 91.800$

Ψ Calculando a taxa de juros implícita na operação de desconto

- $91.800 = 84.510 \cdot (1 + i)^{(45/30)}$
- $(1 + i) = 1,08626^{(30/45)}$

  $\Lambda \quad i = 5,67\%$ am/m

Exercício 74. Os títulos de valores de face (nominais) de $68.897,24 e $70.000,00 vencem na mesma data. Eles foram descontados às taxas de desconto de 3,2% e 4,9% ao mês respectivamente, também em uma mesma data, resultando no mesmo valor líquido. Qual o valor líquido recebido após o desconto de cada um dos títulos?

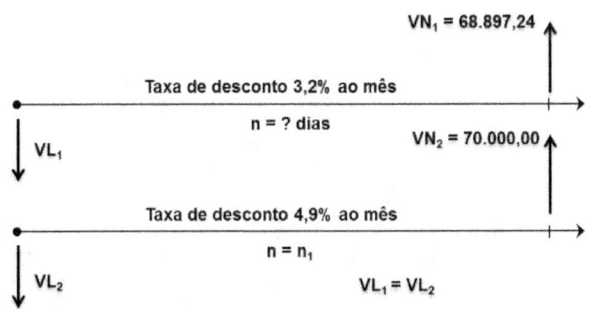

Ψ Foram realizadas duas operações de desconto. Devemos calcular os valores líquidos através da fórmula de desconto comercial e igualá-los

- $VL_1 = VN_1 \cdot (1 - d_1 \cdot n_1)$
- $VL_1 = 68.897,24 \cdot (1 - 0,032 \cdot n)$
- $VL_1 = 68.897,24 - 2.204,71 \cdot n$ **(1)**

- $VL_2 = VN_2 \cdot (1 - d_2 \cdot n_2)$
- $VL_2 = 70.000,00 \cdot (1 - 0,049 \cdot n)$
- $VL_2 = 70.000,00 - 3.430,00 \cdot n$ **(2)**

Ψ Igualando as equações *(1)* e *(2)*

- $VL_1 = VL_2$
- $68.897,24 - 2.204,71 \cdot n = 70.000,00 - 3.430,00 \cdot n$
- $1.225,29 \cdot n = 1.102,76$
- $n = 0,9$ mês

Λ $n = 27$ dias

Λ $VL_{recebido} = \$66.913,00$

Exercício 75. A *CSmerchant* possui uma série de títulos em carteira com o prazo médio de vencimento de 40 dias. Estes títulos podem ser descontados à taxa de desconto de 2,8% ao mês. Se este comerciante tem a possibilidade de investir o capital obtido com os descontos à taxa de juros simples de 3% ao mês, pergunta-se: os títulos devem ou não ser descontados?

- $n = 40$ dias $\equiv 1,3333$ mês
- $d = 2,8\%$ ao mês

Ψ Aplicando a relação entre as taxas de juros e desconto

- $i = d/(1 - d \cdot n)$
- $i = 0{,}028/(1 - 0{,}028 \cdot 1{,}3333)$

Λ $i = 2{,}91\%$ ao mês

Ψ Os títulos devem ser descontados, pois a taxa implícita é menor que a taxa da aplicação, portanto ao investir o comerciante irá obter um montante maior que o valor nominal dos títulos

Exercício 76. Confirme a hipótese do exercício anterior, considerando dois títulos no valor de $10.000,00 com vencimentos em 30 e 50 dias. Considerando que cada operação de desconto tem um custo de $50,00, verifique se continua rentável fazer os descontos.

Ψ Descontos

- $VL = VN \cdot (1 - d \cdot n)$
- $VL_1 = 10.000 \cdot (1 - 0{,}028 \cdot 30/30)$
- $VL_1 = 9.720{,}00$
- $VL_2 = 10.000 \cdot (1 - 0{,}028 \cdot 50/30)$
- $VL_2 = 9.533{,}33$

Ψ Aplicando os valores

- $M = C \cdot (1 + i \cdot n)$
- $M_1 = 9.720{,}00 \cdot (1 + 0{,}03 \cdot 30/30)$
- $M_1 = 10.011{,}60$

- $M_2 = 9.533{,}33 \cdot (1 + 0{,}03 \cdot 50/30)$
- $M_2 = 10.010{,}00$

Λ   *Os montantes serão superiores aos 10.000,00 originais, justifica-se a operação*

Ψ Ocorrendo a cobrança de 50,00 para cada operação de desconto, teríamos os seguintes montantes

- $M_1 = (9.720{,}00 - 50{,}00) \cdot (1 + 0{,}03 \cdot 30/30)$
- $M_1 = 9.960{,}10$
- $M_2 = (9.533{,}33 - 50{,}00) \cdot (1 + 0{,}03 \cdot 50/30)$
- $M_2 = 9.957{,}50$

Λ   *Neste caso a operação de fazer o desconto para aplicar a 3% am não é rentável*

Exercício 77. Considere dois títulos de valores nominais VN_1 e VN_2, sendo que o valor de face de VN_2 é \$2.000,00 maior que o valor de face de VN_1. Os títulos foram descontados às taxas de desconto de 4,5% ao mês e 6,5% ao mês, 25 dias e 30 dias antes de seus vencimentos, respectivamente, resultando no mesmo valor líquido. Quais os valores nominais desses títulos?

Ψ   1ª operação   Ψ   2ª operação

- $VN_1 = VN_2 - 2.000$ - $VN_2 = VN_2$
- $d_1 = 4,5\%$ ao mês   - $d_2 = 6,5\%$ ao mês
- $n_1 = 25$ dias $\equiv 0,83$ mês   - $n_2 = 30$ dias $\equiv 1$ mês

Ψ   A solução do problema está na igualdade dos valores líquidos

- $VL_1 = VL_2$

Ψ   Logo, devemos calcular o valor líquido de cada um dos títulos pela aplicação da fórmula de desconto comercial

- $VL_1 = VN_1 \cdot (1 - d_1 \cdot n_1)$
- $VL_1 = (VN_2 - 2.000) \cdot (1 - 0,045 \cdot 0,8333)$
- $VL_1 = 0,9625 \cdot VN_2 - 1.925$ **(1)**
- $VL_2 = VN_2 \cdot (1 - d_2 \cdot n_2)$
- $VL_2 = VN_2 \cdot (1 - 0,065 \cdot 1)$
- $VL_2 = 0,9350 \cdot VN_2$ **(2)**

Ψ   Igualando *(1)* e *(2)*

- $0,9625 \cdot VN_2 - 1.925 = 0,9350 \cdot VN_2$

Λ $VN_2 = \$70.000,00$ e $VN_1 = \$68.000,00$

Exercício 78. Um título de valor nominal de \$50.000,00 vence em 18 dias. O devedor pretende reformá-lo de modo a fazer dois pagamentos, sendo o primeiro igual à metade do segundo, respectivamente em 30 e 45 dias. Considerando que a instituição financeira cobra \$50,00 por operação de desconto e a taxa de desconto é de 5,9% ao mês, quais os valores desses novos pagamentos?

Ψ   O princípio da equivalência de capitais determina que os títulos só serão equivalentes se a substituição resultar no mesmo valor líquido para o recebedor, isto é, o valor líquido obtido com o desconto do título original deve necessariamente ser o mesmo que o valor líquido obtido com os descontos dos novos títulos

- $VN_A = 50.000,00$
- $n_A = 18$ dias; $n_1 = 30$ dias e $n_2 = 45$ dias
- $d = 5,9\%$ ao mês
- Custas = $50,00$ por operação

- $VN_1 = VN_2/2$

Ψ Valor Líquido do título antigo

- $VL_A = VN_A \cdot (1 - d \cdot n_A)$
- $VL_A = 50.000 \cdot (1 - 0,059 \cdot 18/30)$
- $VL_A = 48.230,00$
- $VR = 48.230,00 - 50,00 = 48.180,00$

Ψ Valores recebidos com os dois novos títulos

- $VR_1 + VR_2 = VN_1 \cdot (1 - d_1 \cdot n_1) + VN_2 \cdot (1 - d_2 \cdot n_2) - 2 \cdot Custas$

Ψ Se $VR_1 + VR_2 = VR$, então

- $48.180 = VN_1 \cdot (1 - 0,059 \cdot 30/30) + 2 \cdot VN_1 \cdot (1 - 0,059 \cdot 45/30) - 100$
- $48.180 = 0,9410 \cdot VN_2 + 1,8230 \cdot VN_1 - 100$
- $VN_2 = 48.280/2,7640$

Λ $VN_1 = \$17.467,44$ e $VN_2 = \$34.934,88$

Exercício 79. MR*boss* desconta comercialmente um título com valor nominal de $62.000,00, 24 dias antes de seu vencimento, recebendo o valor líquido de $59.520,00. O devedor propõe a substituição deste título por três novos títulos no valor de $20.000,00 cada, com vencimentos em 21, 30 e 36 dias. Considerando ainda a cobrança de 1,1% de custas sobre o valor nominal, verifique se a troca deve ou não ser aceita.

Ψ A partir do valor líquido obtido com o desconto do título original, podemos determinar a taxa de desconto praticada

- $VL = VN \cdot (1 - d \cdot n)$
- $59.520 = 62.000 \cdot (1 - d \cdot 24/30) - 62.000 \cdot 0,011$
- $d = 3,625\%$ ao mês

Ψ A condição mínima para a aceitação da substituição é que o valor líquido obtido com os descontos dos três novos títulos seja o mesmo que o obtido com o título original

- $VL_1 = VN_1 \cdot (1 - d \cdot n_1)$
- $VL_1 = 20.000 \cdot (1 - 0,03625 \cdot 21/30) - 20.000 \cdot 0,011$
- $VL_1 = 19.272,50$ **(1)**
- $VL_2 = VN_2 \cdot (1 - d \cdot n_2)$
- $VL_2 = 20.000 \cdot (1 - 0,03625 \cdot 30/30) - 20.000 \cdot 0,011$
- $VL_2 = 19.055,00$ **(2)**
- $VL_3 = VN_3 \cdot (1 - d \cdot n_3)$
- $VL_3 = 20.000 \cdot (1 - 0,03625 \cdot 36/30) - 20.000 \cdot 0,011$

- $VL_3 = 18.910,00$ **(3)**

Ψ Somando os valores líquidos obtidos com os três títulos *(1)*, *(2)* e *(3)*

Λ $VL_{soma} = \$57.237,50$

Ψ Portanto, o comerciante não deve aceitar a substituição do título pelos outros três, por estes não serem equivalentes àquele

Exercício 80. Um título no valor nominal de $27.500,00 com vencimento em 21 dias será substituído por dois novos títulos de valores nominais iguais com vencimentos em 27 e 54 dias. Se os títulos são descontados à taxa de desconto de 2,4% ao mês e o custo bancário para a substituição é de $249,00, qual o valor nominal dos novos títulos?

Ψ O valor líquido recebido com o desconto do título original foi de

- $VL = VN \cdot (1 - d \cdot n)$
- $VL = 27.500 \cdot (1 - 0,024 \cdot 0,7)$
- $VL = 27.038,00$

Ψ O valor líquido obtido com os novos títulos deve ser igual ao valor líquido obtido com o título original somado ao custo da operação

- *VL original* + *Custo de operação* = *Soma dos valores líquidos dos novos títulos*
- $27.038 + 249 = VN \cdot (1 - 0,024 \cdot 0,9) + VN \cdot (1 - 0,024 \cdot 1,8)$
- $27.287 = 0,9784 \cdot VN + 0.9568 \cdot VN$
- $VN = 27.287 / 1,9352$

Λ $VN = \$14.100,35$

Exercício 81. Um título de valor nominal de $13.000,00 pode ser descontado à taxa de desconto de 3,5% ao mês. A instituição bancária cobra ainda $250,00, no momento do desconto, a título de taxas e impostos. O valor obtido com o desconto pode ser aplicado à taxa de juros simples de 6,7% ao mês. Considerando que o vencimento do título ocorre em 21 dias, é rentável descontar o título para fazer a aplicação?

- $VL = 13.000 \cdot (1 - 0,035 \cdot 0,7)$
- $VL = 12.681,50$

Ψ Devemos descontar a taxa bancária de 250,00 para encontrar o valor que poderá ser aplicado

- $C = 12.681,50 - 250,00 = 12.431,50$

Ψ Fazendo a aplicação, teremos no vencimento o seguinte montante

- $M = 12.431,50 \cdot (1 + 0,067 \cdot 0,7)$

Λ $M = \$13.014,54$
Λ É rentável fazer a operação

Exercício 82. Para obter recursos uma empresa tem duas opções: (i) O desconto de um título de valor nominal de $12.500,00 com a taxa de desconto de 5% ao mês, tendo a empresa ainda que pagar, no momento do desconto, $180,00 relativos a taxas operacionais, e (ii) a retirada de um empréstimo à taxa de juros de 6% ao mês com capitalização mensal, considerando o pagamento de $40,00 a título de cadastro. Se o vencimento do título a ser descontado ocorre em 24 dias, qual a melhor opção para obter os recursos?

Ψ (i) Valor obtido na Operação de Desconto

- $VL = 12.500 \cdot (1 - 0,05 \cdot 0,8)$
- $VL = 12.000,00$

Ψ Considerando as custas, teremos o valor de

- $VLIB = 12.000 - 180 = 11.820,00$

Ψ (ii) Cálculo do valor a ser pago após a retirada de um empréstimo de mesmo valor. O valor do empréstimo deverá ser de 11.820,00 mais os 40,00 que serão pagos a título de cadastro

- $EMP = 11.860,00$
- $FV = 11.860,00 \cdot (1 + 0,06)^{0,8}$

Λ $FV = \$12.425,94$

Λ Portanto, é melhor tomar o empréstimo e, quando do vencimento do título, receber o valor nominal e efetuar o pagamento do empréstimo

Exercício 83. Uma empresa desconta uma nota promissória no valor de $12.000,00, 52 dias antes do seu vencimento, a uma taxa de desconto comercial de 6% ao mês. A taxa de IOF cobrada é de 0,0041% ao dia e a instituição ainda cobra uma taxa administrativa de 0,5% sobre o valor nominal do título. Determine:
a.) o valor do desconto;
b.) o valor líquido recebido pela empresa;
c.) a taxa efetiva de juros compostos da operação no período.

Ψ a.)

- $Dc = 12.000 \cdot 0,06 \cdot 52/30 = 1.248,00$

Ψ b.)

- $IOF = 12.000 \cdot 0,000041 \cdot 52 = 25,58$
- $Desp.\ adm. = 12.000 \cdot 0,005 = 60,00$
- $Valor\ Líq. = 12.000,00 - 1.248,00 - 25,58 - 60,00$

- $Valor\ Líq. = 10.666,42$

Ψ c.)

- $FV = PV\ (1 + i)^{52/30}$
- $12.000/10.666,42 = (1 + i)^{52/30}$
- $i = (1,125026)^{(30/52)} - 1$

  $\Lambda\quad i = 7,03\%\ ao\ mês$

Exercício 84. Uma Letra do Tesouro Nacional está sendo negociada com um prazo de 48 dias, à taxa de desconto comercial de 7% a.m. Calcule o valor da taxa composta de rentabilidade mensal do papel.

Ψ Considerando o valor VN = FV e VL = PV, podemos igualar as duas fórmulas e calcular a taxa de juros compostos da equivalente

- $n = 48\ dias$
- $d = 7\%\ am$
- $VL = VN \cdot (1 - d \cdot n)$
- $VN = VL \cdot (1 + i)^n$
- $(1 + i)^{(48/30)} = 1/(1 - d \cdot 48/30)$
- $(1 + i)^{(48/30)} = 1,1261$
- $(1 + i) = 1,1261^{30/48}$

  $\Lambda\quad i = 7,7065\%\ am/m$

Exercício 85. Foram descontados comercialmente, no dia 5 de setembro de 2101, os seguintes títulos: $2.400,00, à taxa de 4,5% ao mês, com vencimento em 30 de novembro de 2101; $5.000,00, à taxa de 4% ao mês, com vencimento em 15 de novembro de 2101 e $3.500,00, à taxa de 5% ao mês, com vencimento em 15 de dezembro de 2101. Considerando um IOF de 0,0041% ao dia e custas de 2%, calcule as taxas de juros compostos implícitas nas operações.

Ψ 1ª Aplicação

- $VN_1 = 2.400,00$
- $i_1 = 4,5\%\ am$
- $n_1 = 86\ dias$
- $VL_1 = 2.400 \cdot (1 - 0,045 \cdot 86/30) - 0,000041 \cdot 86 \cdot 2.400 - 2.400 \cdot 0,02$
- $VL_1 = 2.033,94$

Ψ Cuidado: a fórmula de equivalência *i* e *d* não pode ser aplicada, em função do IOF e das Custas

- $2.400 = 2.033,94 \cdot (1 + i)^{-30/86}$

Λ $i = 5,9430\%$ ao mês

Ψ 2ª Aplicação

- $VN_2 = 5.000,00$
- $i_2 = 4,0\%$ am
- $n_2 = 71$ dias
- $VL_2 = 5.000 \cdot (1 - 0,04 \cdot 71/30) - 0,000041 \cdot 71 \cdot 5.000 - 5.000 \cdot 0,02$
- $VL_2 = 4.412,11$
- $5.000 = 4.412,11 \cdot (1 + i)^{-30/86}$

Λ $i = 5,4274\%$ ao mês

Ψ 3ª Aplicação

- $VN_3 = 3.500,00$
- $i_3 = 5,0\%$ am
- $n_3 = 101$ dias
- $VL_3 = 3.500 \cdot (1 - 0,05 \cdot 101/30) - 0,000041 \cdot 101 \cdot 3.500 - 3.500 \cdot 0,02$
- $VL_3 = 2.826,34$
- $3.500 = 2.826,34 \cdot (1 + i)^{-30/86}$

Λ $i = 6,5559\%$ ao mês

5
SÉRIES UNIFORMES

No mercado de aquisição de bens ou liquidação de empréstimos, é usual a utilização de sistemas de pagamentos de prestações constantes ao longo de determinado prazo. Também são comuns sistemas de pecúlios ou rendas que resultam em recebimentos de mesmo valor ao longo do tempo. A sequência de movimentos de caixa, pagamentos ou recebimentos que ocorrem durante um determinado prazo e segundo uma determinada periodicidade é denominada série.

5.1 Classificação das Séries

As séries são ditas uniformes quando os valores dos pagamentos ou recebimentos são iguais e a frequência de tempo em que ocorrem é constante. Existem casos especiais de séries não uniformes, como as séries gradientes, nas quais os valores apresentam uma regra de crescimento e ocorrem com periodicidade constante. As séries uniformes são classificadas em função do seu início e término.

Quanto à definição da data de início

As séries podem ser *certas*, quando o início da ocorrência dos termos é previamente conhecido, elas não dependem de qualquer evento externo e obedecem a um acordo preestabelecido, ou podem ser *aleatórias*, se o início da ocorrência dos termos da série depender de um acontecimento externo aleatório, caso típico de planos de pecúlio.

Quanto à definição da data de término

As séries são também classificadas segundo sua data de término, sendo *temporárias* as séries com término definido e, portanto, possuindo um número limitado de termos, e *perpétuas* aquelas que não têm data para terminar e consequentemente apresentam um número ilimitado de termos.

Quanto à existência de prazos antes ou depois da série sem a ocorrência de termos

As séries são ditas *imediatas* se não existe um prazo entre o início ou término da série e a data de avaliação, e *diferidas* quando antes do início da série existe um prazo de carência e os termos ocorrem a partir de uma data futura. Também são chamadas de diferidas aquelas séries em que existe um prazo, que não segue a periodicidade dos termos, entre o último termo da série e a data de avaliação.

Quanto à posição relativa entre os períodos e os termos

As séries podem ainda ser divididas em *Postecipadas*, quando, em relação à data de avaliação, primeiro transcorre o período e no final de cada período ocorrem os termos. As séries serão *Antecipadas* se, em relação à data de avaliação, os termos da série ocorrem no início de cada período.

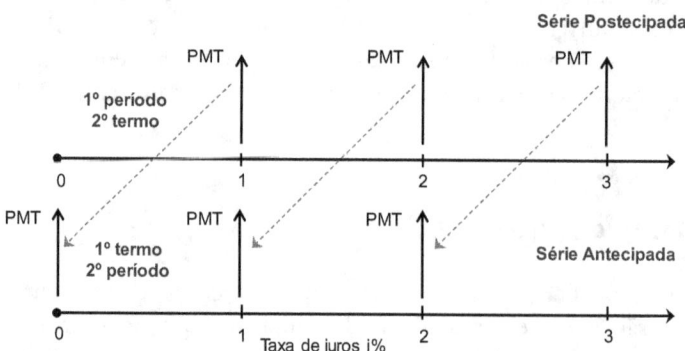

Figura 7 - Diferença entre séries postecipadas e antecipadas

No contexto deste livro as séries que vamos estudar serão:

a) Séries postecipadas – são séries imediatas e finitas de termos iguais que ocorrem no final dos períodos;
b) Séries antecipadas – são séries imediatas e finitas de termos iguais que ocorrem no início dos períodos;
c) Séries diferidas – são séries finitas de termos iguais nas quais, entre o início ou o final da série e a data de avaliação, existe um prazo que não segue a periodicidade dos termos;
d) Séries perpétuas – são séries imediatas de infinitos termos iguais nas quais o primeiro termo ocorre no final do primeiro período.

Tabela 6 - Características de cada tipo de série

Séries Uniformes	Postecipada	Antecipada	Diferida	Perpétua
Termos uniformes	x	x	x	x
Termos ocorrem em periodicidade uniforme	x	x	x	x
Data de início conhecida	x	x	x	x
Data de término conhecida	x	x	x	
Início da série com a mesma periodicidade	x	x		x
Termos ocorrem no final dos períodos	x		x	x
Termos ocorrem no início dos períodos		x		
Prazo não segue a periodicidade, antes ou depois da série			x	
Término indefinido				x

5.2 Séries uniformes postecipadas

As séries postecipadas são, portanto, uma sequência de pagamentos, recebimentos ou depósitos uniformes que ocorrem em períodos constantes, e os ditos termos da série são representados pela sigla $[PMT]$. Considerando então esta série de termos, podemos calcular o seu Valor Presente $[PV]$, que representa o somatório dos termos descapitalizados até a data de início. Da mesma forma, podemos calcular o seu Valor Futuro $[FV]$, que representa o somatório dos termos capitalizados até uma data do último termo. Para o cálculo dos valores presente e futuro, necessitamos conhecer o número de termos e a taxa de juros.

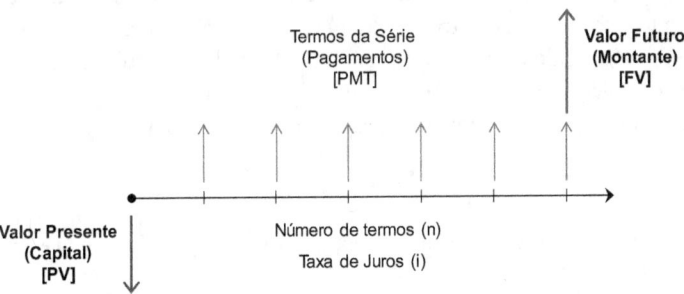

Figura 8 - Elementos de uma série postecipada

Valor presente na série postecipada

O cálculo do valor presente é o somatório dos termos descapitalizados para a data inicial através da aplicação da fórmula de juros compostos.

- $PV = \frac{PMT_1}{(1+i)^1} + \frac{PMT_2}{(1+i)^2} + \frac{PMT_3}{(1+i)^3} + \cdots + \frac{PMT_n}{(1+i)^n}$

Ψ Este somatório é a soma dos termos de uma progressão geométrica

- $S_n = \frac{a_n \cdot q - a_1}{q-1}$

Onde:

- *a razão é igual a* $q = (1+i)^{-1}$;
- *o primeiro termo é* $a_1 = PMT \cdot (1+i)^{-1}$;
- *e o último termo é* $a_n = PMT \cdot (1+i)^{-n}$.

Ψ Substituindo estes dados na equação da progressão geométrica, temos:

- $PV = \frac{[PMT \cdot (1+i)^{-n} \cdot (1+i)^{-1}] - PMT \cdot (1+i)^{-1}}{(1+i)^{-1} - 1}$

Ψ Dividindo numerador e denominador por $(1+i)^{-1}$ e multiplicando por -1

- $PV = PMT \cdot \frac{[1-(1+i)^{-n}]}{i}$

- $\left[\frac{1-(1+i)^{-n}}{i}\right] = fvp(i\%; n)$

Ψ Muitos livros utilizam outra forma de apresentar a mesma equação

- $\left[\frac{(1+i)^n - 1}{i \cdot (1+i)^n}\right] = fvp(i\%; n)$

Ψ O valor presente de uma série postecipada é dado por

ƒ $PV = PMT \cdot fvp(i\%; n)$

O fator $fvp(i\%; n)$[5] é denominado fator de valor presente. Este fator costumava ser encontrado somente em tabelas financeiras, porém hoje, com a facilidade de utilização de *apps*, calculadoras financeiras e planilhas eletrônicas, ele pode ser facilmente calculado. Ao longo dos exercícios vamos manter essa notação para simplificar as equações, e os fatores serão calculados com a calculadora HP12C®.

---

[5] Notação utilizada por ASSAF Neto, Alexandre em **Matemática financeira e suas aplicações, 14ª ed.**

Valor futuro na série postecipada

O valor futuro de uma série uniforme postecipada é dado pelo somatório dos termos da série capitalizados até a data do último termo.

- $FV = \sum_{j=1}^{n} PMT_j \cdot (1 + i)^{n-j}$

- $FV = PMT \cdot \left[\frac{[(1 + i)^n - 1]}{i}\right]$

- $\left[\frac{[(1 + i)^n - 1]}{i}\right] = fvf(i\%; n)$

Ψ O valor futuro de uma série postecipada é, então

∫ $FV = PMT \cdot fvf(i\%; n)$

O fator $fvf(i\%; n)$ é o fator de valor futuro, e, da mesma forma que o fator de valor presente, vamos utilizar essa notação para simplificar as equações, e os fatores serão calculados com a mesma calculadora.

Exercício 86. Um produto pode ser adquirido através do pagamento de uma entrada de $2.170,00 mais três parcelas mensais no valor de $1.500,00. A taxa de juros praticada é de 7% am/m. Qual o valor à vista equivalente deste produto?

- $ENT = 2.170,00$
- $PMT = 1.500,00$
- $n = 3\ parcelas$
- $i = 7\%\ am/m$

Ψ O valor equivalente à vista será igual à entrada somada ao valor presente na série postecipada

- $VEV = ENT + PMT \cdot fvp(i\%; n)$
- $VEV = 2.170,00 + 1.500,00 \cdot fvp(7\%; 3)$
- $VEV = 2.170,00 + 1.500,00 \cdot \left[\frac{1 - (1 + 0,07)^{-3}}{0,07}\right]$

Λ $VEV = \$6.106,47$

Exercício 87. *MSinvestor* adquiriu um imóvel através de 6 pagamentos mensais no valor de $18.500,00 cada mais uma parcela extra de $25.000,00 juntamente com a 3ª prestação. Se a taxa de juros é de 4% am/m, qual o valor equivalente deste imóvel imediatamente após sua quitação?

- $PMT = 18.500,00$
- $n = 6\ parcelas$

- $REF = 25.000,00$
- $i = 4\%\ am/m$

Ψ O valor total pago considerado imediatamente após o último pagamento é obtido pela soma do reforço capitalizado por 3 meses com o valor futuro na série postecipada

- $VTP = PMT \cdot fvf(i\%; n) + REF \cdot (1 + i)^3$
- $VTP = 18.500 \cdot fvf(4\%; 6) + 25.000 \cdot (1,04)^3$
- $VTP = 18.500 \cdot \left[\frac{[(1 + 0,04)^6 - 1]}{0,04} \right] + 25.000 \cdot 1,124864$
- $VTP = 18.500 \cdot 6,632975 + 25.000 \cdot 1,124864$

∧ $VTP = \$150\ 831,65$

5.3 Séries uniformes antecipadas

As séries antecipadas diferem das postecipadas pelo posicionamento dos seus termos em relação ao período, pois neste caso os termos ocorrem antes dos períodos. A forma de cálculo dos seus elementos se baseia na metodologia das séries postecipadas, havendo uma adaptação à nova configuração do fluxo de caixa.

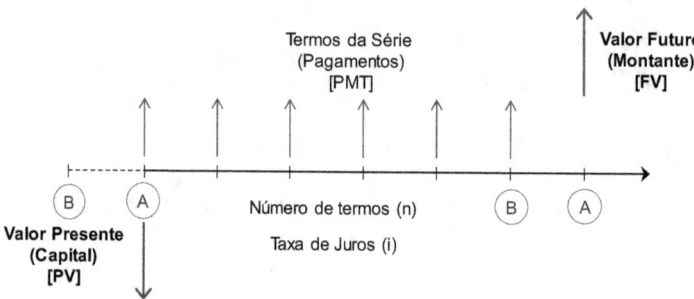

Figura 9 - Elementos de uma série antecipada

Valor presente na série antecipada

Queremos determinar o valor presente na data focal "A". No tocante a esta data, podemos inferir que o valor presente calculado será o valor presente de uma série postecipada calculado em "B" capitalizado por um período. Logo:

- $PV_{antecipado} = PV_{postecipado} \cdot (1 + i)$

- $PV = PMT \frac{[1 - (1 + i)^{-n}]}{i} \cdot (1 + i)$

ƒ $PV = PMT \cdot fvp(i\%; n) \cdot (1 + i)$

Poderíamos ainda usar outra abordagem, que seria calcular na data focal "A" o valor presente de uma série postecipada com $(n - 1)$ termos e depois simplesmente somá-lo ao termo que ocorre nesta data. Esta fórmula simplifica o cálculo, quando a incógnita é a taxa de juros.

ƒ $PV = PMT \cdot [fvp(i\%; n - 1) + 1]$

Valor futuro na série antecipada

Do mesmo modo, podemos adotar uma solução semelhante para calcular o valor futuro na data focal "A", que será igual ao valor futuro de uma série postecipada em "B" capitalizado por um período.

- $FV_{antecipado} = FV_{postecipado} \cdot (1 + i)$

- $FV = PMT \dfrac{[(1 + i)^n - 1]}{i} \cdot (1 + i)$

ƒ $FV = PMT \cdot fvf(i\%; n) \cdot (1 + i)$

Podemos também usar outra abordagem: calcular na data focal "A" o valor futuro de uma série postecipada com $(n + 1)$ termos e depois simplesmente subtrair o termo que não existe nesta data. A fórmula resultante permite simplificar o cálculo quando a incógnita é a taxa de juros.

ƒ $FV = PMT \cdot [fvf(i\%; n + 1) - 1]$

Exercício 88. Um bem pode ser adquirido por meio de 10 pagamentos mensais antecipados de 3.100,00, mais um pagamento de $7.539,28 juntamente com a quinta prestação mensal. Se a taxa de juros é de 4% ao mês com capitalização mensal, qual o valor à vista desse bem?

Ψ   O valor equivalente à vista é igual ao valor presente da série antecipada somado com o reforço descapitalizado por 4 meses

- $VEV = PMT \cdot fvp(i\%; n) \cdot (1 + i) + REF \cdot (1 + i)^{-4}$
- $VEV = 3.100 \cdot fvp(4\%; 10) \cdot (1,04) + 7.539,28 \cdot (1,04)^{-4}$
- $VEV = 3.100 \cdot \left[\dfrac{[(1 + 0,04)^{10} - 1]}{0,04 \cdot (1 + 0,04)^{10}} \right] \cdot (1,04) + 7.539,28 \cdot 0,854804$
- $VEV = 3.100 \cdot 8,110896 \cdot 1,04 + 6.444,61$
- $VEV = 26.149,53 + 6.444,61$

Λ $VEV = \$32.594,14$

Exercício 89. Na compra de um terreno foram pagas 16 prestações mensais de $5.200,00, e juntamente com a 8ª prestação um reforço de $10.000,00. Se a taxa de juros é de 60% aa/m, qual o preço mínimo de venda do terreno acima do qual se poderá ter um lucro bruto de 10% na operação, considerando que a venda está ocorrendo um mês após ter sido efetuado o último pagamento?

- $PMT = 5.200,00$
- $n = 16$ parcelas
- $REF = 10.000,00$
- $i = 60\%\ aa/m \equiv 5\%\ am/m$

Ψ O custo da compra do terreno será o valor pago por ele capitalizado para a data de análise. O custo total pode ser obtido através da soma do valor futuro da série antecipada com o reforço capitalizado por 9 meses

- $FVC = PMT \cdot fvf(i\%; n) \cdot (1 + i) + REF \cdot (1 + i)^9$
- $FVC = 5.200 \cdot fvf(5\%; 16) \cdot 1,05 + 10.000 \cdot (1,05)^9$
- $FVC = 5.200 \cdot \left[\dfrac{[(1 + 0,05)^{16} - 1]}{0,05}\right] \cdot 1,05 + 10.000 \cdot (1,05)^9$
- $FVC = 5200 \cdot 23,65749 \cdot 1,05 + 10.000 \cdot 1,551328$
- $VMV = 1,10 \cdot 144.683,18$

Λ $VMV = \$159.151,50$

5.4 Séries uniformes diferidas

É o caso em que o primeiro pagamento ou recebimento só é feito depois de decorrido um determinado prazo *[y]* diferente da periodicidade dos termos. Para facilitar o entendimento, convencionaremos que o período de diferimento é o número de períodos sem a ocorrência de termos e que os termos ocorrem no final de cada período, isto é, são postecipados. Atenção ao chamado período de carência, que é sempre o prazo até o primeiro pagamento — neste caso o período de diferimento é a carência menos 1.

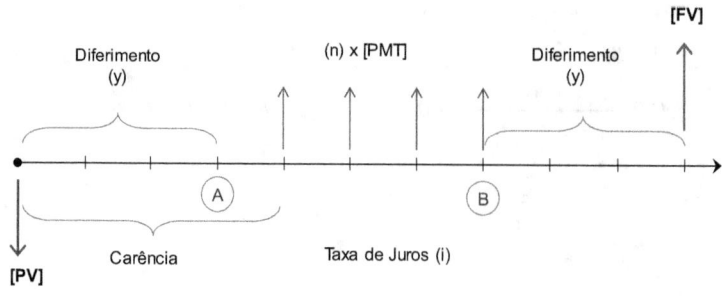

Figura 10 - Elementos de uma Série diferida

Valor presente na série diferida

No cálculo do valor presente podemos determinar o valor presente da série postecipada no ponto "A" e depois fazer sua descapitalização para a data "−y", dividindo esse valor por $(1 + i)^y$ ou multiplicando-o por $(1 + i)^{-y}$.

- $PV_{diferido} = PV_{postecipado} \cdot (1 + i)^{-y}$

- $PV = PMT \left[\frac{((1+i)^n - 1)}{i \cdot (1+i)^{y+n}} \right]$

  ʃ $PV = PMT \cdot fvp(i\%; n) \cdot (1 + i)^y$

Valor futuro na série diferida

O valor futuro no ponto "B" é o valor futuro da série postecipada com *[n]* termos. Desta forma, o valor futuro diferido é igual ao valor futuro postecipado capitalizado durante o período de diferimento.

- $FV_{diferido} = FV_{postecipado} \cdot (1 + i)^y$

- $FV = PMT \left[\frac{((1+i)^n - 1)}{i} \right] \cdot (1 + i)^y$

  ʃ $FV = PMT \cdot fvf(i\%; n) \cdot (1 + i)^y$

§ *Sempre que estivermos determinando o valor equivalente de uma série uniforme antes que ocorram os Termos, estaremos calculando o seu Valor Presente, isto é, o somatório dos termos descapitalizados.*

§ *Sempre que estivermos determinando o valor equivalente de uma série uniforme depois de os Termos terem ocorrido, estaremos calculando o Valor Futuro, isto é, seu somatório capitalizado.*

Exercício 90. Um terreno foi adquirido por meio do pagamento de uma entrada de $5.000,00 mais 10 prestações mensais de $3.200,00. O comprador, 15 meses após a aquisição, colocou o terreno à venda por $90.000,00. Considerando uma taxa de juros de 108% aa/m no período, a venda será feita com lucro ou prejuízo?

- *i = 108% aa/m ≡ 9% am/m*

Ψ   O valor total pago é o somatório entre o valor futuro da série diferida com diferimento de 5 meses e a entrada capitalizada por 15 meses

- *VTP = PMT·fvf(i%; n)·(1 + i)^y + ENT·(1 + i)^{n+y}*
- *VTP = 3.200·fvf(9%; 10)·(1,09)^5 + 5.000·(1,09)^{15}*

- $VTP = 3.200 \cdot \left[\frac{((1+0{,}09)^{10} - 1)}{0{,}09} \right] \cdot (1{,}09)^5 + 5.000 \cdot (1{,}09)^{15}$
- *VTP = 3.200·15,192930·1,538624 + 5.000·3,642482*

- $VTP = 74.803,86 + 18.212,41$

∴ $VTP = \$93.016,27;\ prejuízo$

Exercício 91. O preço à vista de um bem é de $14.000,00. Este valor pode ser financiado através de uma entrada mais 8 prestações mensais, sendo as 4 primeiras de $1.270,00 e as restantes o dobro deste valor. Se a primeira prestação mensal vence no mês seguinte ao pagamento da entrada e a taxa de juros é de 72% ao ano com capitalização mensal, qual o valor desta entrada?

- $VV = 14.000,00$
- $i = 72\%\ aa/m \equiv 6\%\ am/m$
- $VV = ENT + PMT_1 \cdot fvp(6\%; 4) + PMT_2 \cdot fvp(6\%; 4) \cdot (1,06)^{-4}$
- $14.000,00 = ENT + 1.270 \cdot \left[\frac{((1+0,06)^4 - 1)}{0,06 \cdot (1+0,06)^4}\right] + 2.540 \cdot \left[\frac{((1+0,06)^4 - 1)}{0,06 \cdot (1+0,06)^{(4+4)}}\right]$
- $14.000,00 = ENT + 1.270 \cdot 3,4651 + 2.540 \cdot 2,74469$
- $ENT = 14.000,00 - 4.400,68 - 6.971,51$

∴ $ENT = \$2.627,81$

5.5 Perpetuidades

As séries perpétuas ocorrem em diversas operações financeiras, como a emissão de debêntures sem data de vencimento, os aluguéis de imóveis e o pagamento de dividendos de ações. São denominadas perpetuidades porque sua data de término é indefinida.

Como uma perpetuidade tem um número infinito de pagamentos, obviamente é impossível calcular o valor presente de cada um deles. Porém, o somatório dos valores presentes quando o prazo tende ao infinito é determinado pela simples divisão do valor presente pela taxa de juros.

ƒ $PV = PMT/i$

As séries perpétuas são aplicadas na avaliação preliminar do valor de ações e de imóveis, dado que tanto as empresas quanto os imóveis costumam ter uma grande vida útil, e portanto podem produzir receitas de aluguéis e dividendos indefinidamente. Desta forma, os valores presentes destes fluxos de caixa podem ser usados na estimativa do valor das ações e dos imóveis.

Renda perpétua versus renda vitalícia

Ainda que tenham semelhanças, os conceitos de perpetuidade e rendas vitalícias obtidas através dos planos de aposentadoria são distintos. A diferença fundamental está no caso da morte do beneficiário: nas perpetuidades o principal ou os rendimentos permanecem com os herdeiros; nos planos de aposentadoria o beneficiário tem assegurada a renda durante sua vida, podendo haver ou não uma parte revertida aos herdeiros.

Exercício 92. Uma debênture perpétua[6] de uma companhia privada paga semestralmente um cupom de $2.750,00. Se o retorno desejado para tal investimento é uma taxa efetiva anual de 7,5%, qual deve ser o valor máximo de compra desta debênture perpétua?

Ψ Como o cupom é semestral, vamos calcular a taxa semestral equivalente

− $(1 + i_b)^2 = (1 + 0,075)$

− $i_b = 3,6822\%$

Ψ Cálculo do Valor presente da debênture

− $VP = PMT/i$

− $VP = 2.750/0,036822$

Λ $VP = \$74.683,48$

Exercício 93. Determine o valor teórico de um apartamento que rende mensalmente $5.000,00, com uma taxa de juros de mercado de 1,5% am/m. Considere qual seria o valor no caso da incidência de 27% de imposto de renda sobre os aluguéis.

Ψ A renda com aluguel pode ser considerada uma renda perpétua. Logo

− $PV = 5.000/0,015$

Λ $PV = \$333.333,33$

Ψ O cálculo, considerando o imposto de renda, será

− $PV = (5.000 \cdot (1 − 0,27))/0,015$

Λ $PV = \$243.333,33$

5.6 Bonds do mercado americano

Os *Bonds* são títulos de dívida de empresas privadas emitidos nos Estados Unidos que prometem pagar aos investidores um determinado fluxo futuro

---

[6] As debêntures são títulos de dívida emitidos por empresas para captar recursos. Um tipo especial de **debênture**, chamada de "**Perpétua**", são títulos que não possuem data de vencimento.

composto de um valor de face (normalmente de $1.000,00), mais juros duas vezes ao ano (valor denominado "cupom"). Desta forma, se o *bond* tiver uma taxa nominal de cupom de 6%, este papel pagará duas parcelas de $30,00 durante o ano para cada unidade do título.

O valor de um título hoje é o valor presente destes fluxos de caixa futuros, ou seja, o valor presente dos juros somado ao valor presente do seu valor de face que será pago no vencimento.

– *Valor presente de um título = Valor presente dos cupons + Valor presente do valor de face*

Os retornos desses títulos são cotados através da taxa nominal anual e do seu valor de venda, que pode estar *ao par* ($1.000,00), abaixo do par ou acima do par. Conforme o valor da cotação, teremos a taxa de juros efetiva a que está sendo comercializado o papel.

A taxa de retorno que os investidores possuem ao comprar e manter um título até o seu vencimento é denominada *yield to maturity* (YTM) ou rendimento até o vencimento, considerando que o emissor do *bond* efetue todos os pagamentos programados de juros e principal. Se o investidor mantém o papel até a data de seu vencimento, podemos dizer que *yield to maturity* é a taxa interna de retorno (TIR) desse investimento.

Desta forma, o YTM pode ser obtido determinando a taxa da equação:

– $VP = \dfrac{1000}{(1+YTM)^n} + PMT \cdot \dfrac{[1-(1+YTM)^{-n}]}{YTM}$

ʃ $VP = 1.000/(1 + YTM)^n + PMT \cdot fvp(YTM\%; n)$

Aqui temos uma limitação do cálculo algébrico, necessitamos utilizar a calculadora financeira ou fazer por aproximações sucessivas.

Exercício 94. Um *bond* que paga semestralmente um cupom anual de $60,00 está sendo cotado prevendo um retorno efetivo de 8% ao ano. Se o resgate está previsto para 10 anos, qual é a cotação de mercado destes títulos?

Ψ Com base em nossa discussão, sabemos que o título será vendido com desconto, porque ele tem uma taxa de cupom de 6% aa/s. Assim, o *bond* está sendo cotado abaixo do par

Ψ Para obter a cotação exata, primeiro calculamos o valor presente do valor de face de $1.000,00 a ser pago no décimo ano

– $VP = 1.000/(1 + 0,08)^{10}$

– $VP = 463,19$

Ψ No período de dez anos ocorrem 20 semestres. Os cupons são uma série de 20 pagamentos semestrais de $30,00

– *Cupom semestral* $= 0,06 \cdot 1.000 / 2 = 30$

Ψ Cálculo da taxa semestral

- $i_s = (1{,}08)^{(1/2)} - 1$
- $i_s = 3{,}923\%\ as/s$

Ψ Cálculo do valor presente da série postecipada

- $VP = 30 \cdot [((1 - (1 + i)^{-n})/i)]$
- $VP = 30 \cdot [(1 - ((1 + 0{,}03923)^{-20})/0{,}03923]$
- $VP = 30 \cdot [(1 - 0{,}4632)/0{,}03923]$
- $VP = 410{,}50$
- $VP_T = 463{,}19 + 410{,}50$
- $VP_T = 873{,}69$

Λ Cotação = 87,37%

Exercício 95. Um investidor deseja encontrar o *Yield to maturity* de um *bond*. O papel está sendo negociado a $1.078,00, tem cupom anual de 7%, pago semestralmente e vence em dez anos.

Ψ Determinar a taxa semestral que resulta no valor presente que o papel está sendo negociado

- $VP = 1.078$
- Cupom semestral = $0{,}07 \cdot 1.000 / 2 = 35$
- $VP = 1.000/(1 + i_s)^{20} + 35 \cdot fvp(i_s\%; 20)$
- Não sendo possível solucionar algebricamente vamos empregar a calculadora financeira.

Ψ Uso da calculadora. Obs.: As calculadoras financeiras operam com a ideia de fluxo de caixa, por isso devemos diferenciar as entradas e as saídas de caixa. Para tanto, vamos informar o valor presente do nosso investimento (PV) com o sinal negativo, e os recebimentos futuros (PMT e FV) serão fornecidos como valores positivos de forma a permitir o cálculo do rendimento até o vencimento

Ψ HP12C®

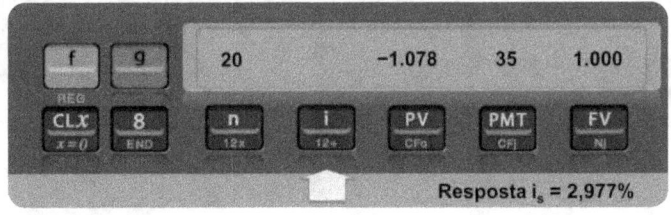

- Resposta $i_s = 2{,}977\%\ as/s$
- {utilizando esta taxa na equação anterior = 556,17 + 521,82 = 1.077,99}
- $YTM = (1 + i_s)^2 - 1333333$

Λ $YTM = 6{,}042\%\ aa/a$

Exercício 96. Um investidor quer determinar o YTM de um *bond* emitido pela companhia *JGcompany*. O *bond* possui as seguintes características: está sendo negociado a $920,00, tem um cupom de 10% ao ano, seu valor de face é de $1.000,00, seu vencimento ocorre em 10 anos e os juros são pagos anualmente.

- *Cupom anual* = $0,10 \cdot 1.000 = 100$
- $VP = 920$
- $VP = 1.000/(1 + YTM)^{10} + 100 \cdot fvp(YTM\%; 10)$

Ψ HP12C®

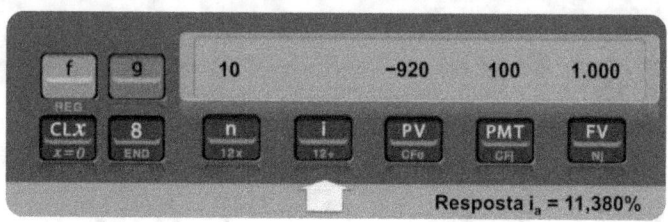

Λ $YTM = 11,380\%$ aa/a

5.7 Duration

O conceito de *duration* foi introduzido por Frederick Macaulay[7] em 1938, que buscava definir a medida correta do ciclo de vida de um investimento de renda fixa. As operações de renda fixa são na realidade empréstimos para empresas nos quais sempre existe um risco de *default* por parte do emissor. Desta forma, quanto maior o prazo para o pagamento do título, maior a incerteza de seu recebimento ou, em outras palavras, o risco de recebimento. A *duration* é uma medida que permite comparar títulos quanto ao tempo médio de exposição a este risco.

Um *bond* com um único pagamento no final do prazo possui a *duration* igual ao prazo do título (zero *cupon bond*). No caso de um *bond* que paga cupons intermediários, a *duration* necessariamente será menor que o prazo até o vencimento do título.

O cálculo da *duration* será obtido pela média ponderada dos prazos de pagamento de cada parcela, usando como peso o valor presente de cada parcela dividido pelo valor presente do total de pagamentos. Ou seja, o cálculo da *duration* de Macaulay representa o prazo médio ponderado de pagamento do título, levando-se em consideração o valor do dinheiro no tempo.

---

[7] Frederick Robertson Macaulay (Agosto de 1882 – Março de 1970) foi um economista canadense. É conhecido por introduzir o conceito de *bond duration*.

$$\int D = \frac{\sum_{t=1}^{n} \frac{C_t}{(1+YTM)^t} \cdot t}{P_0}$$

- C_t = *valor de cada pagamento dos rendimentos e principal do título em cada prazo "t"*
- t = *tempo decorrido até a data de cada pagamento*
- n = *maturidade total do título*
- YTM = *yield to maturity*
- P_0 = *valor presente do título descontado pela YTM*

Exercício 97. *MSinvestor* adquire um título de valor de face de $1.000,00 com um cupom de 6% ao ano com pagamento semestral e 4 anos para o vencimento. O título atualmente está precificado em 95%. Determine a *duration* de Macaulay e o *yield to maturity*.

Semestre	Fluxo de caixa	PV	Prazo (ano)	PV·t
0	−950,00			
1	30,00	28,9200	0,50	14,46
2	30,00	27,8788	1,00	27,88
3	30,00	26,8752	1,50	40,31
4	30,00	25,9077	2,00	51,82
5	30,00	24,9750	2,50	62,44
6	30,00	24,0758	3,00	72,23
7	30,00	23,2091	3,50	81,23
8	1030,00	768,1585	4,00	3.072,63

- *Valor de Face = 1.000,00*
- *Prazo = 3 anos*
- *Cupom = 6,000% aa/s*
- *is = 3,735% as/s*
- *YTM = 7,609% aa/a*
- $D = \sum PV \cdot t / P_0 = 3.423,00 / 950,00$

  $\Lambda \quad D = 3,603$ *anos*

Exercício 98. Uma empresa de energia obteve um título que paga cupons semestrais de 5,0% aa/s, com valor no vencimento de $1.000,00 e vencimento em 5 anos, e está sendo vendido por 85% do valor de face. Determine o *yield to maturity* e a *duration* da operação.

Ψ *yield to maturity*

- *VP = 1.000/(1 + YTM)^n + PMT·fvp(YTM%; n)*
- *850 = 1000/(1 + YTM)^{10} + 25·fvp(YTM%; 10)*

Ψ Para solucionar esta equação, podemos utilizar aproximações sucessivas, tentativa e erro, ou a calculadora HP12C®

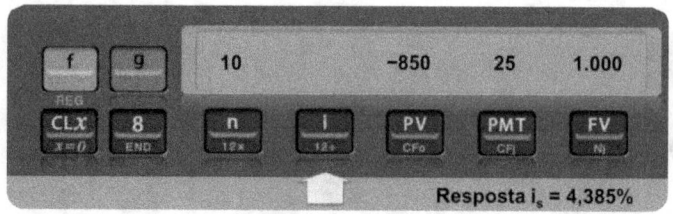

- $YTM = (1 + i_s)^2 - 1$
- $YTM = (1,04385)^2 - 1$

  Λ $YTM = 8,962\%$ aa/a

Ψ Duration

Semestre	Fluxo de caixa	PV	Prazo (ano)	PV·t
0	−850,00			
1	25,00	23,9498	0,50	11,97
2	25,00	22,9437	1,00	22,94
3	25,00	21,9799	1,50	32,97
4	25,00	21,0566	2,00	42,11
5	25,00	20,1720	2,50	50,43
6	25,00	19,3247	3,00	57,97
7	25,00	18,5129	3,50	64,80
8	25,00	17,7352	4,00	70,94
9	25,00	16,9902	4,50	76,46
10	1025,00	667,3350	5,00	3.336,67

- Valor de Face = 1.000,00
- Prazo = 5 anos
- Cupom = 5,000% aa/s
- i_s = 4,385% as/s
- YTM = 8,962% aa/a
- $D = \sum PV \cdot t / P_0 = 3.767,27 / 850,00$

  Λ D = 4,432 anos

Exercício 99. Um *bond* com valor de face de $1.000,00 tem uma taxa de cupom de 6,5% aa/s e seu vencimento será em 3 anos. Considerando que o cupom é pago semestralmente e que o *yield* é de 8,16% aa/a, calcule o valor de venda do *bond* e a *duration* da operação.

- $VP = 1.000 / (1 + YTM)^n + PMT \cdot fvp(YTM\%; n)$
- $i_s = (1 + YTM)^{1/2} - 1$

- $i_s = (1{,}0816)^{0{,}5} - 1$
- $i_s = 4\%\ as/s$
- $VP = 1.000/(1 + 0{,}04)^6 + 32{,}5 \cdot fvp(4\%;\ 6)$
- $VP = 960{,}68$

Ψ HP12C®

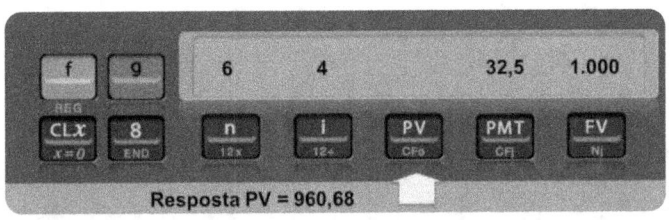

Λ Valor de Venda = $960,68

Ψ Duration

Semestre	Fluxo de caixa	PV	Prazo (ano)	PV·t
0	−960,68			
1	32,50	31,2500	0,50	15,63
2	32,50	30,0481	1,00	30,05
3	32,50	28,8924	1,50	43,34
4	32,50	27,7811	2,00	55,56
5	32,50	26,7126	2,50	66,78
6	1032,50	815,9997	3,00	2.448,00

Ψ Valor de Face = 1.000,00

- Prazo = 3 anos
- Cupom = 6,500% aa/s
- is = 4,000% as/s
- YTM = 8,160% aa/a
- $D = \sum PV \cdot t / P_0 = 2.659{,}35 / 960{,}68$

Λ D = 2,768 anos

5.8 Funções do Excel® para séries uniformes

A seguir são apresentadas as funções para cálculo das variáveis envolvidas nas séries uniformes postecipadas e antecipadas. Para cada uma das funções estão exemplificados os cálculos para ambos os tipos de séries.

❖ **Valor Presente** VP(taxa; nper; pgto; [vf], [tipo])

VP: Calcula o valor presente de um empréstimo ou investimento com base em pagamentos uniformes e uma taxa de juros constante.

Taxa: Necessário. A taxa de juros por período em decimais ou com o operador "%". É possível ainda utilizar uma fórmula para o cálculo da taxa.

Nper: Necessário. O número total de termos da série ou uma fórmula para obtê-lo. *Cuidado: ele deve estar referido à mesma unidade da taxa de juros.*

Pgto: Necessário. O termo da série que ocorre na quantidade prevista no número de termos. Havendo omissão deste termo, é possível calcular o valor presente incluindo o argumento [vf].

Vf: Opcional. O valor futuro ou um pagamento adicional que ocorra depois do último pagamento. Se [vf] for omitido, será considerado 0.

Tipo: Opcional. O número 0 ou omitido será considerado uma série postecipada e o 1, uma série antecipada.

	A	B	C	D
1	Taxa de Juros	6%	Valor Presente [VP]	
2	Períodos	4		
3	Pagamento	$2.000,00		
4	Valor Futuro	$0,00		
5	S. Postecipada	0	=VP(B1; B2; B3; B4; B5)	
6	S. Antecipada	1	=VP(B1; B2; B3; B4; B6)	
7	VP =	−$6.930,21	S. Postecipada	
8	VP =	−$7.346,02	S. Antecipada	

❖ **Valor Futuro** VF(*taxa; nper; pgto; ,[vp],[tipo]*)

VF: calcula o valor futuro de um empréstimo ou investimento com base em pagamentos uniformes e uma taxa de juros constante.

Vp: Opcional. O valor presente ou um pagamento inicial que ocorra antes do primeiro pagamento. Se [vp] for omitido, será considerado 0.

Os demais parâmetros são os mesmos da função VP.

	A	B	C	D
1	Taxa de Juros	6%	Valor Futuro [VF]	
2	Períodos	4		
3	Pagamento	$2.000,00		
4	Valor Presente	$0,00		
5	S. Postecipada	0	=VF(B1; B2; B3; B4; B5)	
6	S. Antecipada	1	=VF(B1; B2; B3; B4; B6)	
7	VF =	−$8.749,23	S. Postecipada	
8	VF =	−$9.274,19	S. Antecipada	

❖ **Pagamento** PGTO(*taxa; nper; vp; [vf]; [tipo]*)

PGTO: calcula os termos de uma série uniforme considerando uma taxa de juros constante na mesma unidade de tempo.

Vp: Obrigatório. O valor presente equivalente a uma série de termos futuros, ou um pagamento adicional antes do primeiro termo. Quando do cálculo em função do [vf], o valor de vp informado deverá ser 0.

Vf: Opcional. O valor futuro equivalente a uma série de termos passados, ou um reforço adicional pago após o último pagamento. Se [vf] for omitido, será considerado 0.

Os demais parâmetros são os mesmos da função VP.

	A	B	C	D
1	Taxa de Juros	6%	**Prestação [PGTO]**	
2	Períodos	4		
3	Valor Presente	$6.930,21		
4	Valor Futuro	$0,00		
5	S. Postecipada	0	=PGTO(B1; B2; B3; B4; B5)	
6	S. Antecipada	1	=PGTO(B1; B2; B3; B4; B6)	
7	PGTO =	−$2.000,00	S. Postecipada	
8	PGTO =	−$1.886,79	S. Antecipada	

❖ **Número de Períodos** NPER(*taxa; pgto; vp; [vf]; [tipo]*)

NPER: Retorna o número de períodos para investimento de acordo com termos constantes e periódicos e uma taxa de juros constante.

Pgto: Necessário. O valor constante do termo que ocorre em cada período. Pode ser omitido para determinar o prazo de uma operação única utilizando somente os argumentos de vp e vf. *Atenção: é preciso seguir o conceito de fluxo de caixa e informar os valores de vp e vf com sinais contrários. Para evitar erros, pode-se informar o Pgto sempre com sinal negativo.*

Tipo: Opcional. O número 0 ou omitido será considerado uma série postecipada e o 1, uma série antecipada.

	A	B	C	D
1	Taxa de Juros	6%	**Número de Períodos [NPER]**	
2	Pagamento	−$2.000,00		
3	Valor Presente	$6.930,21		
4	Valor Futuro	$0,00		
5	S. Postecipada	0	=NPER(B1; B2; B3; B4; B5)	
6	S. Antecipada	1	=NPER(B1; B2; B3; B4; B6)	
7	NPER =	4,00	S. Postecipada	
8	NPER =	3,75	S. Antecipada	

❖ **Taxa de Juros** TAXA(*nper; pgto; vp; [vf]; [tipo]; [estimativa]*)

TAXA: Retorna a taxa de juros por período de uma série uniforme. A taxa é calculada por iteração e pode ter zero ou mais soluções. Se os resultados das iterações não apresentarem uma diferença entre o penúltimo e o último de 0,1 ou menos após 20 iterações, a função retornará o valor #NUM!.

Nper: Necessário. O número total de termos da série ou uma fórmula para obtê-lo. *Cuidado: ele deve estar referido à mesma unidade da taxa de juros.*

Pgto: Necessário. O termo da série que ocorre na quantidade prevista no número de termos. Se esse termo for omitido, deverá ser incluído o argumento [vf]. *Atenção: é preciso seguir o conceito de fluxo de caixa e informar os valores de Pgto e vp ou vf com sinais contrários.*

Vp: Obrigatório. O valor presente equivalente a uma série de termos futuros, ou um pagamento adicional antes do primeiro termo. Quando do cálculo em função do [vf], o valor de vp informado deverá ser 0.

Vf: Opcional. O valor futuro ou um pagamento adicional que ocorra depois do último pagamento. Se [vf] for omitido, será considerado 0.

Tipo: Opcional. O número 0 ou omitido será considerado uma série postecipada e o 1, uma série antecipada.

Estimativa: Opcional. A sua estimativa para a taxa. Se este argumento for omitido, será considerado 10%. Se TAXA não convergir, atribua valores diferentes à estimativa. *Em geral, TAXA converge se estimativa estiver entre 0 e 1.*

	A	B	C	D
1	Períodos	4	Taxa de Juros [TAXA]	
2	Valor Presente	−$2.000,00		
3	Valor Presente	$6.930,21		
4	Valor Futuro	$0,00		
5	S. Postecipada	0	=TAXA(B1; B2; B3; B4; B5)	
6	S. Antecipada	1	=TAXA(B1; B2; B3; B4; B6)	
7	TAXA =	6,00%	S. Postecipada	
8	TAXA =	10,50%	S. Antecipada	

5.9 Exercícios resolvidos de séries

Exercício 100. Na compra de um equipamento cujo preço à vista é de $75.000,00, foi paga uma entrada de 30% do valor da compra e o saldo foi financiado em 12 prestações mensais. Se a taxa de juros é de 4% am/m, qual o valor das prestações?

- $VV = 75.000,00$
- $ENT = 0,3 \cdot 75.000 = 22.500,00$
- $n = 12$ *prestações*
- $i = 4\%$ *am/m*

Ψ O valor equivalente à vista é o somatório da entrada com o valor presente da série postecipada

- $VEV = ENT + PMT \cdot fvp(i\%; n)$
- $75.000 = 22.500 + PMT \cdot fvp(4\%; 12)$
- $75.000 = 22.500 + PMT \cdot \left[\frac{1-(1+0,04)^{-12}}{0,04}\right]$
- $52.500 = 9,385074 \cdot PMT$

Λ $PMT = \$5.593,99$

Exercício 101. O preço à vista de um imóvel é de $120.000,00. Na aquisição deste imóvel serão pagas prestações mensais no valor de $5.904,50 mais um reforço no valor de $21.854,54 efetuado juntamente com a terceira prestação. Se a taxa de juros é de 3% am/m, quantas prestações mensais são necessárias para quitar a compra?

- $REF = 21.854,54$
- $PMT = 5.904,50$
- $i = 3\%\ am/m$
- $VEV = 120.000,00$

Ψ O valor equivalente à vista é igual ao valor presente da série postecipada somado com o reforço descapitalizado por 3 meses

- $VEV = PMT \cdot fvp(i\%; n) + REF \cdot (1+i)^{-3}$
- $120.000 = 5.904,50 \cdot fvp(3\%; n) + 21.854,54 \cdot (1,03)^{-3}$
- $fvp(3\%; n) = 100.000/5.904,50$
- $fvp(3\%; n) = 16,93624$

Ψ HP12C®

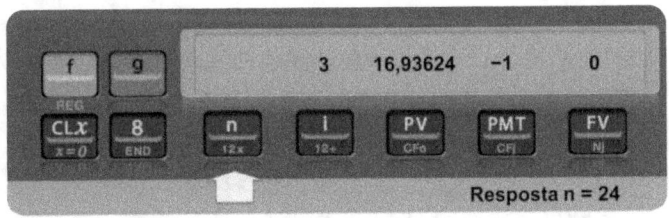

Λ $n = 24\ prestações$

Exercício 102. A aquisição de um equipamento cujo preço à vista é de $24.918,00 ocorreu com o pagamento de uma entrada de $10.000,00 mais 3 prestações mensais no valor de $5.478,00. Determine a taxa de juros efetiva mensal cobrada no parcelamento.

- $VEV = 24.918,00$

- $ENT = 10.000,00$
- $PMT = 5.478,00$
- $n = 3\ pagamentos$

Ψ O valor equivalente à vista será pago por meio de uma entrada mais o valor presente de uma série postecipada com 3 termos

- $VEV = ENT + PMT \cdot fvp(i\%; n)$
- $24.918,00 = 10.000,00 + 5.478,00 \cdot fvp(i\%; 3)$
- $14.918,00 = 5.478,00 \cdot fvp(i\%; 3)$

Ψ HP12C®

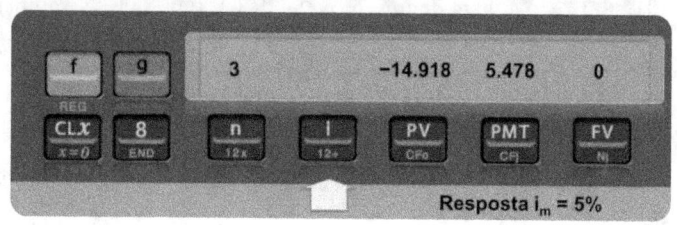

Λ $i = 5\%\ am/m$

Exercício 103. Uma aplicação que remunera à taxa de juros de 5,5% am/m, recebeu um depósito inicial no valor de $4.800,00 mais dez depósitos mensais de $2.000,00. Se o saldo da aplicação, imediatamente após o último depósito, é de $25.840,00, qual o valor da retirada efetuada juntamente com o 5º depósito mensal?

- $SALDO = 25.840,00$
- $DEP_{ini} = 4.800,00$
- $PMT = 2.000,00$
- $i = 5,5\%\ am/m$

Ψ O saldo remanescente será igual à soma do depósito inicial capitalizado com o valor futuro de série postecipada menos o valor retirado capitalizado

- $SALDO = DEP \cdot (1 + i)^n + PMT \cdot fvf(i\%; n) - RET \cdot (1 + i)^5$
- $25.840,00 = 4.800 \cdot (1,055)^{10} + 2.000 \cdot fvf(5,5\%; 19) - RET \cdot (1,055)^5$
- $25.840,00 = 8.199,09 + 2.000 \cdot 12,8754 - 1,3070 \cdot RET$

Λ $REF = \$6\ 205,04$

Exercício 104. Uma loja virtual está comercializando um *smartphone* cujo preço à vista é de $3.200,00 nas seguintes condições: 4 prestações mensais e à taxa de juros de 2,7% am/m. Calcule o valor das prestações para as seguintes situações:

a.) a primeira prestação vence ao final do 1º mês;

Ψ   Série Postecipada

- $PV = PMT \cdot fvp(i\%; n)$
- $3.200 = PMT \cdot fvp(2,7\%; 4)$

Λ $PMT = \$854,72$

b.) a primeira prestação é paga como entrada;

Ψ   Série Antecipada

- $PV = PMT \cdot fvp(i\%; n) \cdot (1 + i)$
- $3.200 = PMT \cdot fvp(2,7\%; 4) \cdot (1 + 0,027)$

Λ $PMT = \$832,25$

c.) a primeira prestação vence após uma carência de 90 dias.

Ψ   Série diferida

- $PV = PMT \cdot fvp(i\%; n) \cdot (1 + i)^{-2}$
- $3.200 = PMT \cdot fvp(2,7\%; 4) \cdot (1 + 0,027)^{-2}$

Λ $PMT = \$901,50$

Exercício 105. Um bem foi adquirido em 18 prestações mensais postecipadas de $2.100,00 cada, à taxa de juros de 4% am/m. Qual valor em prestações trimestrais é necessário para substituir as últimas 12 prestações mensais?

Ψ   Podemos calcular o valor presente das duas séries e obter o valor das novas prestações após igualar as equações. Porém, se visualizarmos o fluxo de caixa, iremos notar que cada três parcelas do fluxo mensal são iguais a uma do fluxo trimestral. Portanto, a parcela trimestral é o valor futuro das três parcelas mensais

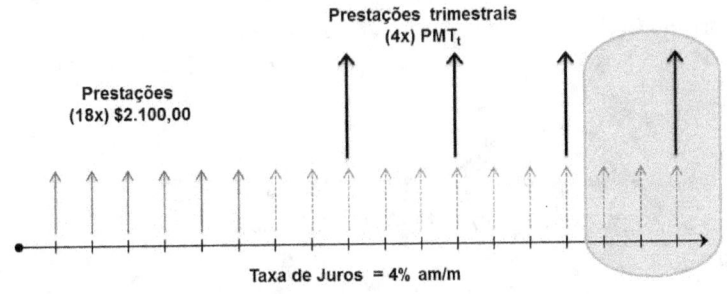

- $PMT_t = PMT \cdot fvf(4\%; 3)$
- $PMT_t = 2.100,00 \cdot 3,1216$

Λ $PMT_t = \$6.555,36$

Exercício 106. Uma empresa vende determinado produto a certas condições básicas de pagamento. A primeira são 36 parcelas mensais postecipadas de $1.000,00 e a segunda são 12 parcelas trimestrais postecipadas de $3.090,90. Considerando estas condições de pagamento, qual a taxa de juros efetiva mensal utilizada pela empresa?

Ψ Valor Futuro de 3 prestações mensais ≡ prestação trimestral

- $3.090,90 = 1.000,00 \cdot fvf(i\%; 3)$
- $fvf(i\%; 3) = 3,09090$

Ψ HP12C®

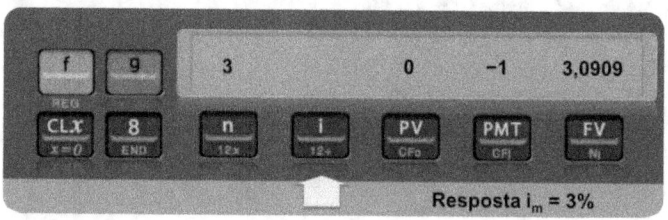

Λ $i = 3\%\ am/m$

Exercício 107. Determinado produto cujo preço à vista é de $85.000,00 está à venda nas seguintes condições: 9 prestações mensais postecipadas no valor de $8.460,00 mais dois reforços iguais, o primeiro com vencimento em 6 meses e o segundo com vencimento em 12 meses. Considerando que a taxa de juros é de 9% ab/m, calcule o valor dos reforços.

- $VEV = 85.000,00$
- $PMT = 8.460,00$
- $n = 9\ parcelas$
- $i = 9\%\ ab/m \equiv 4,5\%\ am/m$

Ψ O valor equivalente à vista é igual ao valor presente da série postecipada somado à primeira parcela semestral descapitalizada por 6 meses e à segunda parcela semestral descapitalizada por 12 meses

- $VEV = PMT \cdot fvp(i\%; n) + REF \cdot (1 + i)^{-6} + REF \cdot (1 + i)^{-12}$
- $85.000 = 8.460 \cdot fvp(4,5\%; 9) + REF \cdot (1,045)^{-6} + REF \cdot (1,045)^{-12}$
- $85.000 = 61.493,97 + REF \cdot 0,767896 + REF \cdot 0,589664$
- $1,357560 \cdot REF = 23.506,03$

Λ $REF = \$17.314,91$

Exercício 108. Um imóvel cujo preço à vista é de $112.000,00 foi adquirido através do pagamento de uma entrada de $45.000,00 mais 12 pagamentos mensais iguais com a taxa de juros do financiamento de 5% am/m. Se após o 7° pagamento mensal o imóvel foi posto à venda e houve o repasse das prestações restantes, qual deve ser o preço de venda para obter um ganho de 10% sobre o valor pago?

- $VEV = 112.000,00$
- $ENT = 45.000,00$
- $n = 12\ prestações$
- $i = 5\%\ am/m$

Ψ   De forma a calcular o valor das prestações, igualamos o valor equivalente à vista do imóvel à entrada somada ao valor presente da série postecipada com 12 termos

Ψ   Cálculo da prestação inicial

- $VEV = ENT + PMT \cdot fvp(i\%;\ n)$
- $112.000 = 45.000 + PMT \cdot fvp(5\%;\ 12)$
- $PMT = 7.559,30$

Ψ   Para obter o valor de venda primeiro devemos determinar o Custo na venda, que é obtido pela soma da Entrada capitalizada por 7 meses com o valor futuro da série postecipada considerando 7 termos. O valor de venda será igual ao custo mais os 10% previstos como lucro

Ψ   Cálculo do valor de venda

- $CUSTO = ENT \cdot (1 + i)^7 + PMT \cdot fvf(i\%;\ 7)$
- $CUSTO = 45.000 \cdot (1,05)^7 + 7.559,30 \cdot fvf(5\%;\ 7)$
- $CUSTO = 63.319,52 + 61.547,90$
- $VENDA = (1,10) \cdot 124.867,42$

Λ $VENDA = \$137.354,17$

Exercício 109. Uma empresa tem uma fatura a receber no valor de $14.901,79, cujo vencimento ocorrerá em 8 meses. Com esta receita será possível efetuar o 8° pagamento, referente à compra de um equipamento, de um total de 8 prestações mensais postecipadas. Se a taxa de juros é de 9% am/m, quanto deveria haver em caixa, no momento da compra, para cobrir os 7 primeiros pagamentos?

- $PMT = 14.901,79$
- $i = 9\%\ am/m$
- $n = 7\ pagamentos$

Ψ O valor a receber é igual ao valor da oitava prestação mensal e o valor das 7 primeiras prestações é o mesmo. Portanto, o valor equivalente para cobrir os sete primeiros pagamentos é o valor presente da série postecipada com sete termos

- $VEV = PMT \cdot fvp(i\%; n)$
- $VEV = 14.901,79 \cdot fvp(9\%; 7)$
- $VEV = 14.901,79 \cdot 5,032953$

Λ $VEV = \$75.000,00$

Exercício 110. Ao se aplicar durante 5 meses o valor mensal de $10.500,00, foi possível efetuar, a partir do mês seguinte ao último depósito, 4 retiradas mensais no valor de $18.434,13 cada. Se a taxa de juros até o momento do último depósito foi de 7% am/m, qual a taxa de juros do período restante?

- $DEP = 10.500,00$
- $n_d = 5$ depósitos
- $i_1 = 7\%$ am/m
- $RET = 18.434,13$
- $n_r = 4$ retiradas

Ψ O valor acumulado com os depósitos, isto é, o valor futuro da série postecipada de depósitos, deve ser igual ao valor necessário para efetuar as retiradas, isto é, o valor presente da série postecipada das retiradas

- $PMT_d \cdot fvf(i_1\%; n_d) = PMT_r \cdot fvp(i_2\%; n_r)$
- $10.500 \cdot fvf(7\%; 5) = 18.434,13 \cdot fvp(i_2\%; 4)$
- $10.500 \cdot 5,75074 = 18.434,13 \cdot fvp(i_2\%; 4)$
- $fvp(i_2\%; 4) = 3,2756$

Ψ HP12C®

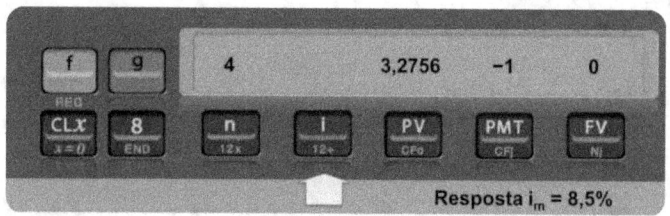

Λ $i_2 = 8,5\%$ am/m

Exercício 111. A *JGcompany* emitiu *bonds* com valor de face de $1.000,00, em setembro de 2101, ao preço de 99,232%. Os títulos com vencimento em setembro de 2111, terão cupom de 5 5/8% ao ano, pagos semestralmente. Calcule o rendimento esperado pelos investidores.

Ψ   A taxa nominal cupom em decimais será de 5,625% aa/s

- $i = 0,05625/2 = 2,8125\%\ as/s$
- *Cupom semestral* $= 0,028125 \cdot 1000 = 28,125$
- $PMT = 28,125$
- $n = 20$ *semestres*
- $VP = 992,32$
- $VF = 1.000,00$

Ψ   HP12C®

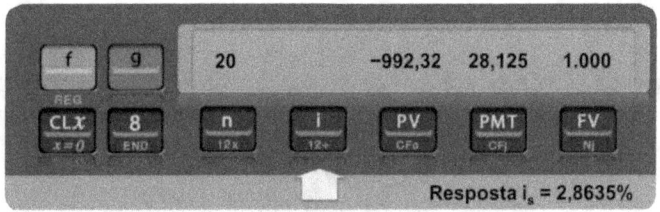

$i_s = 2,8635\%\ as/s$

$i_a = (1 + i_s)^2 - 1 = (1 + 0,028635)^2 - 1$

Λ $ia = 5,8089\%\ aa/a$

Exercício 112. Uma loja de departamentos tem como política de vendas oferecer um desconto de 20% sobre o valor da etiqueta nas compras à vista. As vendas a prazo são em 14 pagamentos equivalentes a 10% do valor da etiqueta sem o desconto e sem entrada. Se a taxa de juros de mercado é de 9% am/m, qual é a melhor alternativa de compra?

- $PAGV = 0,80 \cdot ETIQ$
- $PMT = 0,10 \cdot ETIQ$
- $n = 14$ *pagamentos*
- $i = 9\%\ am/m$

Ψ   Para comparar, vamos calcular o valor equivalente à vista no caso do pagamento parcelado

- $VEV = PMT \cdot fvp(i\%;\ n)$
- $VEV = 0,10 \cdot ETIQ \cdot fvp(9\%;\ 14)$

   Λ $VEV = 77,86\%\ ETIQ$

Λ   Portanto, é preferível o pagamento em 14 prestações, pois o correspondente valor equivalente à vista é menor que 80% do valor da etiqueta

Exercício 113. Um indivíduo retirou $420.980,00 de empréstimos, a serem pagos em 12 meses, em duas instituições financeiras. Se 30% do pagamento mensal é para uma das instituições e o restante para a outra, com as taxas de juros sendo respectivamente de 5% am/m e 6,5% am/m, pergunta-se: quais os valores emprestados pelas instituições e quais os valores das prestações?

- $EMPt = 420.980,00$
- $n = 12\ meses$
- $PMT_a = 0,30 \cdot PAG$
- $i_a = 5\%\ am/m$
- $PMT_b = 0,70 \cdot PAG$
- $i_b = 6,5\%\ am/m$

Ψ   A soma dos valores presentes das duas séries de pagamento é igual ao valor tomado a título de empréstimo. Isso pode ser expresso por meio da seguinte equação

- $EMP = PMT_a \cdot fvp(i\%;\ n) + PMT_b \cdot fvp(i\%;\ n)$
- $420.980 = 0,3 \cdot PAG \cdot fvp(5\%;\ 12) + 0,7 \cdot PAG \cdot fvp(6,5\%;\ 12)$
- $420.980 = 2,658975 \cdot PAG + 5,71111 \cdot PAG$
- $PAG = 420.980 / 8,370083$
- $PAG = 50.295,80$

Λ $PMT_a = \$10.088,74$
Λ $PMT_b = \$35.207,06$

Exercício 114. Uma empresa que necessitava obter o capital de giro de $300.000,00 teve que recorrer a duas instituições financeiras: a 1ª aprovou o limite de 180.000,00 a uma taxa de juros de 2,7% ao mês com capitalização mensal, e a 2ª aprovou a operação integral à taxa de 3,1% ao mês com capitalização mensal. Cada uma das instituições cobra de custas para cadastro e registro a quantia de $2.500,00 e os valores podem ser incluídos nos respectivos financiamentos, pois estão dentro do limite de crédito aprovado. Determine quanto deverá ser tomado em cada instituição e o valor total das prestações mensais se ambos os empréstimos forem pagos em 12 parcelas.

- $EMPt = 300.000,00$
- $Custas = 2.500,00\ para\ cada\ empréstimo$
- $n = 12\ prestações\ mensais$
- $i_a = 2,7\%\ am/m$
- $i_b = 3,1\%\ am/m$

Ψ A opção (i) é tomar o limite na primeira instituição cuja taxa é menor e o restante na segunda instituição

- $EMP = PMT_a \cdot fvp(i\%; n)$
- $180.000,00 = PMT_a \cdot fvp(2,7\%; 12)$
- $PMT_a = 17.760,86$
- $VP_a = 180.000,00 - 2.500,00 = 177.500,00$
- Saldo necessário na segunda instituição
- $VP_b = 300.000,00 - 177.500,00 + 2.500,00$
- $VP_b = 125.000,00$
- $125.000,00 = PMT_b \cdot fvp(3,1\%; 12)$
- $PMT_b = 12.632,84$
- $PMT_{(i)} = PMT_a + PMT_b$

Λ $PMT_{(i)} = \$30.393,70$

Ψ A opção (ii) é tomar 100% na segunda instituição e pagar somente um valor de custas

- $302.500,00 = PMT_b \cdot fvp(3,1\%; 12)$

Λ $PMT_{(ii)} = \$30.571,47$

Exercício 115. Um imóvel cujo preço à vista é de $127.316,70 pode ser pago através de 18 prestações mensais antecipadas mais um reforço no valor de $19.455,00 pago juntamente com a 12ª prestação. Se a taxa de juros é de 6% am/m, qual o valor das prestações mensais?

- $VEV = 127.316,70$
- $n = 18$ prestações
- $REF = 19.455,00$
- $i = 6\%$ am/m

Ψ O valor equivalente à vista é igual ao valor presente da série antecipada somado com o reforço descapitalizado por 11 meses

- $VEV = PMT \cdot fvp(i\%; n) \cdot (1 + i) + REF \cdot (1 + i)^{-11}$
- $127.316,7 = PMT \cdot fvp(6\%; 18) \cdot 1,06 + 19.455 \cdot (1,06)^{-11}$
- $127.316,7 = PMT \cdot 10,827603 \cdot 1,06 + 19.455 \cdot 0,526788$
- $127.316,7 - 10.248,65 = PMT \cdot 11,477259$
- $PMT = 117.068,05 / 11,477259$

Λ $PMT = \$10.200,00$

Exercício 116. Uma aplicação recebeu 9 depósitos mensais no valor de 7.500,00 cada e ainda um depósito adicional juntamente com o quinto depósito mensal. Se o saldo da conta um mês após o último depósito é de $104.500,00 e a taxa de juros é de 5% am/m, qual o valor deste depósito adicional?

- $SALDO = 104.500,00$
- $PMT = 7.500,00$
- $n = 9\ depósitos$
- $i = 5\%\ am/m$

Ψ O saldo da conta é obtido pela soma do valor futuro da série antecipada com o depósito capitalizado por 5 meses

- $SALDO = PMT \cdot fvf(i\%;\ n) \cdot (1+i) + DEP \cdot (1+i)^n$
- $104.500 = 7.500 \cdot fvf(5\%;\ 9) \cdot 1,05 + DEP \cdot (1,05)^5$
- $104.500 = 7.500 \cdot 11,026564 \cdot 1,05 + 1,276282 \cdot DEP$
- $104.500 - 86.834,19 = 1,276282 \cdot DEP$

Λ $DEP = \$13.841,62$

Exercício 117. Um determinado bem é vendido por $52.100,00 à vista ou em prestações mensais iguais antecipadas de $4.850,00 mais um pagamento adicional no valor de $14.263,34 juntamente com a 5ª prestação. Se a taxa de juros é de 50,07% as/s, qual o número de prestações?

- $VEV = 52.100,00$
- $PMT = 4.850,00$
- $REF = 14.263,34$
- $i = 50,07\%\ as/s \equiv 7\%\ am/m$

Ψ O valor equivalente à vista é igual ao valor presente da série antecipada somado com o reforço descapitalizado por 4 meses

- $VEV = PMT \cdot fvp(i\%;\ n) \cdot (1+i) + REF \cdot (1+i)^{-4}$
- $52.100 = 4.850 \cdot fvp(7\%;\ n) \cdot (1,07) + 14.263,34 \cdot (1,07)^{-4}$
- $41.218,57 = 4.850 \cdot fvp(7\%;\ n) \cdot (1,07)$

Ψ HP12C®

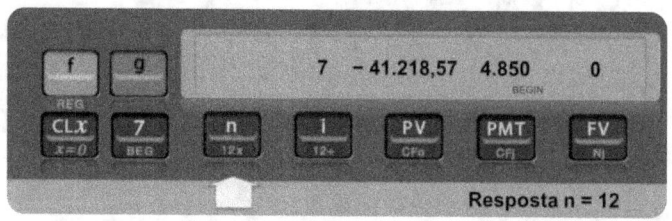

Λ $n = 12\ pagamentos\ mensais\ antecipados$

Exercício 118. Um empréstimo no valor de $30.470,00 será pago em parcelas mensais antecipadas de $3.656,00, mais um reforço de $8.571,09 juntamente com a 6ª parcela. Se a taxa de juros é de 6% am/m, quantos pagamentos são necessários para quitar o empréstimo?

Ψ O valor equivalente à vista é igual à soma do valor presente da série antecipada com o reforço descapitalizado por 5 meses

- $VEV = PMT \cdot fvp(i\%; n) \cdot (1 + i) + REF \cdot (1 + i)^{-5}$
- $30.470 = 3.656,00 \cdot fvp(6\%; n) \cdot (1,06) + 8.571,09 \cdot (1,06)^{-5}$
- $24.065,19 = 3.656,00 \cdot fvp(6\%; n) \cdot (1,06)$
- $fvp(6\%; n) = 6,209794$

Λ *n = 8 pagamentos*

Exercício 119. Determinado negócio é firmado nas seguintes condições: taxa de juros de 4,5% ao mês com capitalização mensal; 14 prestações no valor de $14.060,00 mais um reforço pago juntamente com a 5ª prestação. Qual o valor deste reforço se o valor total pago na negociação avaliado um mês após a quitação foi de $314.000,00?

- $VTP = 314.000,00$
- $PMT = 14.060,00$
- $n = 14 \text{ parcelas}$
- $i = 4,5\% \text{ am}/m$

Ψ O valor total pago é igual à soma do valor futuro da série antecipada com o reforço capitalizado por 10 meses

- $VTP = PMT \cdot fvf(i\%; n) \cdot (1 + i) + REF \cdot (1 + i)^{10}$
- $314.000 = 14.060 \cdot fvf(4,5\%; 14) \cdot 1,045 + REF \cdot (1,045)^{10}$
- $314.000 = 14.060 \cdot 18,932109 \cdot 1,045 + REF \cdot 1,552969$
- $35.836,20 = REF \cdot 1,552969$

Λ $REF = \$23.075,92$

Exercício 120. Um empréstimo está sendo pago por meio de 10 prestações mensais no valor de $5.100,00 mais um pagamento extra de $8.000,00 no mês seguinte à última parcela. Se o valor total pago, avaliado no momento da quitação do empréstimo, é de $79.255,38, qual a taxa de juros?

- $VTP = 79.255,38$
- $PMT = 5.100,00$
- $n = 10 \text{ parcelas}$
- $REF = 8.000,00$

Ψ O valor total pago é o valor futuro do fluxo de caixa composto da série antecipada mais o pagamento extra. Para a determinação da taxa de juros através do fator de capitalização *fvf(i%; n)*, devemos utilizar a fórmula específica para série antecipada, considerando a série postecipada com um termo adicional e posteriormente subtraindo o último termo

- $FVF = PMT \cdot [fvf(i\%; n + 1) - 1] + REF$
- $79.255,38 = 5.100 \cdot [fvf(i\%; 11) - 1] + 8.000$
- $71.255,38 = 5.100 \cdot [fvf(i\%; 11) - 1]$
- $[fvf(i\%; 11) - 1] = 13,971643$
- $fvf(i\%; 11) = 14,971643$

Ψ HP12C®

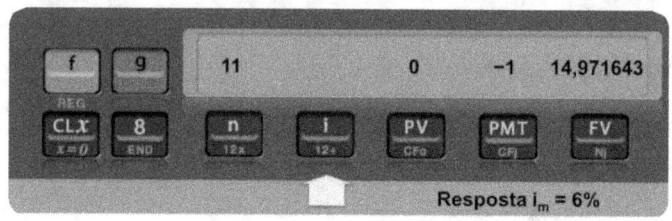

Resposta $i_m = 6\%$

Λ $i = 6\%$ am/m

Exercício 121. Um investimento em uma operação financeira que remunera à taxa de juros de 8% aa/a recebeu 20 depósitos trimestrais de mesmo valor. Se juntamente com o 10° depósito ocorreu uma retirada no valor de $7.000,00 e o saldo da conta nove meses após o último depósito é de $200.000,00, qual foi o valor dos depósitos?

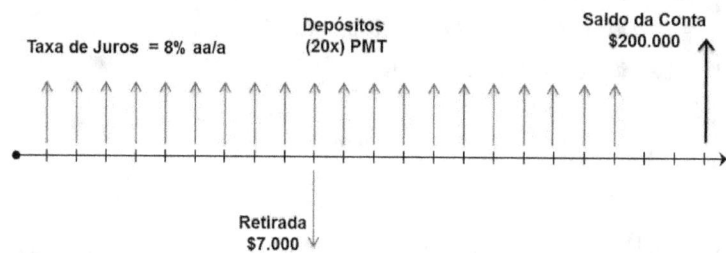

Ψ Cálculo da taxa trimestral

- $i_t = (1 + i_a)^{1/4} - 1$
- $i_t = (1,08)^{0,25} - 1$
- $i_t = 1,9427\%$ at/t

Ψ O saldo da conta é igual ao valor futuro da série diferida menos a retirada capitalizada por 13 trimestres

- $SALDO = PMT \cdot fvf(i\%; n) \cdot (1 + i)^3 - RET \cdot (1 + i)^{13}$
- $200.000 = PMT \cdot fvf(1,9427\%; 20) \cdot (1,019427)^3 - 7.000 \cdot (1,019427)^{13}$
- $200.000 = PMT \cdot 24,1591 \cdot 1,05942 - 7.000 \cdot 1,2842$
- $208.989,29 = PMT \cdot 25,5946$

Λ $PMT = \$8.165,36$

Exercício 122. Com o objetivo de poupar para o pagamento futuro de 4 prestações mensais no valor de \$28.500,00 cada, optou-se por realizar 6 depósitos mensais no valor de \$13.970,15 cada, nos meses imediatamente anteriores aos quatro pagamentos. Se a taxa de juros até o momento do primeiro pagamento foi de 6% am/m., qual deve ser a taxa do período restante de modo que o valor acumulado seja exatamente o necessário para efetuar os 4 pagamentos?

Ψ O valor acumulado com os depósitos deve ser exatamente igual ao valor necessário para o pagamento das prestações. Desta forma, considerando a data em que ocorre a mudança da taxa de juros, temos que o valor futuro dos depósitos antecipados é igual ao valor presente dos pagamentos também considerados antecipados

- $FV'depósitos = PV'pagamentos$
- $PMT_1 \cdot fvf(i_1\%; n_1) \cdot (1 + i) = PMT_2 \cdot [fvp\ (i\%; n_2-1) + 1]$
- $13.970,15 \cdot fvf(6\%; 6) \cdot 1,06 = 28.500,00 \cdot [fvp(i\%; 3) + 1]$

Ψ HP12C®

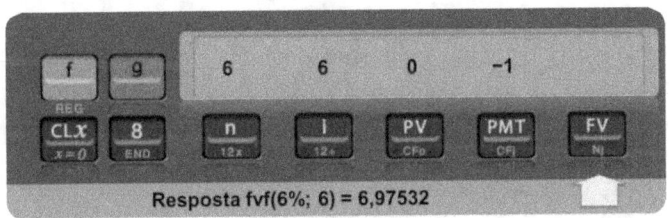

Resposta fvf(6%; 6) = 6,97532

- $[fvp(i\%; 3) + 1] = 13.970,15 \cdot fvf(6\%; 6) \cdot 1,06 / 28.500$
- $[fvp(i\%; 3) + 1] = 13.970,15 \cdot 6,97532 \cdot 1,06 / 28.500$
- $fvp(i\%; 3) = 2,62432$

Ψ HP12C®

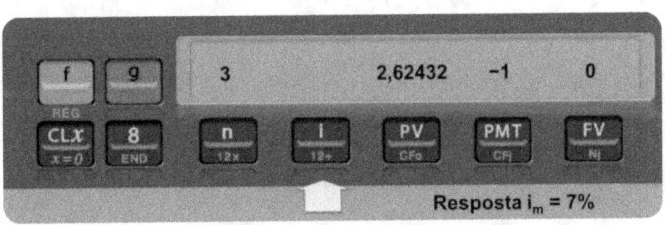

Resposta $i_m = 7\%$

Λ $i = 7{,}0\%\ am/m$

Exercício 123. *HSdiscovery* comprou um apartamento por meio do pagamento de 15 parcelas mensais de $2.400,00, mais dois reforços, sendo o primeiro o dobro do segundo, efetuados conjuntamente com a 8ª e 12ª parcelas, respectivamente. Se o apartamento está à venda pelo preço de $65.484,30, um mês após ter sido quitado, e a taxa de juros do período foi de 5% am/m, quais os valores dos reforços, considerando o lucro do vendedor de 8% sobre o preço de custo?

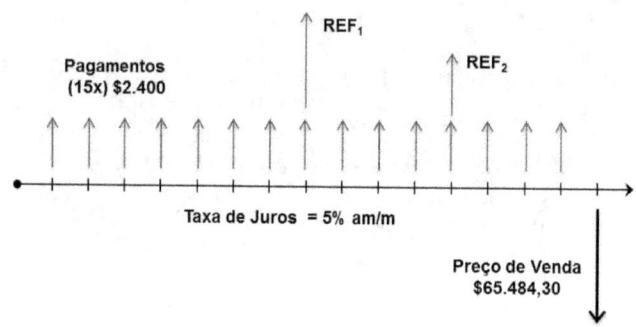

- $PMT = 2.400,00$
- $n = 15$ parcelas mensais
- $i = 5\%\ am/m$
- $VENDA = 65.484,30$
- $l = 8\%$
- $REF_1 = 2REF_2$

Ψ O valor total pago será o valor de venda sem a margem de 8% cobrada a título de lucro

- $VENDA = VTP + 8\%VTP$
- $VTP = VENDA/1,08$
- $VTP = 60.633,61$

Ψ O valor total pago é o somatório de todas as parcelas pagas capitalizadas até um mês após a quitação, isto é, a soma do valor futuro da série antecipada com os reforços capitalizados por 8 e 4 meses, respectivamente

- $VTP = PMT \cdot fvf(i\%; n) \cdot (1 + i) + 2 \cdot REF_2 \cdot (1 + i)^8 + REF_2 \cdot (1 + i)^4$
- $60.633,61 = 2.400 \cdot fvf(5\%; 15) \cdot (1,05) + 2 \cdot REF_2 \cdot (1,05)^8 + REF_2 \cdot (1,05)^4$
- $60.633,61 = 2.400 \cdot 21,5786 \cdot 1,05 + 2,9549 \cdot REF_2 + 1,2155 \cdot REF_2$
- $60.633,61 - 54.377,98 = 4,170416 \cdot REF_2$

Λ $REF_2 = \$1.500,00$
Λ $REF_1 = \$3.000,00$

Exercício 124. *UMinvestitore* abriu uma caderneta de poupança e fez 5 depósitos mensais antecipados no valor de $28.500,00, e juntamente com o 5° depósito uma retirada de $45.000,00. Qual o saldo da poupança um mês após ser efetuado o último depósito, se a taxa de juros do período foi de 6% am/m?

Ψ O valor futuro será o valor acumulado com a série descontado do valor da retirada capitalizada até a data para a qual está sendo calculado o Valor Futuro da série antecipada

- $FV = 28.500,00 \cdot fvf(6\%; 5) \cdot (1,06) - 45.000,00 \cdot (1 + 0,06)^1$
- $FV = 170.296,57 - 47.700,00$

Λ $FV = \$122.596,58$

Exercício 125. *MRboss* possui dois imóveis alugados. Da renda obtida com os aluguéis, 30% são aplicados à taxa de 10% ao mês com capitalização mensal e o restante a 12% ao mês com capitalização mensal. Se o saldo total um mês após ter sido efetuado o nono depósito é de $25.000,00, qual o valor mensal da receita obtida com os aluguéis?

Ψ   1ª aplicação

- $i = 10\%$ am/m
- $n = 9$ depósitos
- $PMT_1 = 30\% \cdot RENDA = 0,3 \cdot REN$

Ψ   2ª aplicação

- $i = 12\%$ am/m
- $n = 9$ depósitos
- $PMT_2 = 70\% \cdot RENDA = 0,7 \cdot REN$

Ψ   São duas séries antecipadas em que

- $FV = FV_1 + FV_2$
- $25.000,00 = PMT_1 \cdot fvf(10\%; 9) \cdot (1 + 0,10) + PMT_2 \cdot fvf(12\%; 9) \cdot (1 + 0,12)$
- $25.000,00 = 0,3 \cdot REN \cdot fvf(10\%; 9) \cdot (1,10) + 0,7 \cdot REN \cdot fvf(12\%; 9) \cdot (1,12)$

Λ $REN = \$13.145,77$

Exercício 126. Determinado plano de investimentos prevê um depósito inicial de $2.800,00 mais 10 depósitos mensais, resultando, 8 meses após o último depósito, no montante de $93.342,32. Se o plano remunera à taxa de juros de 72% aa/m, qual o valor dos depósitos?

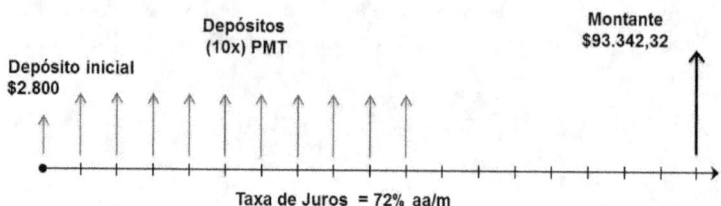

- $i = 72\% \ aa/m \equiv 6\% \ am/m$
- Ψ O valor total pago é igual ao somatório entre o depósito inicial capitalizado por 18 meses e o valor futuro da série diferida com diferimento de 8 meses
- $VTP = DEP \cdot (1 + i)^{nr} + PMT \cdot fvf(i\%; n) \cdot (1 + i)^y$
- $93.342,32 = 2.800 \cdot (1,06)^{18} + PMT \cdot fvf(6\%; 10) \cdot (1,06)^8$

Λ $PMT = \$8.700,00$

Exercício 127. Uma revenda de automóveis está com uma promoção especial para a venda de um veículo cujo preço à vista é de $32.800,00. Durante o mês de maio os veículos poderão ser adquiridos através do pagamento de uma entrada de $2.800,00 e, a partir de 90 dias da compra, 11 prestações mensais. Além disso, o comprador não efetuará pagamento no mês de dezembro e ainda receberá o valor equivalente a uma prestação. Se a taxa de juros do financiamento é de 1% am/m, qual o valor das prestações?

Ψ O valor à vista será pago com a entrada mais o valor presente dos 11 pagamentos mensais, que ficaram divididos em duas séries em função do mês de dezembro, e ainda será descontado o valor a ser reembolsado neste mês

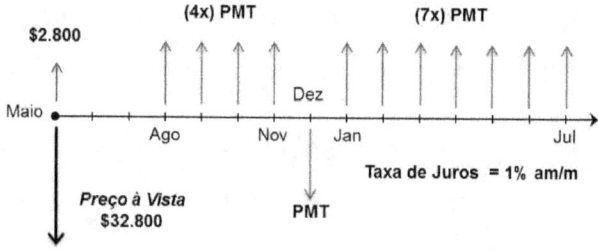

- $Maio = Entrada$
- $Agosto - Novembro = 4 \ pagamentos$
- $Dezembro = Devolução$
- $Janeiro - Julho = 7 \ pagamentos$

BLFS

- $VV = ENT + PV\ 1^a série + PV\ 2^a série - DEV\ descap.$
- $32.800 = 2.800 + PMT \cdot fvp(i\%; n) \cdot (1+i)^{-2} + PMT \cdot fvp(i\%; n) \cdot (1+i)^{-7} - PMT \cdot (1+i)^{-7}$
- $30.000 = PMT \cdot fvp(1\%; 4) \cdot (1,01)^{-2} + PMT \cdot fvp(1\%; 7) \cdot (1,01)^{-7} - PMT \cdot (1,01)^{-7}$
- $30.000 = PMT \cdot 3,9020 \cdot 0,9803 + PMT \cdot 6,7282 \cdot 0,9327 - PMT \cdot 0,9327$
- $30.000 = 3,8251 \cdot PMT + 6,2755 \cdot PMT - 0,9327 \cdot PMT$
- $9,1679 \cdot PMT = 30.000$

  $\Lambda\quad PMT = \$3.272,28$

Exercício 128. Dois anos após a abertura de uma conta remunerada é feita uma retirada, restando o saldo de $50.000,00. Quando da abertura da conta foram depositados $10.000,00 e a seguir mais 12 depósitos mensais de $1.900,00 cada. Se a taxa de juros do primeiro ano foi de 4% am/m e a do segundo ano foi de 5% am/m, qual o valor da retirada?

- *Duração da operação = 24 meses*
- Ψ Determinação do Saldo da Conta
- $Saldo = DEP \cdot (1 + i_1)^{12} \cdot (1 + i_2)^{12} + PMT \cdot fvf(i_1\%; n) \cdot (1 + i_2)^{12} - RET$
- $50.000 = 10.000 \cdot (1,04)^{12} \cdot (1,05)^{12} + 1.900 \cdot fvf(4\%; 12) \cdot (1,05)^{12} - RET$
- $50.000 = 28.752,24 + 1.900 \cdot 15,02581 \cdot 1,79586 - RET$
- $RET = 28.752,24 + 51.269,96 - 50.000,00$

  $\Lambda\quad RET = \$30.022,20$

Exercício 129. Qual o valor total pago por um equipamento, se este foi quitado há 6 meses e sua compra ocorreu através de 10 prestações mensais, sendo as cinco primeiras de $4.550,00 e as cinco últimas o dobro deste valor? A taxa de juros até o momento da quinta prestação foi de 2,5% am/m e então passou a ser de 4% am/m.

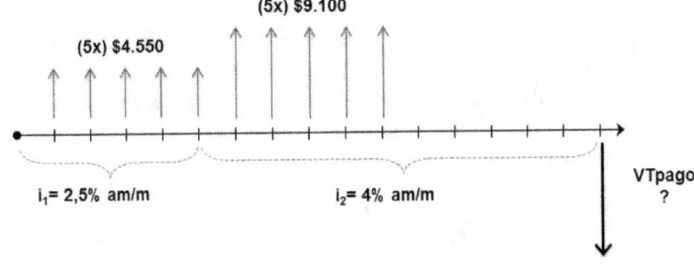

- $VT = PMT_1 \cdot fvf(i_1\%; n_1) \cdot (1 + i_2)^{11} + PMT_2 \cdot fvf(i2\%; n_2) \cdot (1 + i_2)^6$
- $VT = 4.550 \cdot fvf(2,5\%; 5) \cdot (1,04)^{11} + 9.100 \cdot fvf(4\%; 5) \cdot (1,04)^6$
- $VT = 23.916,29 \cdot 1,5395 + 49.288,53 \cdot 1,2653$

- $VT = 36.818,03 + 62.365,71$

$\Lambda \quad FV = \$99.183,74$

Exercício 130. Um comerciante deseja vender um equipamento, imediatamente após ter quitado a compra, com 15% de lucro. A compra teve as seguintes condições: uma entrada de $15.000,00, mais doze pagamentos mensais de $2.000,00 e ainda um reforço de $12.000,00 dois meses após a última parcela mensal. Se a taxa de juros do período é de 4% ao mês com capitalização mensal, qual deve ser o valor de venda?

- $ENT = 15.000,00$
- $PMT = 2.000,00$
- $n = 12$ parcelas mensais
- $REF = 12.000,00$
- $i = 4\%$ am/m
- $y = 2$ meses

Ψ O valor de venda será obtido através da aplicação de 15% sobre o valor total pago. Por sua vez, o valor total pago é o somatório entre a entrada capitalizada por 14 meses, o valor futuro da série diferida com período de diferimento de 2 meses e ainda o reforço

- $VENDA = 1,15 \cdot VTP$
- $VTP = ENT \cdot (1 + i)^{14} + PMT \cdot fvf(i\%; n) \cdot (1 + i)^y + REF$
- $VTP = 15.000 \cdot (1,04)^{14} + 2.000 \cdot fvf(4\%; 12) \cdot (1,04)^2 + 12.000$
- $VTP = 25.975,15 + 30.051,61 \cdot 1,0816 + 12.000$
- $VTP = 70.478,97$
- $VV = (1 + 0,15) \cdot 70.478,97$

$\Lambda \quad VV = \$81.050,82$

Exercício 131. A JSenterprise deseja vender um bem que foi adquirido através do pagamento de 5 parcelas mensais postecipadas de $45.600,00 mais 5 de $56.800,00. A venda ocorrerá 7 meses após a compra, antes de se efetuar o 7º pagamento, na seguinte condição: o valor total pago, até o momento da venda, mais 15% de margem. Se a taxa de juros é de 54% aa/m, qual o valor de venda?

Ψ O pagamento realizado foi parcial: foram efetivados 5 pagamentos de 45.600,00 mais 1 pagamento de 56.800,00

- $i = 0,54$ aa/m $/ 12 \equiv 4,5\%$ am/m
- $VTP = PMT \cdot fvf(i\%; n) \cdot (1 + i)^2 + ADI \cdot (1 + i)^1$
- $VTP = 45.600 \cdot fvf(4,5\%; 5) \cdot (1,045)^2 + 56.800 \cdot (1,045)$
- $VTP = 249.464,36 \cdot 1,0920 + 59.356,00$

- $VTP = 331.777,32$
- $VV = (1 + 0,15) \cdot 331.777,32$

$\Lambda \quad VV = \$381.543,92$

Exercício 132. O preço de venda de um apartamento é de $190.000,00. A compra do imóvel ocorreu dois anos antes através do pagamento de uma entrada de $23.000,00 mais 12 prestações mensais de $2.900,00. Se a taxa de juros no 1º ano foi de 4,5% am/m e no 2º ano foi de 6,5% am/m., qual o lucro em unidades monetárias da operação?

- $ENT = 23.000,00$
- $PMT = 2.900,00$
- $n = 12$ parcelas
- $i_1 = 4,5\%$ am/m
- $i_2 = 6,5\%$ am/m

Ψ O valor do custo será o valor futuro do fluxo de caixa, que é a entrada capitalizada por 12 meses à 1ª taxa de juros mais 12 meses à 2ª taxa de juros, somado ao valor futuro da série diferida, considerando a 1ª taxa para o cálculo de valor futuro e a 2ª para o período de diferimento

- $FVF = PMT \cdot fvp(i_1\%; n) \cdot (1 + i_2)^y + ENT \cdot (1 + i_1)^{12} \cdot (1 + i_2)^{12}$
- $FVF = 2.900 \cdot fvf(4,5\%; 12) \cdot (1,065)^{12} + ENT \cdot (1,045)^{12} \cdot (1,065)^{12}$
- $FVF = 44.845,69 \cdot 2,129096 + 23.000 \cdot 1,695881 \cdot 2,129096$
- $FVF = 95.480,79 + 83.045,98$
- $FVF = 178.526,77$

$\Lambda \quad LUCRO = \$11.473,23$

Exercício 133. A compra de um equipamento cujo preço à vista é de $91.741,13 é feita nas seguintes condições: um período de diferimento de 12 meses e, em seguida, 12 prestações mensais no valor de $11.214,00 mais um reforço pago juntamente com a 4ª prestação. Se a taxa de juros no 1º ano é de 6% am/m e no 2º é de 7% am/m, qual o valor deste reforço?

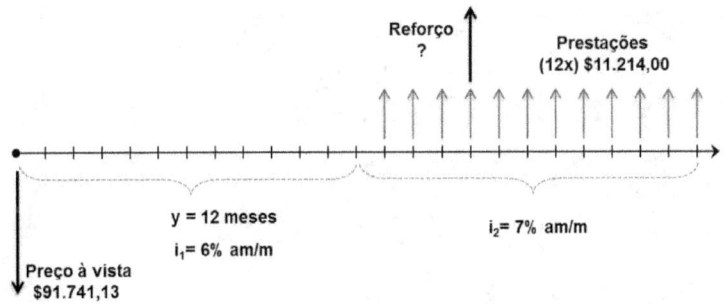

- $VEV = 91.741,13$
- $i_1 = 6\%\ am/m$
- $i_2 = 7\%\ am/m$
- $y = 12\ meses$
- $PMT = 11.214,00$
- $n = 12\ prestações$

Ψ O valor equivalente à vista é igual ao valor presente da série diferida com diferimento de 12 meses somado ao reforço descapitalizado por 16 meses. "Atenção: a taxa dos 12 primeiros meses é diferente daquela do restante do período"

- $VEV = PMT \cdot fvp(i_2\%;\ n) \cdot (1 + i_1)^{-y} + REF \cdot (1 + i_1)^{-12} \cdot (1 + i_2)^{-4}$
- $91.741,13 = 11.214 \cdot fvp(7\%;\ 12) \cdot (1,06)^{-12} + REF \cdot (1,06)^{-12} \cdot (1,07)^{-4}$
- $91.741,13 = 44.264,71 + 0,496969 \cdot 0,762895 \cdot REF$
- $REF = 47.476,42/0,379136$

Λ $REF = \$18.000,00$

Exercício 134. Um imóvel cujo preço à vista é de $70.655,53 pode ser financiado com um período de diferimento de 6 meses e a seguir 18 prestações mensais de $7.800,00, além de um reforço de $9.000,00 juntamente com a terceira prestação. Se a taxa de juros após o período de diferimento é de 6% ao mês com capitalização mensal, qual a taxa de juros durante o período de diferimento?

- $VEV = 70.655,53$
- $y = 6\ meses$
- $PMT = 7.800,00$
- $n = 18\ prestações$
- $REF = 9.000,00$
- $nr = 9\ meses$
- $i = 6\%\ am/m$

Ψ O valor equivalente à vista é a soma do valor presente da série diferida com o reforço descapitalizado

- $VEV = PMT \cdot fvp(i2\%;\ n) \cdot (1 + i_1)^{-6} + REF \cdot (1 + i_1)^{-6} \cdot (1 + i_2)^{-3}$
- $70.655,53 = [7.800 \cdot fvp(6\%;\ 18) + 9.000 \cdot (1,06)^{-3}] \cdot (1 + i_1)^{-6}$
- $70.655,53 = [7.800 \cdot 10,827603 + 9.000 \cdot 0,839619] \cdot (1 + i_1)^{-6}$
- $(1 + i_1)^{-6} = 70.655,53/92.011,88$
- $(1 + i_1) = (0,767896)^{-1/6}$
- $(1 + i_1) = 1,045$

Λ $i_1 = 4,5\%\ ao\ mês/mensal$

Exercício 135. Um ano após ter quitado o pagamento referente à compra de um equipamento, o proprietário deseja vendê-lo pelo preço de $286.283,12. A compra ocorreu nas seguintes condições: uma entrada de $23.000,00, e a seguir 12 pagamentos mensais de $4.000,00. Sendo a taxa de juros do 1º ano de 66% aa/m, qual deve ter sido a taxa do 2º ano para o empresário ter um lucro de 10%?

- $n = 12$ parcelas mensais
- $y = 12$ meses
- $i_1 = 66\%$ aa/m $\equiv 5,5\%$ am/m

Ψ O valor total pago mais 10% é o valor total de venda. Assim, dividindo o VTV por 1,10 teremos o valor total pago

- $VTV = (1 + i) \cdot VTP$
- $VTP = 286.283,12 / 1,10$
- $VTP = 260.257,38$

Ψ O valor total pago é a soma da entrada capitalizada por 24 meses — sendo 12 meses à taxa de juros de 5,5% am/m e 12 meses à taxa de juros desconhecida "i_2" — com o valor futuro da série diferida, sendo que durante o período de diferimento a taxa de juros foi a desconhecida "i_2"

- $VTP = ENT \cdot (1 + i_1)^{12} \cdot (1 + i_2)^{12} + PMT \cdot fvf(i_1\%; n) \cdot (1 + i_2)^y$
- $260.257,38 = 23.000 \cdot (1,055)^{12} \cdot (1 + i_2)^{12} + 4.000 \cdot fvf(5,5\%; 12) \cdot (1 + i_2)^{12}$
- $260.257,38 = 43.727,77 \cdot (1 + i_2)^{12} + 65.542,36 \cdot (1 + i_2)^{12}$
- $(1 + i_2)^{12} = 260.257,38 / 109.270,14$
- $(1 + i_2)^{12} = 2,381780$

Λ $i_2 = 7,5\%$ am/m

Exercício 136. O preço de venda à vista de um apartamento é de $46.582,71. Este imóvel foi comercializado por meio do pagamento de uma entrada de $6.000,00, e após um determinado período de diferimento foram pagas 12 prestações mensais no valor de $8.000,00 cada. Se a taxa de juros foi de 9% am/m, qual foi o período de diferimento?

- $VEV = 46.582,71$
- $ENT = 6.000,00$
- $PMT = 8.000,00$
- $n = 12$ prestações
- $i = 9\%$ am/m

Ψ O valor equivalente à vista é igual à soma do valor pago de entrada ao valor presente da série diferida com diferimento de "y" períodos

- $VEV = ENT + PMT \cdot fvp(i\%; n) \cdot (1 + i)^{-y}$

- $46.582,71 = 6.000 + 8.000 \cdot fvp(9\%; 12) \cdot (1,09)^{-y}$
- $40.582,71 = 8.000 \cdot 7,160725 / (1,09)^y$
- $(1,09)^y = 1,411581$
- $y = ln(1,411581) / ln(1,09)$

$\Lambda \quad y = 4 \text{ meses}$

Exercício 137. *JSenterprise* tem uma fatura a receber no valor de $27.207,55, cujo vencimento ocorre juntamente com a 8ª prestação de um total de 9 pagamentos iguais mensais postecipados, referentes à compra de um equipamento. Com o recebimento dessa fatura será possível efetuar os dois últimos pagamentos (8° e 9°). Se a taxa de juros é de 72% aa/m, qual foi o período de diferimento, considerando que com o valor disponível no momento da compra de $55.095,02 foi possível pagar as primeiras 7 prestações?

Ψ O valor de 27.207,55 é equivalente à soma da 8ª e da 9ª prestação. Sabendo-se disso, é possível determinar o valor da prestação

- $i = 0,72 \text{ aa/m} / 12 = 6\% \text{ am/m}$
- $REC = PMT_{8^a} + PMT_{9^a} / (1 + i)$
- $27.207,55 = PMT + PMT / (1,06)$
- $PMT = 14.000,00$

Ψ Sendo o valor das prestações 14.000,00 e sabendo-se que o valor no momento da compra (valor presente) das 7 primeiras prestações é de 55.095,02, podemos determinar o diferimento inicial

- $VP = PMT \cdot fvp(i\%; n) \cdot (1 + i)^{-y}$
- $55.095,02 = 14.000,00 \cdot fvp(6\%; 7) \cdot (1,06)^{-y}$
- $55.095,02 = 78.153,34 \cdot (1,06)^{-y}$
- $(1,06)^y = 78.153,34 / 55.095,02$
- $y = ln(1,4185) / ln(1,06)$

$\Lambda \quad y = 6 \text{ meses}$

Exercício 138. *MSinvestor* financiou a compra de uma sala comercial através de seguinte plano: período de diferimento de 8 meses, a seguir 8 prestações mensais no valor de $36.000,00 cada, com a taxa de juros de 6% am/m. No 4° mês a empresa vendedora, devido a problemas financeiros, propôs renegociar a dívida, a partir do pagamento de 4 parcelas iniciando no mês da proposta à taxa de juros de 3% am/m, o que foi aceito pelo comprador. Determine o valor das novas prestações.

Ψ Inicialmente deve-se determinar o valor da dívida no momento da proposta de renegociação

- $VD = PMT \cdot fvp(i\%; n) \cdot (1 + i)^{-y}$

- $VD = 36.000 \cdot fvp(6\%; 8) \cdot (1,06)^{-4}$
- $VD = 223.552,58 \cdot 0,7921$
- $VD = 177.074,58$

Ψ A partir do valor da dívida podemos determinar o valor da nova prestação, que nada mais é que o valor presente da série antecipada

- $REF = PMT \cdot fvp(i\%; n) \cdot (1 + i)$
- $177.074,58 = PMT \cdot fvp(3\%; 4) \cdot (1,03)$

  Λ $PMT = \$46.250,34$

6
SISTEMAS DE AMORTIZAÇÃO

Amortização é o processo de extinção de uma dívida através de pagamentos periódicos de modo que ao término do prazo da operação financeira não exista saldo devedor. Os pagamentos periódicos são compostos de duas parcelas: a *amortização*, que consiste na liquidação do principal emprestado, e os *juros*, que são a remuneração do empréstimo ainda não amortizado. A separação da devolução do capital e dos juros tem significativa importância em virtude das diferenças contábeis observáveis após tal procedimento, tendo repercussão na tributação e, com isto, impacto sobre a análise de investimentos.

Os critérios para realizar os pagamentos das dívidas não seguem uma regra fixa. O limite é a própria criatividade das instituições financeiras, porém sempre tendo como fator limitante a capacidade de pagamento dos tomadores dos empréstimos, quer sejam pessoas físicas ou jurídicas. Um sistema realista mitiga o risco de inadimplência dos tomadores para o credor.

No entanto, existem algumas formas predefinidas de sistemas de amortização. Os elementos constituintes de um plano de amortização são:

a) O valor inicial do empréstimo;
b) A taxa de juros cobrada;
c) O prazo do empréstimo;
d) O critério para amortização e dos juros;
e) A existência de carência e a forma de tratar os juros durante este período;
f) O saldo devedor após cada pagamento.

A **carência** é bastante comum nos financiamentos, principalmente de projetos. Ela consiste em um período inicial em que não ocorre o pagamento de amortizações. Já os juros podem ser pagos integral ou parcialmente, ou ser capitalizados durante a *carência*. O tipo e a duração da **carência** têm impacto na estrutura de capital dos projetos de investimento.

As **taxas de juros** utilizadas nos financiamentos podem ser pré-fixadas ou pós-fixadas. As taxas de juros pré-fixadas são taxas aparentes que já consideram a expectativa futura de inflação; já as pós-fixadas são, na maioria das vezes, taxas reais em que os valores da dívida e das prestações são indexados a um índice inflacionário.

A **amortização** é a parte do pagamento exclusivamente do valor do empréstimo tomado, sem juros e sem correção monetária.

Existem diversos tipos de planos de amortização. Os mais utilizados no Brasil são o Sistema francês de amortização, o Sistema de amortização constante e o Sistema misto.

6.1 Sistema francês de amortização

O sistema francês de amortização tem como critério básico o pagamento de prestações constantes em períodos iguais. Este sistema também é denominado sistema de amortização crescente ou ainda sistema de prestação constante. Cada prestação engloba os juros devidos para cada período e uma parcela de amortização. Os juros são calculados pela aplicação da taxa de juros sobre o saldo devedor. A diferença entre a prestação e os juros, assim calculados, resulta no valor de cada amortização. Como cada prestação contém uma parcela de amortização, o saldo devedor decresce após cada pagamento.

§ *No Brasil o sistema de prestações constantes (francês) também é conhecido como* **Sistema Price** *ou* **Tabela Price**[8]. *Trata-se de tabelas que foram elaboradas para pagamentos iguais mensais, considerando taxas de juros nominais com período de referência anual e frequência de capitalização mensal.*

Cálculo das prestações

O cálculo do valor das prestações no sistema francês de amortização, as quais são constantes e ocorrem em períodos uniformes, é feito através da utilização das fórmulas de séries.

- $PMT = PV_{(0)} \cdot \left[\dfrac{i \cdot (1+i)^n}{(1+i)^n - 1} \right]$

---

[8] Richard Price, matemático inglês, apresentou este método em sua obra de 1771, *Observações sobre Pagamentos Remissivos*.

- $PMT = \dfrac{PV_{(0)}}{fvp(i\%;\,n)}$

Cálculo dos juros

Os juros devidos, para um determinado período, são calculados pela aplicação da *taxa de juros* sobre o *saldo devedor* existente no final do período imediatamente anterior. Como os pagamentos contêm uma parcela de amortização do principal, os juros serão decrescentes.

- $J_{(k)} = i \cdot PV_{(k-1)}$

Cálculo das amortizações

O valor das amortizações é obtido pela diferença entre o valor das prestações e os juros referentes a cada período. Como os pagamentos são iguais e os juros decrescentes, as amortizações são crescentes.

- $Q_{(k)} = PMT - J_{(k)}$

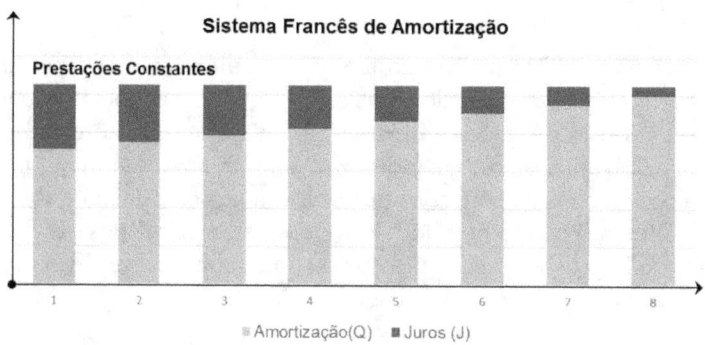

Figura 11- Separação entre amortização e juros – Sistema Francês

Cálculo do saldo devedor

No caso do sistema francês, o saldo devedor após o pagamento de cada prestação é dado pelo saldo devedor anterior menos a parcela de amortização.

- $PV_{(k)} = PV_{(k-1)} - Q_{(k)}$

Em situações atípicas, o valor ainda não amortizado deve ser acrescido e/ou subtraído de eventuais diferenças relativas a juros não pagos e/ou adiantamentos efetuados.

Cálculo do saldo devedor em função do saldo de prestações a pagar

O saldo devedor também pode ser obtido a partir das prestações ainda não pagas. Podemos calcular o saldo devedor após o pagamento de uma prestação qualquer através do cálculo do valor presente das prestações remanescentes ainda não pagas.

- $PV_{(k)} = PMT \cdot \left[\frac{1-(1+i)^{k-n}}{i}\right]$

  ʃ $PV_{(k)} = PMT \cdot fvp(i\%; n-k)$

Onde: *(n − k)* é número de prestações não pagas

Cálculo da amortização em função da prestação

No caso de sistemas com muitas prestações, pode ser necessário calcular o valor de uma amortização referente a uma determinada prestação.

Ψ O valor da amortização é por definição a prestação menos a parcela de juros, como apresentado em *(1)*

- $Q_{(k)} = PMT - J_{(k)}$ *(1)*

Ψ Como o valor dos juros é dado pelo produto do saldo devedor anterior e da taxa de juros *(2)*, temos

- $J_{(k)} = i \cdot PV_{(k-1)}$ *(2)*

Ψ O saldo devedor pode ser obtido em função das prestações ainda não pagas, conforme apresentado em *(3)*

- $PV_{(k-1)} = PMT \cdot \left[\frac{1-(1+i)^{k-n-1}}{i}\right]$ *(3)*

Ψ Então, fazendo as substituições em *(1)*, dos juros *(2)* e do saldo devedor *(3)*, temos

- $Q_{(k)} = PMT - i \cdot PMT \cdot \left[\frac{1-(1+i)^{k-n-1}}{i}\right]$

- $Q_{(k)} = PMT \cdot [1 - (1 - (1+i)^{k-n-1})]$

  ʃ $Q_{(k)} = PMT \cdot (1+i)^{k-n-1}$

Cálculo do valor de uma amortização em função de outra amortização

Como demonstrado no item anterior, é possível calcular qualquer amortização em função do valor da prestação. Da mesma forma, o valor da prestação pode ser encontrado a partir do valor da amortização, como apresentado a seguir:

- $PMT = Q_{(k)} \cdot (1+i)^{n-k+1}$

Então, para duas amortizações quaisquer, podemos igualar as equações:

- $Q_{(k)} \cdot (1+i)^{n-k+1} = Q_{(j)} \cdot (1+i)^{n-j+1}$

f $Q_{(k)} = Q_{(j)} \cdot (1 + i)^{k-j}$

Plano de Amortização – sistema francês

Montar uma tabela contendo o plano de amortização pode facilitar os cálculos. Vamos demonstrar isso através de um exemplo.

Exercício 139. Um empréstimo no valor de $170.000,00, de prazo de 8 anos, com a taxa de juros efetiva de 5% ao ano, será pago em prestações anuais iguais. Monte o plano de amortização.

Ψ   Neste caso é o sistema de prestações constantes podemos aplicar as fórmulas a seguir e construir o Plano de Amortização

- $PMT = PV / fvp(i\%; n)$
- $J_{(k)} = Sd_{(k-1)} \cdot i$
- $Q_{(k)} = PMT - J_{(k)}$
- $SD_{(k)} = SD_{(k-1)} - Q_{(k)}$

Prazo	Pagamento (PMT)	Juros (J)	Amortização (Q)	Saldo devedor Final do período
0				170.000,00
1	26.302,71	8.500,00	17.802,71	152.197,29
2	26.302,71	7.609,86	18.692,84	133.504,45
3	26.302,71	6.675,22	19.627,49	113.876,96
4	26.302,71	5.693,85	20.608,86	93.268,10
5	26.302,71	4.663,41	21.639,30	71.628,80
6	26.302,71	3.581,44	22.721,27	48.907,53
7	26.302,71	2.445,38	23.857,33	25.050,20
8	26.302,71	1.252,51	25.050,20	–

6.2 Sistema de amortização constante (SAC)

Esse sistema prevê a devolução do capital em amortizações iguais ao longo do prazo de pagamento do empréstimo. O valor de cada prestação será a soma desta amortização com os juros sobre o saldo devedor remanescente de cada período. Como consequência disso, o sistema de amortização constante apresenta prestações decrescentes.

O sistema de amortização constante, em comparação ao sistema francês, amortiza uma parcela mais significativa da dívida desde o início do financiamento. Em função da amortização mais rápida o valor absoluto dos juros será menor, mas apesar disso os sistemas são financeiramente equivalentes.

Cálculo do valor da amortização

A amortização é calculada através da simples divisão do valor principal do empréstimo pelo número de prestações a serem pagas.

ƒ $Q = PV_0/n$

Cálculo dos juros

Os juros são calculados pela aplicação da taxa de juros sobre o valor do saldo devedor do período anterior.

ƒ $J_{(k)} = i \cdot PV_{(k-1)}$

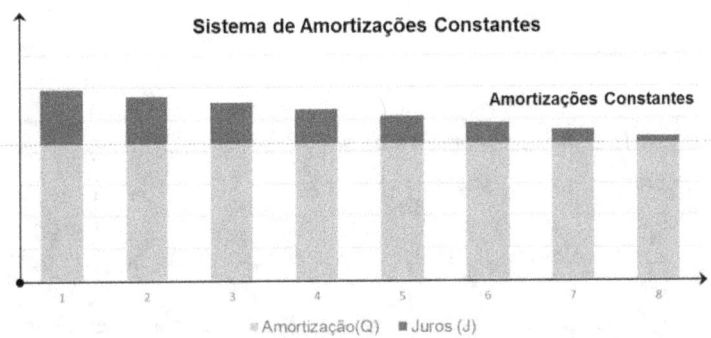

Figura 12 - Separação entre amortização e juros – Sistema SAC

Cálculo do saldo devedor em função do principal

O saldo devedor é o valor do empréstimo menos as amortizações já efetuadas.

- $PV_{(k)} = PV_{(0)} - k \cdot Q$
- $PV_{(k)} = PV_{(0)} - k \cdot PV_{(0)}/n$

ƒ $PV_{(k)} = PV_{(0)} \cdot (1 - k/n)$

Cálculo do saldo devedor em função da amortização

Da mesma forma que no item anterior, o saldo devedor é o valor inicial menos as amortizações já efetuadas.

- $PV_{(k)} = PV_{(0)} - k \cdot Q$
- $PV_{(k)} = n \cdot Q - k \cdot Q$

ƒ $PV_{(k)} = Q \cdot (n - k)$

Cálculo da prestação

O valor de uma prestação qualquer é obtido pela soma da amortização com os juros devidos no período.

- $PMT_{(k)} = Q + J_{(k)}$

Ψ Como

- $J_{(k)} = i \cdot PV_{(k-1)}$
- $PV_{(k-1)} = PV_{(0)} - (k-1) \cdot Q$
- $PV_{(0)} = n \cdot Q$

Ψ Então

- $PMT_{(k)} = Q + i \cdot [PV_{(0)} - (k-1) \cdot Q]$
- $PMT_{(k)} = Q + i \cdot [n \cdot Q - (k-1) \cdot Q]$

  ʃ $PMT_{(k)} = Q \cdot [1 + i \cdot (n - k + 1)]$

Cálculo do saldo devedor em função da prestação

O cálculo do saldo devedor em função do valor da prestação é feito considerando-se a fórmula anterior da prestação em função do valor da amortização e o cálculo do saldo devedor em função do número de prestações já pagas.

Este procedimento pode ser feito através das fórmulas apresentadas a seguir:

- $PV_{(k)} = n \cdot Q - k \cdot Q$
- $PV_{(k)} = Q \cdot (n - k)$

- $Q = \dfrac{PMT_{(k)}}{[1 + i \cdot (n - k + 1)]}$

- $PV_{(k)} = \dfrac{PMT_{(k)} \cdot (n - k)}{[1 + i \cdot (n - k + 1)]}$

Exercício 140. Considerando o exercício anterior, relativo a um empréstimo no valor de $170.000,00, de prazo de 8 anos, com a taxa de juros de 5% aa/a e amortizado em parcelas iguais, monte o plano de amortização utilizando o sistema de amortização constante.

Ψ Para montar o Plano de Amortização do sistema SAC, utilizamos as seguintes fórmulas

- $Q_{(k)} = Sd_{(0)}/n$
- $SD_{(k)} = SD_{(k-1)} - Q_{(k)}$
- $J_{(k)} = Sd_{(k-1)} \cdot i$
- $PMT = Q(k) + J(k)$

Prazo	Pagamento (PMT)	Juros (J)	Amortização (Q)	Saldo devedor Final do período
0	–	–	–	170.000,00
1	29.750,00	8.500,00	21.250,00	148.750,00
2	28.687,50	7.437,50	21.250,00	127.500,00
3	27.625,00	6.375,00	21.250,00	106.250,00
4	26.562,50	5.312,50	21.250,00	85.000,00
5	25.500,00	4.250,00	21.250,00	63.750,00
6	24.437,50	3.187,50	21.250,00	42.500,00
7	23.375,00	2.125,00	21.250,00	21.250,00
8	22.312,50	1.062,50	21.250,00	–

6.3 Sistema misto de amortização

Como vimos, o sistema de amortização constante compromete mais a renda no início dos pagamentos; já o sistema francês compromete um valor menor, mas apresenta a desvantagem de amortizar de forma mais lenta o saldo devedor.

Mas como o sistema misto foi criado? A menor amortização em financiamentos habitacionais ocasionou, após vários anos de pagamento, a subamortização (os pagamentos não foram suficientes para pagar os juros de um período em virtude do limite de comprometimento da renda). Considerando estes aspectos, o Banco Nacional da Habitação (BNH), durante certa época e para o caso de financiamentos habitacionais, criou o plano de amortização misto para figurar como opção intermediária, assim diminuindo o futuro comprometimento da renda do mutuário e mantendo a prestação decrescente, de modo a absorver as defasagens futuras entre este comprometimento de renda e as variações inflacionárias. Além disso, por ter uma amortização mais acentuada, esse plano reduz a possibilidade de existência de resíduo ao final do contrato.

O sistema foi denominado Sistema de Amortização Mista (SAM), e ele é calculado simplesmente considerando 50% da dívida conforme o sistema francês e os outros 50% em conformidade com o sistema de amortização constante. Desta forma, no sistema misto de amortização o valor da prestação é igual à média aritmética calculada entre as prestações dos dois sistemas, considerando as mesmas condições de juros e prazos.

Exercício 141. Para o mesmo exercício, considerando o empréstimo no valor de $170.000,00, de prazo de 8 anos, com a taxa de juros efetiva de 5% ao ano, monte o plano de amortização de acordo com o sistema misto de amortização.

Ψ No sistema misto usamos 50% com SPC e 50% SAC, resultando no seguinte plano de amortização

Prazo Meses	Pagamento (PMT)	Juros (J)	Amortização Q_{SPC}(50%)	Q_{SAC}(50%)	Saldo devedor Final do período
0					170.000,00
1	28.026,35	8.500,00	8.901,35	10.625,00	150.473,65
2	27.495,10	7.523,68	9.346,42	10.625,00	130.502,23
3	26.963,85	6.525,11	9.813,74	10.625,00	110.063,49
4	26.432,60	5.503,17	10.304,43	10.625,00	89.134,06
5	25.901,35	4.456,70	10.819,65	10.625,00	67.689,41
6	25.370,10	3.384,47	11.360,63	10.625,00	45.703,78
7	24.838,85	2.285,19	11.928,66	10.625,00	23.150,12
8	11.782,51	1.157,51	*12.525,12	10.625,00	–

6.4 Sistema americano

O sistema americano de amortização de dívidas costuma ser empregado em certas operações de empréstimos internacionais. Ele se caracteriza pelo pagamento periódico somente dos juros, calculados através da incidência da taxa de juros sobre o capital, que permanece inalterado até a sua liquidação no final do prazo do empréstimo. Ou seja, a amortização é feita em uma única parcela, no prazo de vencimento do financiamento.

Exercício 142. Considerando um empréstimo no valor de $170.000,00, de prazo de 8 anos, com a taxa de juros efetiva de 5% ao ano e amortizado em uma única parcela na data de vencimento do empréstimo, monte o plano de amortização utilizando o sistema americano.

Ψ Formulário utilizado para montagem do plano de amortização

- $J_{(k)} = Sd_{(k-1)} \cdot i$
- $Q_{(n)} = Sd_{(0)}$
- $SD_{(k)} = SD_{(k-1)} - Q_{(k)}$
- $PMT = Q_{(k)} + J_{(k)}$

Prazo	Pagamento (PMT)	Juros (J)	Amortização (Q)	Saldo devedor Final do período
0				170.000,00
1	8.500,00	8.500,00	–	170.000,00
2	8.500,00	8.500,00	–	170.000,00
3	8.500,00	8.500,00	–	170.000,00
4	8.500,00	8.500,00	–	170.000,00
5	8.500,00	8.500,00	–	170.000,00
6	8.500,00	8.500,00	–	170.000,00
7	8.500,00	8.500,00	–	170.000,00
8	178.500,00	8.500,00	170.000,00	–

Fundo de reserva

Os credores que utilizam o sistema americano, solicitam em alguns casos a criação de um fundo de reserva durante o prazo da operação, com o objetivo de aumentar a garantia de pagamento. Este fundo servirá para o posterior pagamento da amortização ou de parte da amortização.

A criação do fundo é feita através de depósitos periódicos que serão remunerados a uma taxa de juros, que pode ser a igual ou inferior à do empréstimo, resultando em um montante na data do vencimento da obrigação principal. O valor da amortização a ser feita através deste fundo será o valor futuro desta série de depósitos. Podemos determinar o valor dos depósitos necessários através das fórmulas de cálculo do valor futuro de séries.

- $PMT_{(Fundo)} = \dfrac{Valor\ a\ ser\ amortizado}{fvf(i\%;\ n)}$

- $PMT = PMT_{(Fundo)} + J$

Se as taxas de juros do empréstimo e da remuneração do fundo forem iguais e o objetivo do fundo for amortizar o valor integral do empréstimo, estaremos emulando exatamente o sistema francês de amortização.

Exercício 143. Um empréstimo no valor de $170.000,00, de prazo de 8 anos, com a taxa de juros efetiva de 5% ao ano, será amortizado no vencimento. Na estrutura do financiamento utilizando o sistema americano, é exigido um fundo de amortização para amortizar 100% da dívida. Considerando que o fundo irá pagar a mesma taxa de juros do empréstimo, monte o plano de amortização.

Ψ Calcular o valor a ser depositado para constituir o fundo, com recursos para amortizar 100% do empréstimo.

- $PMT = \dfrac{SD_{(n)}}{fvf(i\%;\ n)}$

- $PMT = \dfrac{170.000}{fvf(5\%;\ 8)}$

Ψ HP12C®

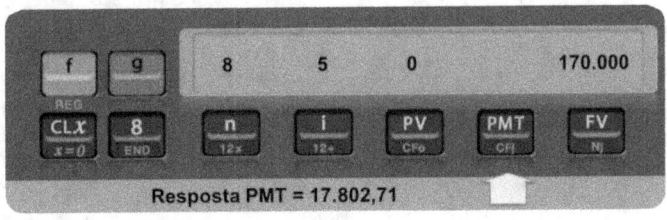

Resposta PMT = 17.802,71

Λ $PMT = \$17.802,71$

ENGENHARIA ECONÔMICA

Prazo	Pagamento (PMT)	Juros (J)	Depósito Fundo	Saldo acumulado do Fundo	Saldo Devedor Final do período
0			-		170.000,00
1	8.500,00	8.500,00	17.802,71	17.802,71	170.000,00
2	8.500,00	8.500,00	17.802,71	36.495,55	170.000,00
3	8.500,00	8.500,00	17.802,71	56.123,04	170.000,00
4	8.500,00	8.500,00	17.802,71	76.731,90	170.000,00
5	8.500,00	8.500,00	17.802,71	98.371,20	170.000,00
6	8.500,00	8.500,00	17.802,71	121.092,47	170.000,00
7	8.500,00	8.500,00	17.802,71	144.949,80	170.000,00
8	178.500,00	8.500,00	17.802,71	170.000,00	-

§ *Se a taxa de juros que remunera o fundo for inferior à taxa pactuada no empréstimo, teremos uma taxa de juros implícita na operação maior que a contratada.*

§ *No sistema americano também pode ocorrer a cobrança antecipada dos juros. Neste caso, novamente teremos uma taxa de juros implícita cobrada maior que a taxa de juros declarada.*

6.5 Período de carência

Na amortização de empréstimos é bastante comum a entidade financeira conceder um prazo de carência. Este prazo pode servir para constituir uma reserva de modo a garantir o pagamento do financiamento, ou pode simplesmente servir de folga para que o tomador possa fazer frente a outros custos. Nos projetos de investimento a carência é necessária para permitir que o projeto passe por sua fase pré-operacional.

No período de carência podemos pagar somente juros de forma que o principal permaneça inalterado, ou não efetuar pagamentos, com os juros sendo capitalizados e o valor do principal aumentando, ou, ainda, pagar os juros integralmente no vencimento da primeira prestação.

O prazo de carência pode ser previsto em qualquer um dos sistemas aqui apresentados.

Exercício 144. Se, no nosso exemplo utilizando o sistema francês de amortização, fossem concedidos 3 anos de carência com o pagamento somente dos juros e fosse mantido o prazo total, como ficaria o plano de amortização?

Prazo	Pagamento (PMT)	Juros (J)	Amortização (Q)	Saldo devedor Final do período
0				170.000,00
1	8.500,00	8.500,00	–	170.000,00
2	8.500,00	8.500,00	–	170.000,00
3	8.500,00	8.500,00	–	170.000,00
4	39.265,72	8.500,00	30.765,72	139.234,28
5	39.265,72	6.961,71	32.304,00	106.930,28
6	39.265,72	5.346,51	33.919,20	73.011,08
7	39.265,72	3.650,55	35.615,16	37.395,92
8	39.265,72	1.869,80	37.395,92	–

6.6 Custos extras cobrados nas operações financeiras

Nos empréstimos e financiamentos, as instituições financeiras cobram uma série de tarifas dos seus clientes além da taxa de juros da operação. Normalmente são cobradas as seguintes tarifas:

a) Tarifa de confecção de cadastro, paga no início da operação, pelas despesas envolvidas na tramitação e análise do pedido de crédito do cliente;
b) Imposto de operação financeira, pago de acordo com a natureza da operação e a legislação vigente;
c) Seguro de vida, de forma a permitir a quitação da dívida em caso de falecimento do titular;
d) Outras despesas, como despesas com registros dos contratos e demais despesas gerais.

Estas despesas resultam no encarecimento da operação. Por isso, muitas vezes, apesar de apresentar uma menor taxa, um empréstimo pode ser mais oneroso em função dos valores das taxas cobradas. No Brasil, de modo a garantir uma padronização, as operações de crédito são reguladas e é obrigatória a apresentação do seu custo efetivo total.

6.7 Custo Efetivo Total (CET)

O Banco Central do Brasil emitiu a *Resolução CMN 3.517, de 2007*, que obriga toda instituição financeira a informar o CET — Custo Efetivo Total — para qualquer financiamento ou empréstimo, incluindo a memória de cálculo.

Ao fazer um financiamento, temos que considerar todos os custos envolvidos na operação e não somente os juros indicados pela taxa de juros. Muitas vezes, pela desconsideração desses custos, o custo real da operação é subavaliado.

No cálculo do CET estão inclusos, além dos juros, os seguros, as tarifas de transações, as taxas da empresa que concede o crédito e os tributos. Portanto, o CET é a soma de todos os encargos que podem resultar no aumento significativo do custo efetivo da dívida contratada.

Como calcular o Custo Efetivo Total — CET?

Na própria *Resolução CMN 3.517, de 2007*, é apresentada uma fórmula do CMN (Conselho Monetário Nacional) para determinar o CET:

$$\sum_{j=1}^{n} \frac{FC_j}{(1 + CET)^{\frac{(d_j - d_o)}{365}}} - FC_o = 0$$

Onde:

- FC_0 = valor do crédito concedido, ou deduzido, se for o caso, das despesas e tarifas pagas antecipadamente;
- FC_j = valores cobrados pela instituição, periódicos ou não, incluindo as amortizações, juros, prêmio de seguro e tarifa de cadastro ou de renovação de cadastro, quando for o caso, bem como qualquer outro custo ou encargo cobrado em decorrência da operação;
- $j = j$–ésimo intervalo existente entre a data do pagamento dos valores periódicos e a data do desembolso inicial, expresso em dias corridos;
- n = prazo do contrato, expresso em dias corridos;
- dj = data do pagamento dos valores cobrados, periódicos ou não (FCj);
- d_0 = data da liberação do crédito pela instituição (FC_0);
- Na hipótese de utilização de planilha de cálculo eletrônica para o cálculo do CET, deve ser informada a função financeira utilizada.

Exercício 145. Considerando um exemplo de financiamento nas seguintes condições, calcule o CET:

- Valor solicitado: $2.000,00;
- IOF: $10,00 (incluído no financiamento);
- Prêmio de seguro: $10,00 (incluído no financiamento);
- Tarifa: $50,00 (não incluída no financiamento);
- Valor financiado: $2.020,00 ($2.000,00 + $10,00 + $10,00);
- Taxa de juros: 12% aa/a (equivalente a 0,9489% am/m);
- Prazo da operação (n): 6 meses;
- Prestação mensal (FCj): $347,94;
- Data da liberação (d_0): 10/01/2101;
- Datas de pagamento (dj): 10/02/2101, 10/03/2101, 11/04/2101, 10/05/2101, 10/06/2101 e 11/07/2101;
- FC_0: 2.020 − 50 − 10 − 10 = 1.950,00.

Ψ Utilizando a função XTIR() do Excel®

FC	Caixa	Data
FC0	-1.950,00	10/01/2101
FC1	347,94	10/02/2101
FC2	347,94	10/03/2101
FC3	347,94	11/04/2101
FC4	347,94	10/05/2101
FC5	347,94	10/06/2101
FC6	347,94	11/07/2101
	XTIR() = 26,81% aa	

Λ CET = 26,81% aa/a (equivalente a 1,999% am/m)

Exercício 146. Uma operação de crédito no valor de $151.000,00, com prazo de 4 meses, cobra uma taxa de juros de 1,5% ao mês, uma taxa de abertura de crédito de 1% cobrada no momento da liberação do empréstimo, mais uma taxa de seguro, também paga antecipadamente, de 0,2% ao mês. Determine o custo efetivo total mensal desta operação.

Ψ   Valor Liberado

– *Taxa de abertura de crédito* $= 0,01 \cdot 151.000,00 = 1.510,00$
– *Seguro* $= 0,002 \cdot 4 \cdot 151.000,00 = 1.208,00$
– *Valor Liberado* $= 151.000,00 - 1.510,00 - 1.208,00$
– *Valor Liberado* $= 148.282,00$

Ψ   Valor no Vencimento

– $FV = PV \cdot (1 + i)^n$
– $FV = 151.000 \cdot (1,015)^4$
– $FV = 160.265,90$

Ψ   Taxa efetiva

– $160.265,90 = 148.282 \cdot (1 + i)^4$
– $(1 + i)^4 = 1,08082$

Λ $i = 1,96196\%\ am/m$

Exercício 147. Considere um financiamento de $30.000,00 efetuado nas seguintes condições: taxa de juros nominal de 12% ao ano capitalizada mensalmente; prazo de operação de 8 meses; prestação mensal no valor de $3.920,71. Considere ainda que seja descontado do crédito o valor de $900,00, referente à tarifa de confecção de cadastro, além de $418,20 relativos à cobrança de IOF e $400,00 de seguro. O valor líquido recebido pelo cliente é de $28.281,80. Nessas condições, qual a taxa efetivamente paga pelo consumidor (CET)?

– $PV = 30.000 - 900 - 418,2 - 400$
– $PV = PMT \cdot fvp(i\%;\ n)$
– $28.281,80 = 3.920,71 \cdot fvp(i\%;\ 8)$

Ψ   HP12C®

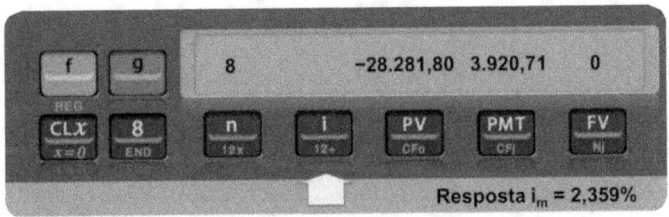

Λ   *Resposta:* $i = 2,359\%\ am/m$

Ψ Contrastando com a taxa de juros original de 1% am/m, o CET é de 2,359% am/m

Somente a partir do conhecimento dos CETs de cada instituição é possível comparar as linhas de crédito ofertadas, e não somente pela comparação das taxas de juros. Esta maior transparência facilita a comparação entre alternativas de financiamento de diferentes instituições. É importante lembrar: na dúvida, faça o fluxo e estabeleça a relação entre os diversos CETs, utilizando os conceitos do valor do dinheiro no tempo para determinar a diferença entre o valor líquido recebido e o valor das prestações.

6.8 Funções do Excel® para sistemas de amortização

No Excel® existem funções pré-programadas para o sistema de prestações constantes. A seguir são apresentadas as funções para o cálculo das quotas de juros e das quotas de amortização de uma prestação qualquer.

❖ **Parcela de Juros** IPGTO(*taxa, período, nper, vp, [vf], [tipo]*)

Retorna a parcela de juros incluída em uma determinada prestação uniforme com uma taxa de juros constante.

Taxa: Necessário. A taxa de juros por período em decimais ou com o operador "%". É possível ainda utilizar uma fórmula para o cálculo da taxa.

Período: Obrigatório. O número da prestação cujos juros se deseja calcular, devendo estar no intervalo entre 1 e nper.

Nper: Obrigatório. O número total de períodos de pagamento em uma série.

Vp: Obrigatório. O valor presente ou atual de uma série de pagamentos futuros.

Vf: Opcional. O valor futuro ou um pagamento adicional que ocorra depois do último pagamento. Se *[vf]* for omitido, será considerado 0.

Tipo: Opcional. O número 0 ou omitido será considerado uma série postecipada e o 1, uma série antecipada.

Certifique-se de que as unidades usadas para especificar taxa e nper são compatíveis.

❖ **Quota Amortização** PPGTO(*taxa, per, nper, vp, [vf], [tipo]*)

Retorna o valor da amortização para um determinado período de uma série de pagamentos constantes e periódicos a uma taxa de juros constante.

Taxa: Necessário. A taxa de juros por período em decimais ou com o operador "%". É possível ainda utilizar uma fórmula para o cálculo da taxa.

Período: Obrigatório. O número da prestação cujos juros se deseja calcular, devendo estar no intervalo entre 1 e nper.

Nper: Obrigatório. O número total de períodos de pagamento em uma série.

Vp: Obrigatório. O valor presente ou atual de uma série de pagamentos futuros.

Vf: Opcional. O valor futuro ou um pagamento adicional que ocorra depois do último pagamento. Se *[vf]* for omitido, será considerado 0.

Tipo: Opcional. O número 0 ou omitido será considerado uma série postecipada e o 1, uma série antecipada.

§ *Certifique-se de que as unidades usadas para especificar taxa e nper são compatíveis.*

6.9 Exercícios resolvidos de sistemas de amortização

Exercício 148. Um empréstimo no valor de $98.000,00 será pago em 4 meses com prestações mensais iguais. Se a taxa de juros é de 5% am/m, qual o valor das parcelas de juros e da amortização da 3ª prestação?

- *NPER = 4*
- *TAXA = 5% am/m*
- *PV = 98.000,00*
- *Período = 3*

Ψ Cálculo da terceira quota de juros

- *IPGTO(taxa; per; nper; vp; [vf]; [tipo])*
- *IPGTO(5%; 3; 4; 98.000; 0; 0)*

Λ $J_{(3)} = \$2.569,44$

Ψ Cálculo da terceira quota de amortização

- *PPGTO(taxa; per; nper; vp; [vf]; [tipo])*
- *PPGTO(5%; 3; 4; 98.000; 0; 0)*

Λ $Q_{(3)} = \$25.067,72$

Exercício 149. A empresa *JSenterprise* tomou um empréstimo no valor de $144.000,00, que será pago em 8 meses com prestações mensais iguais. Se a taxa de juros é de 3,5% am/m, qual o valor das prestações, da parcela de juros e da amortização da 5ª prestação?

Ψ Cálculo da prestação

- *PMT = EMP/fvp(i%; n)*
- *PMT = 144.000,00/fvp(3,5%; 8)*
- *PMT = 20.948,64*

Ψ Cálculo da terceira quota de amortização

- $Q_{(k)} = PMT \cdot (1 + i)^{-n+k-1}$

- $Q_{(5)} = 20.948,64 \cdot (1,035)^{-8+5-1}$

Λ $Q_{(5)} = \$18.255,53$

Ψ Cálculo da terceira quota de juros

- $J_{(k)} = PMT - Q_{(k)}$
- $J_{(3)} = 20.948,64 - 18.255,53$

Λ $J_{(3)} = \$2.693,11$

Exercício 150. Um apartamento cujo preço à vista é de $180.000,00 foi comercializado através da cobrança de uma entrada no valor de $20.000,00, e o restante foi pago em 40 parcelas iguais mensais. Se a taxa de juros foi de 3,5% am/m, qual o saldo devedor após o pagamento da 31ª prestação e qual o valor da 34ª amortização?

Ψ Cálculo da prestação

- $PMT = EMP/fvp(i\%; n)$
- $PMT = 160.000,00/fvp(3,5\%; 40)$
- $PMT = 7.492,37$

Ψ Cálculo do saldo devedor

- $PV_{(31)} = PMT \cdot fvp(i\%; n - k)$
- $PV_{(31)} = 7.492,37 \cdot fvp(3,5\%; 9)$
- $PV_{(31)} = 56.999,57$

Ψ Cálculo da 34ª quota de amortização

- $Q_{(34)} = PMT \cdot (1 + i)^{-40+34-1}$
- $Q_{(34)} = 7.492,37 \cdot (1,035)^{-7}$

Λ $Q_{(34)} = \$5.888,93$

Exercício 151. Um empréstimo que foi negociado para ser pago em 15 parcelas mensais iguais, apresenta como valores da 8ª e da 12ª quota de amortização, respectivamente, $7.273,87 e $8.186,81. Tendo esses dados em mente, determine o valor do empréstimo e a taxa de juros mensal.

Ψ Cálculo da taxa de juros

- $Q_{(k)} = Q_{(j)} \cdot (1 + i)^{k-j}$
- $8.186,81 = 7.273,87 \cdot (1 + i)^{12-8}$
- $i = 3\%\ am/m$

Ψ Cálculo da prestação

- $PMT = Q_{(k)} \cdot (1 + i)^{n-k+1}$
- $PMT = 7.273,87 \cdot (1,03)^{15-8+1}$
- $PMT = 9.214,32$

Ψ Cálculo do valor financiado

- $PV = PMT \cdot fvp(i\%; n)$
- $PV = 9.214,32 \cdot fvp(3\%; 15)$

Λ $PV = \$110.000,00$

Exercício 152. *HSdiscovery* comprou um imóvel por $210.000,00, pagando 20% de entrada e o restante em 30 parcelas mensais com a taxa de juros de 2,5% am/m. Após o pagamento da 14ª prestação, o saldo devedor foi renegociado, com o prazo passando a ser 25 meses e a taxa de juros aumentando para 4% am/m. Qual o valor da nova prestação?

Ψ Cálculo da prestação inicial

- $PMT = EMP \cdot fvp(i\%; n)$
- $PMT = 168.000,00 \cdot fvp(2,5\%; 30)$
- $PMT = 8.026,64$

Ψ Cálculo do valor renegociado

- $PV_{(14)} = PMT \cdot fvp(i\%; n - k)$
- $PV_{(14)} = 8.026,64 \cdot fvp(2,5\%; 30 - 14)$
- $PV_{(14)} = 104.787,85$

Ψ Cálculo do refinanciamento

- $REF = PMT \cdot fvp(i\%; n)$
- $104.787,85 = PMT \cdot fvp(4\%; 25)$

Λ $PMT = \$6.707,68$

Exercício 153. Uma dívida está sendo amortizada à taxa de juros compostos de 6% am/m em pagamentos mensais iguais de $20.000,00. Sabendo-se que o saldo devedor quando do pagamento de determinada prestação é de $84.247,28, pede-se: calcule os saldos devedores quando do pagamento da prestação anterior e quando do pagamento da seguinte.

Ψ Cálculo da amortização seguinte *(k+1)*

- $J_{(k+1)} = i \cdot PV_{(k)}$
- $J_{(k+1)} = 0,06 \cdot 84.247,28$

- $J_{(k+1)} = 5.054,84$
- $Q_{(k+1)} = PMT - J_{(k+1)}$
- $Q_{(k+1)} = 14.945,16$

Ψ Cálculo do saldo devedor $PV_{(k+1)}$

- $PV_{(k+1)} = PV_{(k)} - Q_{(k+1)}$
- $PV_{(k+1)} = 84.247,28 - 14.945,16$

Λ $PV_{(k+1)} = \$69.302,12$

Ψ Cálculo da amortização $Q_{(k)}$

- $Q_{(k)} = Q_{(k+1)} \cdot (1 + i)^{-1}$
- $Q_{(k)} = 14.945,16 \cdot (1 + 0,06)^{-1}$

Λ $Q_{(k)} = 14.099,21$

Ψ Cálculo do saldo devedor $PV_{(k-1)}$

- $PV_{(k-1)} = PV_{(k)} + Q_{(k)}$
- $PV_{(k-1)} = 84.247,28 + 14.099,21$

Λ $PV_{(k-1)} = \$98.346,49$

Exercício 154. HS*discovery* adquiriu uma sala comercial cujo preço à vista é de $150.000,00, pagando $15.000,00 de entrada e o restante em 35 pagamentos iguais mensais, com a taxa de juros de 4,5% am/m. Após o pagamento da 15ª prestação, a empresa fez um pagamento adicional de $20.000,00 e refinanciou o saldo em 4 prestações mensais. Se a taxa de juros do refinanciamento foi de 3% am/m, qual o valor da 3ª cota de amortização do refinanciamento?

Ψ Cálculo da prestação inicial

- $PMT = 135.000,00 / fvp(4,5\%; 35)$
- $PMT = 7.731,51$

Ψ Cálculo do saldo devedor após a 15ª prestação

- $PV_{(k)} = PMT \cdot fvp(i\%; n - k)$
- $PV_{(25)} = 7.731,51 \cdot fvp(4,5\%; 35 - 15)$
- $PV_{(25)} = 100.571,00$

Ψ Cálculo da prestação do refinanciamento

- $REF = PV_{(25)} - 20.000,00$
- $PMT' = 80.571,00 / fvp(3\%; 4)$

- $PMT' = 21.675,78$

Ψ Cálculo da 3ª cota de amortização do refinanciamento

- $Q_{(k)} = PMT' \cdot (1 + i)^{-n+k-1}$
- $Q_{(3)} = 21.675,78 \cdot (1,03)^{-4+3-1}$

Λ $Q_{(3)} = \$20.431,50$

Exercício 155. Considerando a tomada de um financiamento no valor de $10.000,00, segundo o sistema francês de amortização (prestações constantes), com o prazo de 10 anos e à taxa de 4,5% aa/m, em quanto tempo teríamos amortizado 50% da dívida?

Ψ No sistema de amortização constante com a metade dos pagamentos, teremos amortizado metade da dívida. No sistema de prestações constantes, temos que calcular a amortização acumulada

- $PV = PMT \cdot fvp(i\%; n)$
- $10.000 = PMT \cdot fvp(4,5\%; 10)$
- $PMT = 1.263,79$
- $PV_{(k)} = PMT \cdot fvp(i\%; k-n)$
- $5.000 = 1.263,79 \cdot \left[\dfrac{1-(1+0,045)^{k-10}}{0,045} \right]$
- $(1,045)^{k-10} = 0,82196$
- $k - 10 = \ln(0,82196)/\ln(1,045)$
- $k = 10 - 4,45417$

Λ $k = 5,54583$

Λ Somente após o pagamento do 6º ano

Exercício 156. *MSinvestor* comprou um apartamento em 45 prestações mensais no valor de $1.400,00 cada, segundo as regras do Sistema Francês de Amortização e com a taxa de juros de 2% am/m. Após o pagamento da 20ª prestação ocorreu um pagamento adicional de $4.800,00 e o saldo devedor foi refinanciado em mais 40 meses. Se a taxa de juros do refinanciamento foi de 3% am/m, qual o valor da 28ª cota de juros do refinanciamento?

Ψ Cálculo do saldo devedor 20ª prestação

- $PV_{(20)} = 1.400,00 \cdot fvp(2\%; 45 - 20)$
- $PV_{(20)} = 27.332,84$

Ψ Cálculo da prestação do refinanciamento

- $PMT = REF/fvp(i\%; n)$
- $PMT = (27.332,84 - 4.800,00)/fvp(3\%; 40)$

- $PMT = 974,82$

Ψ Cálculo da 28ª parcela de juros

- $J_{(28)} = PMT - Q_{(28)}$
- $J_{(28)} = 974,82 - 974,82 \cdot (1,03)^{-40+28-1}$

Λ $J_{(28)} = \$311,01$

Exercício 157. Um financiamento retirado para ser pago em 50 meses apresenta, imediatamente após o pagamento da 18ª prestação mensal, o saldo devedor de $158.662,69. Se a taxa de juros é de 1,75% am/m, e existe um desconto de 10% para quitação antecipada, qual o valor necessário para quitar o financiamento imediatamente após o pagamento da 37ª prestação?

Ψ Cálculo do valor da prestação

- $PV_k = PMT \cdot fvp(i\%; n - k)$
- $PV_{18} = PMT \cdot fvp(1,75\%; 50 - 18)$
- $158.662,69 = PMT \cdot fvp(1,75\%; 32)$
- $PMT = 6.517,57$

Ψ Cálculo do Saldo devedor da 37ª prestação

- $PV_{37} = PMT \cdot fvp(1,75\%; 50 - 37)$
- $PV_{37} = 6.517,57 \cdot fvp(1,75\%; 13)$
- $PV_{37} = 75.197,33$

Ψ Cálculo do valor a pagar para quitação

- $QUIT = (1 - 0,10) \cdot PV_{(37)}$
- $QUIT = 0,90 \cdot 75.197,33$

Λ $QUIT = \$67.677,60$

Exercício 158. Um empréstimo está sendo pago através de 40 prestações mensais no valor de $1.050,00 cada, com a taxa de juros de 2,5% am/m. Após *(no dia seguinte)* o vencimento da 35ª prestação esse empréstimo apresentava a seguinte situação: as prestações de nº 6, 33, 34 e 35 não foram pagas. Considerando que sobre as prestações em atraso é cobrada multa de 2% para prestações com menos de 12 meses de atraso e de 12% para prestações com mais de 12 meses, determine o valor do saldo devedor.

Ψ A dívida é composta da soma das prestações em atraso, incluindo a multa mais as prestações por vencer

- Prestação "6" = 35 - 6 = 29 *meses de atraso*
- Prestações "33, 34 e 35" *em atraso podemos considerar como uma série postecipada*

- $DIV = PMT \cdot fvp(2,5\%; 5) + 1,12 \cdot PMT \cdot (1,025)^{29} + 1,02 \cdot PMT \cdot fvf(2,5\%; 3)$
- $DIV = 1.050 \cdot 4,7135 + 1,12 \cdot 1.050 \cdot 2,0464 + 1,02 \cdot 1.050 \cdot 3,0756$
- $DIV = 4.878,12 + 2.406,58 + 3.293,99$

$\Lambda \quad DIV = \$10.578,69$

Exercício 159. Um imóvel foi adquirido por meio do Sistema Francês de Amortização em 40 prestações mensais postecipadas à taxa de juros de 4% am/m. Após o pagamento da 24ª prestação, o saldo devedor foi refinanciado em 6 prestações mensais postecipadas com a mesma taxa de juros. Se a 4ª quota de amortização do refinanciamento é de $4.510,00, qual o valor inicial de compra do imóvel?

Ψ Cálculo do valor da prestação do refinanciamento

- $Q_{(k)} = PMT \cdot (1 + i)^{-n+k-1}$
- $4.510,00 = PMT \cdot (1,04)^{-6+4-1}$
- $PMT = 5.073,14$

Ψ Cálculo do refinanciamento

- $PV_{(0)} = PMT \cdot fvp(4\%; 6)$
- $PV_{(0)} = 5.073,14 \cdot fvp(4\%; 6)$
- $PV_{(0)} = 26.594,08$

Ψ Cálculo da prestação do financiamento

- $PV_{(24)} = PV_{(0)}$
- $26.594,08 = PMT \cdot fvp(4\%; 40 - 24)$
- $PMT = 2.282,30$

Ψ Cálculo do valor do financiamento

- $PV_{(Original)} = PMT \cdot fvp(4\%; 40)$
- $PV_{(Original)} = 2.282,30 \cdot fvp(4\%; 40)$

$\Lambda \quad PV_{(0)} = \$45.173,12$

Exercício 160. *CSmerchant* faz um financiamento imobiliário de $360.000,00, a ser pago em 360 prestações mensais, com taxa de juros efetiva de 1% ao mês. A primeira prestação é paga um mês após a liberação dos recursos, e o valor das prestações mensais é de $1.000,00 mais juros de 1% sobre o saldo devedor. Considerando que as prestações estão em dia, calcule o valor a ser pago na décima prestação.

Ψ O empréstimo está sendo pago segundo o sistema de amortização constante. Logo

- $Q = 1.000,00$

- $PMT_{(10)} = Q + J_{(10)}$
- $J_{(10)} = i \cdot SD_{(9)}$
- $SD_{(9)} = EMP - 9 \cdot Q$
- $SD_{(9)} = 351.000,00$
- $J_{(10)} = 0,01 \cdot 351.000,00 = 3.510,00$

$\Lambda \quad PMT_{(10)} = \$4.510,00$

Exercício 161. UM*investitore* fez um financiamento para ser pago em 35 prestações mensais no valor de $1.450,00 cada com a taxa de juros de 2% am/m. Imediatamente após o pagamento da 20ª prestação, e considerando que a 10ª, 11ª e 12ª prestações não foram pagas, o saldo devedor foi refinanciado nas seguintes condições: multa de 12% sobre os valores em atraso; 30 prestações mensais; e taxa de juros de 3% am/m. Determine o valor da 10ª quota de amortização do refinanciamento.

Ψ Devemos determinar o saldo devedor no momento do refinanciamento. Este valor é obtido pela soma das prestações em atraso (incluindo a multa) mais o valor das prestações ainda por vencer

- $DIV = PMT \cdot fvp(2\%; 35-20) + 1,12 [PMT \cdot fvf(2\%; 3) \cdot (1,02)^{20-12}]$
- $DIV = 1.450 \cdot 12,8493 + 1,12 [1.450 \cdot 3,0604 \cdot 1,1717]$
- $DIV = 18.631,49 + 5.823,25$
- $DIV = 24.454,74$

Ψ Após determinar o valor a ser refinanciado, podemos calcular a nova prestação e a consequente 10ª quota de amortização

- $PV = PMT \cdot fvp(3\%; 30)$
- $24.454,74 = PMT \cdot 19,6004$
- $PMT = 1.247,66$

Ψ Cálculo da 10ª cota de amortização do refinanciamento

- $Q_{(k)} = PMT \cdot (1 + i)^{-n+k-1}$
- $Q_{(10)} = 1.247,66 \cdot (1,03)^{-30+10-1}$

$\Lambda \quad Q_{(10)} = \$670,68$

Exercício 162. Um imóvel no valor de $80.000,00 foi financiado por meio do sistema de prestações constantes, em 30 prestações mensais, com a taxa de juros de 5% am/m. Após o pagamento da 12ª prestação o saldo devedor foi refinanciado, através de um pagamento no ato de $10.000,00 mais 5 prestações mensais. Se a taxa de juros do refinanciamento foi de 3% am/m, qual o valor da segunda quota de juros do refinanciamento?

Ψ Cálculo do valor da prestação

- $PV = PMT \cdot fvp(5\%; 30)$
- $80.000,00 = PMT \cdot 15,3725$
- $PMT = 5.204,11$

Ψ Cálculo do valor da PMT do refinanciamento

- $PV_{(12)} = PMT \cdot fvp(5\%; 30 - 12)$
- $PV_{(12)} = 5.204,11 \cdot 11,68959$
- $PV_{(12)} = 60.833,91$
- $REF = PV_{(12)} - 10.000,00$
- $REF = 50.833,91$

Ψ Cálculo do refinanciamento

- $PV = PMT \cdot fvp(3\%; 5)$
- $50.833,91 = PMT \cdot 4,57971$
- $PMT = 11.099,81$

Ψ Cálculo da 2ª parcela de juros

- $J_{(2)} = PMT - Q_{(2)}$
- $J_{(2)} = 11.099,81 - 11.099,81 \cdot (1,03)^{-5+2-1}$

Λ $J_{(2)} = \$1.237,77$

Exercício 163. Um bem no valor de $130.000,00 foi financiado por meio do sistema de amortização constante em 40 parcelas mensais. Após o pagamento da 12ª prestação, o saldo devedor foi refinanciado através de um pagamento no ato de $20.000,00 mais 5 prestações mensais. Se a taxa de juros do refinanciamento foi de 2% am/m, qual o valor da terceira prestação do refinanciamento?

Ψ Cálculo do valor do refinanciamento

- $PV_{(12)} = PV_{(0)} \cdot (1 - k/n)$
- $PV_{(12)} = 130.000,00 \cdot (1 - 12/40)$
- $PV_{(12)} = 91.000,00$
- $REF = PV_{(12)} - 20.000,00$
- $REF = 71.000,00$

Ψ Cálculo da amortização do refinanciamento

- $Q = REF / n$
- $Q = 71.000,00 / 5$
- $Q = 14.200,00$

Ψ Cálculo da terceira prestação

- $PMT_{(k)} = Q \cdot [1 + i \cdot (n - k + 1)]$
- $PMT_{(3)} = 14.200,00 \cdot [1 + 0,02 \cdot (5 - 3 + 1)]$

Λ $PMT_{(3)} = \$15.052,00$

Exercício 164. Um imóvel foi financiado por meio do sistema de amortização constante em 40 prestações mensais, com a taxa de juros de 2,5% am/m. Após o pagamento da 24ª prestação, o saldo devedor foi refinanciado com o pagamento de $30.000,00 no ato mais 7 prestações mensais. Se a 4ª prestação do refinanciamento é de $3.245,00, qual o valor da primeira prestação do financiamento?

Ψ Cálculo do refinanciamento

- $PMT_{(k)} = Q \cdot [1 + i \cdot (n - k + 1)]$
- $PMT_{(4)} = Q \cdot [1 + 0,025 \cdot (7 - 4 + 1)]$
- $Q = 3.245,00 / 1,10$
- $Q = 2.950,00$
- $REF = 7 \cdot 2.950,00$
- $REF = 20.650,00$

Ψ Cálculo do financiamento

- $PV_{(24)} = REF + 30.000,00$
- $PV_{(24)} = 50.650,00$
- $Q_{SAC} = PV_{(24)} / (n - k)$
- $Q_{SAC} = 50.650,00 / (40 - 24)$
- $Q_{SAC} = 3.165,63$
- $PV_{(0)} = Q_{SAC} \cdot n$
- $PV_{(0)} = 3.165,63 \cdot 40$
- $PV_{(0)} = 126.625,00$

Ψ Cálculo da primeira prestação do financiamento

- $J_{(1)} = i \cdot PV_{(0)}$
- $J_{(1)} = 0,025 \cdot 126.625,00$
- $J_{(1)} = 3.165,63$
- $PMT_{(1)} = Q_{SAC} + J_{(1)}$

∧ $PMT_{(1)} = \$6.331,25$

Exercício 165. Um empréstimo no valor de $62.000,00 foi concedido no regime de amortizações constantes e deverá ser quitado em 40 prestações mensais. Considerando a taxa de juros de 2,4% ao mês com capitalização mensal, determine o valor dos juros, das prestações e do saldo devedor correspondente ao 21° mês.

- $SD_{(0)} = 62.000$
- $n = 40$ prestações mensais
- $i = 2,4\%$ am/m
- $SD_{(21)}$; $J_{(21)}$ e $PMT_{(21)}$

Ψ Cálculo da amortização

- $Q_{SAC} = SD_{(0)}/n$
- $Q_{SAC} = 62.000/40$
- $Q_{SAC} = 1.550,00$

Ψ Cálculo da $J_{(21)}$

- $J_{(21)} = i \cdot SD_{(20)}$
- $J_{(21)} = 0,024 \cdot (20 \cdot 1.550)$

$J_{(21)} = 744,00$

Ψ Cálculo da $PMT_{(21)}$ e $SD_{(21)}$

- $PMT_{(21)} = J_{(21)} + Q_{SAC}$
- $PMT_{(21)} = 744 + 1.550$

∧ $PMT_{(21)} = \$2.294,00$

∧ $SD_{(21)} = \$29.450,00$

Exercício 166. *MPapprentice* fez um financiamento imobiliário no valor de $250.000,00, à taxa de juros de 6% aa/s. Os juros serão pagos semestralmente e a cada ano uma quantidade crescente de principal será amortizada. No final do primeiro ano serão amortizados $30.000,00, e as amortizações restantes aumentarão $10.000,00 por ano. Quais serão os juros pagos a cada ano e em quanto tempo será quitado o empréstimo? Monte o plano de amortização para calcular os resultados.

Prazo Semestre	Pagamento (PMT)	Juros (J)	Amortização (Q)	Saldo devedor Final do período
0				250.000,00
1	7.500,00	7.500,00		250.000,00
2	37.500,00	7.500,00	30.000,00	220.000,00
3	6.600,00	6.600,00		220.000,00
4	46.600,00	6.600,00	40.000,00	180.000,00
5	5.400,00	5.400,00		180.000,00
6	55.400,00	5.400,00	50.000,00	130.000,00
7	3.900,00	3.900,00		130.000,00
8	63.900,00	3.900,00	60.000,00	70.000,00
9	2.100,00	2.100,00		70.000,00
10	72.100,00	2.100,00	70.000,00	–

Exercício 167. Um empréstimo no valor de $550.000,00, à taxa de juros de 15% aa/m, será pago em 9 prestações mensais iguais, mais uma parcela no valor de $80.000,00 juntamente com a 8ª parcela. Monte o plano de amortização.

Ψ Cálculo da prestação

- $EMP = 80.000,00/(1 + 0,0125)^8 + PMT \cdot fvp(1,25\%; 9)$
- $550.000,00 = 72.431,88 + PMT \cdot 8,46234$
- $PMT = 56.434,49$

Prazo Meses	Pagamento (PMT)	Juros (J)	Amortização (Q)	Saldo devedor Final do período
0				550.000,00
1	56.434,49	6.875,00	49.559,49	500.440,51
2	56.434,49	6.255,51	50.178,98	450.261,53
3	56.434,49	5.628,27	50.806,22	399.455,31
4	56.434,49	4.993,19	51.441,30	348.014,01
5	56.434,49	4.350,18	52.084,31	295.929,70
6	56.434,49	3.699,12	52.735,37	243.194,33
7	56.434,49	3.039,93	53.394,56	189.799,77
8	56.434,49	2.372,50	134.061,99	55.737,78
9	56.434,49	696,72	55.737,78	–

Exercício 168. Um empréstimo no valor de $200.000,00 foi tomado à taxa de juros compostos de 10% aa/s, e será pago em parcelas semestrais por 10 anos de acordo com o SAC. Determine o valor da 14ª prestação.

- $SD_{(0)} = 200.000,00$
- $n = 20$ prestações semestrais
- $i_s = 10\% / 2 = 5\%$ as/s
- $PMT_{(14)} = ?$

Ψ Cálculo da amortização

- $Q_{SAC} = SD_{(0)}/n$
- $Q_{SAC} = 200.000/20$
- $Q_{SAC} = 10.000,00$

Ψ Cálculo da $J_{(14)}$

- $J_{(14)} = i \cdot SD_{(13)}$
- $J_{(14)} = 0,05 \cdot (20 - 13) \cdot 10.000$

  Λ $J_{(14)} = \$3.500,00$

- $PMT_{(14)} = J_{(14)} + Q_{SAC}$
- $PMT_{(14)} = 3.500 + 10.000$

  Λ $PMT_{(14)} = \$13.500,00$

Exercício 169. Um empréstimo de $840.000,00 deve ser pago através de 12 prestações trimestrais pelo Sistema de Amortização Misto à taxa de juros de 9% ao ano com capitalização trimestral. Monte o plano de amortização.

Ψ   O sistema misto utiliza 50% do sistema de prestações constantes e 50% do sistema de amortização constante. Vamos calcular a primeira amortização da parte referente ao SPC e a amortização da parte referente ao SAC, e o restante das informações poderá ser calculado a partir do plano de amortização

- $i_t = 0{,}09/4 \equiv 2{,}25\%\ at/t$
- $Q_{SAC} = 420.000/12 = 35.000{,}00$
- $PMT_{SPC} = 420.000/fvp(2{,}25\%;\ 12)$
- $PMT_{SPC} = 40.327{,}31$
- $Q_{(1)} = PMT_{SPC} - 0{,}0225 \cdot 420.000$
- $Q_{(1)} = 30.877{,}31$

Prazo Trim.	Pagamento (PMT)	Juros (J)	Amortização Q_{SPC}(50%)	Q_{SAC}(50%)	Saldo devedor Final do período
0					840.000,00
1	84.777,31	18.900,00	30.877,31	35.000,00	774.122,69
2	83.989,81	17.417,76	31.572,05	35.000,00	707.550,64
3	83.202,31	15.919,89	32.282,42	35.000,00	640.268,22
4	82.414,80	14.406,03	33.008,77	35.000,00	572.259,45
5	81.627,31	12.875,84	33.751,47	35.000,00	503.507,98
6	80.839,81	11.328,93	34.510,88	35.000,00	433.997,10
7	80.052,30	9.764,93	35.287,37	35.000,00	363.709,73
8	79.264,81	8.183,47	36.081,34	35.000,00	292.628,39
9	78.477,31	6.584,14	36.893,17	35.000,00	220.735,22
10	77.689,81	4.966,54	37.723,27	35.000,00	148.011,95
11	76.902,31	3.330,27	38.572,04	35.000,00	74.439,91
12	76.114,81	1.674,90	39.439,91	35.000,00	–

Exercício 170. Uma instituição financeira possui uma linha de crédito para a produção nas seguintes condições: Pagamento em 12 meses com 6 meses de carência, taxa de juros de 6% ao ano com capitalização mensal, comissão de 2% no momento da liberação do financiamento mais 0,1% sobre o saldo devedor cobrado mensalmente, sendo que durante a carência são considerados os juros de comissão. Considerando um financiamento no valor de $120.000,00, monte o plano de amortização e calcule a taxa de juros efetiva mensal implícita na operação.

Prazo Meses	Pagamento (PMT)	Juros (J)	Amortização (Q)	Comissão	Saldo devedor Final do período	Fluxo de Caixa
0	2.400,00	–	–	–	120.000,00	–117.600,00
1	720,00	600,00	–	120,00	120.000,00	720,00
2	720,00	600,00	–	120,00	120.000,00	720,00
3	720,00	600,00	–	120,00	120.000,00	720,00
4	720,00	600,00	–	120,00	120.000,00	720,00
5	720,00	600,00	–	120,00	120.000,00	720,00
6	720,00	600,00	–	120,00	120.000,00	720,00
7	20.471,45	600,00	19.751,45	120,00	100.248,55	20.471,45
8	20.451,70	501,24	19.850,21	100,25	80.398,34	20.451,70
9	20.431,85	401,99	19.949,46	80,40	60.448,88	20.431,85
10	20.411,90	302,24	20.049,21	60,45	40.399,67	20.411,90
11	20.391,86	202,00	20.149,46	40,40	20.250,21	20.391,86
12	20.371,71	101,25	20.250,21	20,25	–	20.371,71

– *Taxa de Juros efetiva (fluxo de caixa) = 0,820% am/m ≡ 10,29% aa/a*

Ψ A taxa de juros implícita neste financiamento é a taxa que resulta no valor líquido desembolsado, após descontados os pagamentos. No Excel obtemos esta taxa através da função TIR() do fluxo de caixa

7
INFLAÇÃO E ÍNDICES DE PREÇOS

O poder de compra da moeda dos países sofre variações ao longo do tempo, e os efeitos que afetam o valor da moeda são denominados inflação ou deflação. Um período de inflação é uma época em que o preço pago por bens e serviços sobe e, como consequência disso, ocorre a redução do poder de compra da moeda, um fenômeno bastante usual. Um período de deflação é uma época em que os preços de bens e serviços sofrem redução, ou seja, o poder de compra da moeda se eleva, e este normalmente é um efeito eventual que dura um tempo menor.

A inflação tem como principais causas:

a) A demanda – o excesso de procura por bens e serviços abre espaço para o aumento de preços;
b) Os custos – o nível de demanda permanece, mas os custos em algum elo da cadeia produtiva aumentam, elevando os preços dos produtos;
c) A inercial – está associada aos reajustes de preços e salários a partir da inflação passada;
d) As expectativas – os atores no cenário econômico passam a aumentar preços para antecipar a inflação futura.

Ao fazer o estudo de viabilidade de um projeto, devemos atentar para a possibilidade da presença destes fatores, principalmente na avaliação da projeção de custos dos insumos, ou seja, avaliar se a presença do projeto pode gerar excesso de demanda ou incremento de custo para atender a demanda.

§ Nos períodos de inflação é fundamental a análise dos efeitos das taxas de inflação sobre os resultados obtidos na análise de projetos de investimento, pois a perda de poder aquisitivo da moeda pode fazer com que estes projetos produzam resultados meramente ilusórios.

7.1 Medindo a Inflação

A inflação ocorrida é verificada através de índices que representam uma determinada cesta de insumos. Os índices indicam a variação ocorrida, ao longo do tempo, nos preços dos insumos que compõem a cesta. É importante enfatizar que cada indivíduo ou cada projeto, em função da sua cesta particular de insumos consumidos ou utilizados, está sujeito a sua própria inflação.

Em particular nos projetos de investimento, seus custos e suas receitas podem estar sujeitos a *distintas inflações*. Por isso, durante a análise de investimentos, é importante buscar aderência entre *o* ou *os* índices utilizados com o comportamento futuro das receitas e custos.

Efeitos da inflação na análise de investimentos

Os projetos de investimento que mais sofrem impactos com a inflação são aqueles que possuem maior quantidade de consumíveis durante sua operação, principalmente se sua receita não está diretamente vinculada à variação de custo destes consumíveis. Por exemplo, uma termoelétrica que consome gás, estará exposta ao preço da *commodity* gás, e sua receita deveria de alguma forma estar indexada, pelo menos em parte, ao comportamento do preço deste insumo. Os projetos que apresentam grandes investimentos de implantação, por sua vez, são mais impactados pela variação do custo de construção, e de alguma forma a receita futura deveria refletir o comportamento destes custos.

Os projetos podem ser analisados pela utilização de um ou mais indicadores da taxa de inflação, podendo inclusive ser empregada uma fórmula paramétrica[9] específica, com a ponderação de índices dos principais custos do projeto. No fim das contas é uma decisão do analista, porém é importante ressaltar que há grande imprecisão na projeção dos índices e as próprias projeções podem gerar distorções na análise. O resultado positivo de um projeto pode se dar simplesmente em função das projeções inflacionárias adotadas, mais ou menos otimistas, e não de suas qualidades.

Ao se analisar um investimento ou um projeto, quer seja pessoal ou empresarial, é necessário prestar bastante atenção. Os indivíduos possuem a tendência de considerar que seus investimentos vão gerar grandes rentabilidades, sem, entretanto, considerar que os insumos necessários também estão sujeitos à

---

[9] Fórmulas paramétricas de ajuste de preços são equações em que são utilizados preços ou índices de preços ponderados pelo seu peso relativo nos custos dos recursos empregados pelo projeto de investimento.

escalada de preços. Ou seja, eles têm a ilusão de que podem vender mais caro seus produtos, sem que os custos dos insumos aumentem.

O Brasil tem um histórico de análise de investimentos em regimes inflacionários, e há uma série de índices que fazem a leitura da inflação e o seu comportamento. A correção monetária, uma invenção brasileira, é uma taxa que tem o objetivo de recompor os preços dos bens e serviços atingidos pela inflação. Neste texto vamos adotar a seguinte convenção: a correção monetária tem aderência suficiente com o comportamento dos preços de forma a representar a inflação.

7.2 Taxas reais e Taxas combinadas

Estamos acostumados a ver todos os dias instituições financeiras e bancos oferecerem aplicações, empréstimos às melhores taxas de juros, no valor da taxa Selic, do IPCA, planos de aposentadoria para garantir o futuro, mas o que realmente significa cada uma destas informações?

As *taxas de juros combinadas* (*nominal, aparente*) são aquelas que vigoram nas operações correntes, e incluem a expectativa de inflação em sua formação. As *taxas de juros reais* são a parcela da taxa de juros combinada que representa o verdadeiro ganho de um investimento ou o verdadeiro custo de um financiamento, pois ela exclui os impactos da inflação. A taxa real representa a riqueza gerada para o investidor, pois é a taxa que remunera o capital acima da reposição da perda do seu poder de compra.

Figura 13 - Taxa de juros combinada e taxa de juros real

Na presença da inflação, que diminui o poder de compra de determinado capital, é necessário recompor o efetivo poder de compra através da *correção monetária* para permitir o cálculo da rentabilidade ou da taxa de juros real obtida em determinada operação.

Desta forma, é importante estabelecer as relações existentes entre as taxas aparentes e as taxas reais. Utilizando o símbolo $[j]$ para a taxa aparente, $[i]$ para a taxa real e f para a inflação, teremos a seguinte relação entre elas (equação de Fisher[10]):

- $(1 + j) = (1 + i) \cdot (1 + f)$

$f \quad i = (j - f)/(1 + f)$

Na análise de investimento, o investidor deve analisar os cenários de projeção de inflação para o ciclo de vida da operação. Se a taxa de juros aparente obtida for superior à projeção da taxa da inflação, ele estará efetivamente gerando riqueza, ou seja, a taxa de juros real será positiva. Este resultado por si só não determina a viabilidade do investimento, sendo a compatibilidade da riqueza gerada e os riscos e dificuldades inerentes ao projeto outras das grandes questões a serem avaliadas.

Exercício 171. Considerando que para o ano de 2100 teremos a expectativa de inflação de 3,2% e que desejamos obter uma taxa real de juros de 2,5% aa/a, determine a respectiva taxa de juros combinada, dada pela Equação de Fisher.

- $j = (1 + i) \cdot (1 + f) - 1$
- $j = (1,025) \cdot (1,032) - 1$

$\Lambda \quad j = 5,78$ aa/a

Exercício 172. Considerando que dispomos de duas alternativas para investir o saldo de caixa de uma empresa, determine a alternativa mais rentável, considerando a inflação estimada para o próximo ano como 7,5%.
a.) uma taxa mensal real de 0,7% ao mês mais a correção monetária;
b.) uma taxa over de 1,6% ao mês com capitalização por dia útil.

Ψ Vamos usar 1 ano como prazo comum para a análise. Então, vamos calcular a taxa aparente efetiva anual relativa a cada alternativa de investimento

Ψ Opção (a)

- $i_1 = (1 + i_m)^{12} \cdot (1 + 0,075) - 1$
- $i_1 = (1,007)^{12} \cdot (1,075) - 1$
- $i_1 = 16,89\%$ aa/a

Ψ Opção (b)

- $i_2 = (1 + i_{over}/30)^{252} - 1$
- $i_2 = 14,38\%$ aa/a

Λ Portanto, a melhor alternativa é a opção (a)

---

[10] Fisher, Irving [1930]. *A Teoria do juro*.

Valor Nominal (Corrente) e Valor Real (Constante)

Na análise de investimentos vamos representar os projetos por seus movimentos de caixa futuros. Quando o valor da moeda destes movimentos de caixa equivale ao poder aquisitivo da respectiva data de sua ocorrência, estamos trabalhando com *valores nominais*, ou *preços correntes*. Quando os valores monetários estão todos expressos em termos de um poder aquisitivo referido a uma mesma data base, a data da análise por exemplo, estamos utilizando os *valores reais*, ou *preços constantes*.

O *valor real*, referido a uma determinada data base, é o *valor nominal* excluindo-se o efeito gerado pela variação de preços, ou seja, o *valor nominal* deflacionado (se este estiver no futuro) ou inflacionado (se este estiver no passado). A consolidação destes conceitos é muito importante, uma vez que os resultados obtidos devem ser interpretados de forma diferente, sob pena de acarretar decisões equivocadas.

Os projetos podem ser analisados com fluxos de caixa em moeda constante *(valores reais)* ou corrente *(valores nominais)*, sendo necessária muita atenção para manter a homogeneidade entre os valores e as taxas de juros.

(i) Ao optar por moeda constante, devemos adotar *valores reais* com *taxas reais*, e;
(ii) Se optarmos por moeda corrente, *valores nominais* e *taxas aparentes (combinadas)*.

Com o incremento da capacidade das ferramentas de análise, tornou-se relativamente simples adotar índices de inflação projetados no tempo para todas as variáveis. Hoje é praticamente padrão a utilização de valores correntes nos fluxos de caixa dos projetos de investimento. Valores constantes ficam limitados a estudos rápidos de pré-viabilidade.

7.3 Índices de Preços

A determinação da inflação de um projeto é complexa, sendo influenciada por muitas variáveis, e existem diversas inflações para cada período, dependendo do que está sendo consumido. Na realidade, para cada insumo ou grupo de insumos, podemos ter inflações diferenciadas.

Um índice de preços procura medir a variação dos preços em toda a cadeia de produção e comercialização ou em partes relevantes desta. Este é o motivo para a existência de índices gerais no atacado (indústria e agricultura), no varejo (consumidores) e na construção (insumos e materiais de construção).

Um número índice é um único número, resultante de uma fórmula paramétrica, que contêm preços e quantidades de diferentes insumos ou serviços, com pesos que buscam representar o consumo destes insumos e serviços. Os números índices buscam representar o comportamento desta cesta de preços ao longo do tempo.

Os números índices permitem identificar:

a) Variações de preços ocorridas ao longo do tempo;
b) Diferenças de comportamento de preços entre distintas regiões; e
c) Comportamento dos preços em diversos setores da economia.

Os índices de preços mais importantes do país são aqueles produzidos pela Fundação Getulio Vargas (FGV), pelo IBGE e pela Fundação Instituto de Pesquisas Econômicas da Universidade de São Paulo (Fipe — USP).

Dois índices em especial têm bastante relevância na área financeira, por servirem de referência para a remuneração de papeis emitidos pelo tesouro, instituições bancárias e empresas privadas: o IPCA e o IGP-M.

O **IPCA** (Índice nacional de preços ao consumidor amplo) calculado pelo IBGE é o índice oficial de inflação do país e busca representar a variação de preços de produtos pagos à vista no comércio em geral. Ex.: alimentação, bebidas, educação, habitação, saúde etc. (total de 465 itens). A cesta básica assim composta busca aderência ao custo de vida de famílias de 1 a 40 salários mínimos e os preços são coletados nas seguintes regiões metropolitanas: Belém, Belo Horizonte, Curitiba, Distrito Federal, Fortaleza, Goiânia, Porto Alegre, Recife, Rio de Janeiro, Salvador e São Paulo.

O **IGP-M** (Índice geral de preços do mercado) é um índice calculado pela FGV. É obtido através da média ponderada de 3 outros índices, o Índice de Preços por Atacado – Mercado (IPA-M), que tem peso de 60%, o Índice de Preços ao Consumidor – Mercado (IPC-M), que tem peso de 30%, e o Índice Nacional de Custo da Construção – Mercado (INCC-M), com peso de 10%. O índice tem uma ampla abrangência, buscando representar desde a variação da matéria-prima agrícola até bens e serviços finais. O IGP-M, que é divulgado ao final de cada mês, tem como base os preços coletados entre o dia 21 do mês anterior e o dia 20 do mês de referência. É utilizado na economia principalmente em contratos de aluguel, tarifas públicas, planos de saúde.

7.4 Determinando a variação de preços

O cálculo da variação de preços ou "correção monetária" de um determinado período é dado pela variação percentual entre o índice na data de referência e o índice na data de análise.

Tabela 7 - Tabela de índices do IPCB[11]

Período	Número Índice	Variação Mensal	Variação Acumulada
dezembro/2100	100,000	–	–
janeiro/2101	101,000	1,000%	1,000%
fevereiro/2101	101,354	0,350%	1,350%
março/2101	101,860	0,500%	1,860%
abril/2101	102,828	0,950%	2,830%
maio/2101	103,445	0,600%	3,440%
junho/2101	103,776	0,320%	3,780%

[11] Este índice não existe, a nomenclatura será usada ao longo do texto para fins didáticos.

julho/2101	104,025	0,240%	4,020%
agosto/2101	104,930	0,870%	4,930%
setembro/2101	105,140	0,200%	5,140%
outubro/2101	106,034	0,850%	6,030%
novembro/2101	106,564	0,500%	6,560%
dezembro/2101	106,724	0,150%	6,720%

O número índice representa a variação do valor de determinada cesta de insumos em relação à mesma cesta em uma data base. Os índices usualmente são referentes ao final de cada mês, e mesmo índices que possuem dias de referência diferentes do último dia do mês são normalmente utilizados como referência daquele mês.

Na Tabela 7 vemos um exemplo de um Índice que tem como referência o mês de dezembro de 2100. A partir dos números índices, podemos determinar a variação de preços para qualquer período de abrangência do índice.

Exercício 173. Utilizando a Tabela 7, determine a variação de preços demonstrada pelo IPCB para o ano de 2101 e encontre a taxa média mensal de inflação.

Ψ   Cálculo da variação acumulada no ano de 2101

- $Variação = \frac{IDez\ 2101}{IDez\ 2100} - 1 = \frac{106,7236}{100} - 1 = 6,72\%$

Ψ   Cálculo da taxa geométrica mensal

- $i_{mensal} = (1 + 0,0672)^{1/12} - 1$

Λ $i_{mensal} = 0,5435\%\ mensal$

Exercício 174. Utilizando a Tabela 7, encontre a correção acumulada dos meses de julho e agosto.

Ψ   Sempre considerando que os índices estão referidos ao final do mês, então para calcular a variação de julho e agosto, teríamos que adotar como base o índice de junho

- $Variação = \frac{IAgo\ 2101}{IJun\ 2101} - 1 = \frac{104,9300}{103,7759} - 1 = 1,11\%$

Ψ   Para corroborar o cálculo anterior, as variações mensais representam o percentual ocorrido em cada mês, para o cálculo do valor acumulado devemos incidir exponencialmente um percentual sobre o outro, o que pode ser feito da seguinte forma

- $Variação = (1 + \Delta jul) \cdot (1 + \Delta ago) - 1$
- $Variação = (1,0024) \cdot (1,0087) - 1$

Λ $Variação = 1,11\%\ acumulada\ julho\ e\ agosto$

7.5 Referências de taxas financeiras

A economia brasileira, desde a criação da correção monetária no ano de 1964, sempre foi pródiga em indexadores financeiros. Nos dias atuais temos diversas taxas de referência que são utilizadas nas nossas operações correntes.

a) A **Selic** é definida periodicamente pelo Copom (Comitê de Política Monetária do Banco Central). Ela remete ao Sistema Especial de Liquidação e de Custódia (Selic), onde são realizadas as operações envolvendo títulos públicos federais.
b) O **CDI** (Certificado de Depósito Interbancário) é uma média das taxas de juros cobradas em operações realizadas diariamente entre os bancos. É a taxa referente às transações de um dia relativas aos certificados de depósito bancário através da Cetip — Central de Custódia e Liquidação Financeira de Títulos Privados. A taxa do CDI (ou taxa DI) é muito próxima da taxa básica de juros, a Selic.
c) **TJLP** é a Taxa de Juros de Longo Prazo fixada pelo Conselho Monetário Nacional, a qual tem período de vigência de um trimestre-calendário e é divulgada até o último dia útil do trimestre imediatamente anterior ao de sua vigência.
d) **TLP** é a Taxa de Longo Prazo. Desde 1º de janeiro de 2018, ela representa o principal custo financeiro dos financiamentos do Banco Nacional de Desenvolvimento Econômico e Social (BNDES). Ela compõe a taxa de juros final, junto com as remunerações (*spreads*) do BNDES.

7.6 Rentabilidade de aplicações financeiras

Taxas de juros pré-fixadas e pós-fixadas

As taxas de juros das aplicações financeiras são *pré-fixadas* quando seu valor é informado no momento da operação. Estas taxas normalmente incluem a inflação e um *spread*. Aplicações a taxas pré-fixadas tendem a ser vantajosas no caso de queda da inflação e apresentam redução da rentabilidade real em caso de haver um crescimento inflacionário.

As taxas de juros *pós-fixadas* são taxas indexadas a um índice ou as taxas aparentes que serão definidas *a posteriori*. Existem dois grupos mais utilizados de taxas pós-fixadas. O primeiro é composto das taxas pós-fixadas vinculadas a índices de inflação como *IPCA* ou *IGP-M* e acrescidas de um *spread* fixo, por exemplo, *IPCA + 3%* (note-se que o "mais 3%" é capitalizado, e não simplesmente somado). O segundo grupo são taxas vinculadas às taxas do mercado financeiro — o CDI e a Selic. Da mesma forma que as taxas vinculadas a índices, essas taxas podem ser, por exemplo, *CDI + 1%*, que também serão capitalizadas ou ainda serem definidas em função de um multiplicador da própria taxa, como, por exemplo, 120% do CDI.

As aplicações financeiras são em sua maioria referidas a taxas do tipo over com rendimento calculado por dia útil. Neste livro, como não estamos trabalhando com as variações diárias, vamos considerar que os multiplicadores e redutores incidem no prazo total das aplicações, segundo as fórmulas apresentadas a seguir.

Ψ   Aplicações que remuneram a uma taxa fixa *(i)* mais uma taxa variável *(f)*

ƒ $FV_{+i} = PV((1 + f) \cdot (1 + i_{fixa}))^n$

Ψ   Aplicações que remuneram com um percentual *(t)* aplicado sobre uma taxa variável *(j)*

ƒ $FV_{t\%} = PV((1 + t \cdot j)^n$

§   *Assim como nas demais fórmulas, deve haver conformidade entre as unidades da taxa de juros e do prazo e as taxas devem estar em sua forma decimal.*

Imposto de renda e IOF

No mercado financeiro, além de operações que apresentam diferentes formas para a taxa de juros, vamos encontrar operações cuja incidência de imposto de renda se faz na fonte e operações isentas de impostos. O fator "imposto" deve ser considerado ao compararmos alternativas de investimentos.

Entender o mecanismo de uma operação financeira e estabelecer seu rendimento real é essencial para fazer a comparação entre alternativas de investimentos. O cálculo do rendimento real deve descontar a inflação e considerar a incidência dos impostos, de forma a se obter a efetiva remuneração de uma operação financeira.

Atualmente os rendimentos obtidos com operações financeiras estão sujeitos a dois impostos: o IOF[12], nos primeiros 30 dias, e o imposto de renda segundo a tabela apresentada a seguir:

Tabela 8 - Imposto de renda sobre rendimentos de operações de Renda fixa

Taxa IR em função do prazo da aplicação	
0 a 180 dias	22,5%
181 a 360 dias	20,0%
361 a 720 dias	17,5%
Acima de 721 dias	15,0%

Operações financeiras isentas de imposto de renda:

— Caderneta de Poupança;

---

[12] O IOF incide sobre os rendimentos e penaliza investimentos de curto prazo que são resgatados em prazos menores que 30 dias corridos.

- Letras de crédito imobiliário e do agronegócio;
- Certificados de recebíveis imobiliários e agrícolas;
- Debêntures de infraestrutura.

Operações financeiras com incidência de imposto de renda:

- Certificados de depósito bancário (CDB);
- Títulos do tesouro direto;
- Debêntures;
- Letras de Câmbio;
- Fundos de investimento em renda fixa;
- Fundos e aplicações em renda variável, com alíquota única de 15% sobre os rendimentos.

O cálculo do rendimento líquido de qualquer aplicação sujeita à cobrança de IR é feito por meio da seguinte equação:

- *Rendimento Líquido = (Rendimento Bruto − Custos da Operação)·(1 − Alíquota do IR)*

Como já dito, o cálculo do rendimento real é obtido pela fórmula de Fisher.

- *Rendimento Real = ((1 + Rendimento Líquido)/(1 + Inflação)) − 1*

Exercício 175. Compare a rentabilidade real de cada uma das aplicações listadas a seguir. Para tanto, considere que o IPCA representa a inflação e é de 4,15% ao ano, o CDI é de 6% ao ano, o prazo das operações será de 3 anos e o imposto de renda será calculado conforme a Tabela 7.
a.) CDB que paga 130% do CDI;

- $ia = ((1 + 1{,}3 \cdot 0{,}06)^3 - 1) \cdot (1 - 0{,}15)$
- $ia = 21{,}4818\%$ *(3 anos)*
- $ia = (1 + 0{,}214818)^{1/3} - 1$

Λ $\quad ia = 6{,}70\%$ *aa/a*

b.) LCI que paga 95% do CDI;

- $ib = 0{,}95 \cdot 0{,}6$

Λ $\quad ib = 5{,}70\%$ *aa/a*

c.) CDB que paga IPCA + 4,3% aa;

- $ic = ((1 + 0{,}0415)^3 \cdot (1 + 0{,}043)^3 - 1) \cdot (1 - 0{,}15)$
- $ic = 23{,}9553\%$ *(3 anos)*

- $ic = (1 + 0{,}239553)^{1/3} - 1$

$\Lambda \quad ic = 7{,}42\%\ aa/a$

d.) Título do tesouro direto pré-fixado de 9% com taxa de custódia de 0,25%.

- $id = ((1 + 0{,}09)^3 \cdot (1 - 0{,}0025)^3 - 1) \cdot (1 - 0{,}15)$
- $id = 24{,}2539\%\ (3\ anos)$
- $id = (1 + 0{,}242539)^{1/3} - 1$

$\Lambda \quad id = 7{,}51\%\ aa/a$

7.7 Exercícios resolvidos de índices e taxas

Exercício 176. A taxa de juros paga para a captação de recursos por uma instituição financeira é de 106% aa/a. Se a correção monetária é de 4,2% am, qual a taxa de juros mensal real paga pela instituição?

- $j = 106\%\ aa/a$
- $f = 4{,}2\%\ am$

Ψ Cálculo da taxa de juros efetiva aparente mensal

- $j_m = (1 + j_a)^{1/12} - 1$
- $j_m = (1 + 1{,}06)^{1/12} - 1$
- $j_m = 6{,}2076\%\ am/m$

Ψ Cálculo da taxa de juros real

- $(1 + j) = (1 + f) \cdot (1 + i)$
- $(1 + 0{,}062076) = (1 + 0{,}042) \cdot (1 + i)$
- $i = (1{,}062076/1{,}042) - 1$

$\Lambda \quad i = 1{,}9267\%\ ao\ mês/mensal$

Exercício 177. *CSmerchant* obtém seu capital de giro através de empréstimos bancários à taxa de juros de 48% aa/m. Sendo a correção monetária de 2% am, qual a taxa mensal real paga pelo comerciante?

- $j = 48\%\ aa/m$
- $f = 2\%\ am$

Ψ Cálculo da taxa de juros aparente mensal

- $i_m = j/qc$
- $i_m = 0{,}48/12$

- $i_m = 4,0\%\ am/m$

Ψ Cálculo da taxa de juros real

- $(1 + j) = (1 + f) \cdot (1 + i)$
- $(1 + 0,04) = (1 + 0,02) \cdot (1 + i)$
- $i = (1,04/1,02) - 1$

Λ $i = 1,9608\%$ ao mês/mensal

Exercício 178. Considere que você deseja adquirir um bem cujo valor atual é de $17.000,00. Como atualmente não há recursos suficientes para efetuar a compra, você pretende realizá-la ao final de 3 anos. A taxa de inflação do período está estimada em 5,5% ao ano e você pretende fazer 3 depósitos iguais ao início de cada ano em uma aplicação que rende uma taxa nominal de 8% aa/a. Determine o valor dos depósitos que devem ser efetuados para que a compra possa ser feita.

Ψ Determinando o preço do bem ao final de 3 anos

- $FV = PV \cdot (1 + f)^3$
- $FV = 17.000 \cdot (1,055)^3$
- $FV = 19.962,10$

Ψ Calculando o Valor do depósito

- $FV = DEP \cdot (1 + i)^3 + DEP \cdot (1 + i)^2 + DEP \cdot (1 + i)^1$
- $19.962,10 = DEP \cdot (1,08)^3 + DEP \cdot (1,08)^2 + DEP \cdot (1,08)$
- $19.962,10 = DEP \cdot (1,2597 + 1,1664 + 1,0800)$

Λ $DEP = 5.693,51$

Exercício 179. Que taxa de juros aparente mensal deve ser utilizada na venda financiada de determinado produto de modo a obter uma taxa de juros real de 16% aa/a, se a taxa de inflação é de 4% ao mês?

- $i = 16\%\ aa/a$
- $f = 4\%\ am$

Ψ Cálculo da taxa de juros efetiva real mensal

- $i_m = (1 + i_a)^{1/12} - 1$
- $i_m = (1 + 0,16)^{1/12} - 1$
- $i_m = 1,2445\%\ am/m$

Ψ Cálculo da taxa de juros aparente

- $(1 + j) = (1 + f) \cdot (1 + i)$

- $1 + j = (1 + 0{,}04) \cdot (1 + 0{,}012445)$
- $j = (1{,}052943) - 1$

$\Lambda \quad j = 5{,}2943\%$ ao mês/mensal

Exercício 180. *MRboss* investiu o capital de $50.000,00 em um projeto. Após 3 meses o valor investido resgatado foi de $60.000,00. Se nesses meses as taxas de inflação foram respectivamente 1,04%, 0,75%, 0,86%, qual foi a rentabilidade real deste investimento?

- $FV = PV \cdot (1 + f)^n$
- $j = (60.000/50.000)^{1/3} - 1$
- $j = 6{,}2659\%$ no período de 3 meses
- $f = (1 + 0{,}0104) \cdot (1 + 0{,}0075) \cdot (1 + 0{,}0086) - 1$
- $f = 2{,}6733\%$ acumulado nos 3 meses

Ψ Cálculo da rentabilidade real

- $i = (j - f)/(1 + f)$
- $i = (0{,}062659 - 0{,}026733)/(1{,}026733)$

$\Lambda \quad i = 3{,}4991\%$ de rentabilidade real acumulada nos 3 meses

Exercício 181. Um investidor aplica $500.000,00 na aquisição de um portfólio de ações, no final do ano de 2100. Depois de dois anos ele vende todo o portfólio por $640.000,00. Neste período não houve distribuição de dividendos. Considerando o IR de 15% sobre o ganho de capital e o índice de correção de preço apresentado a seguir, calcule a taxa aparente e a taxa real da transação.

	IPCB
2099	104,9
2100	108,2
2101	115,7
2102	123,8

- $VP = 500.000$
- Rentabilidade bruta $= 140.000$
- Rentabilidade líquida $= 140.000 \cdot (1 - 0{,}15) = 119.000$

Ψ Cálculo da taxa de juros aparente anual

- $j = (619.000/500.000)^{(1/2)} - 1 = 11{,}27\%$ aa/a

Ψ Cálculo da correção monetária anual

- $f = 123{,}8/108{,}2 = 1{,}1442$ para os dois anos
- $f = (1{,}1442)^{1/2} - 1 = 1{,}0697 - 1 = 6{,}97\%$ ao ano

Ψ Cálculo da taxa de juros real anual

- $i = 1{,}1127/1{,}0697 - 1 = 1{,}0402 - 1$

Λ $i = 4{,}02\%\ aa/a$

Exercício 182. *MSinvestor* aplicou $80.000,00 em um título de renda fixa que remunera à taxa de juros de 1,6% am/m e tem vencimento em 180 dias. Após dois meses da aplicação o investidor, necessitando de dinheiro, decidiu negociar o título no mercado. Se a taxa de juros vigente no momento da negociação era de 1,0% am/m, calcule:
a.) o valor de resgate se o investidor mantiver o título até seu vencimento;

- $FV = PV \cdot (1 + i)^n$
- $FV = 80.000 \cdot (1 + 0{,}016)^{180/30}$

Λ $FV = \$87.993{,}83$

b.) o valor recebido pelo investidor ao negociar o título;

- $PV = FV \cdot (1 + i)^{-n}$
- $PV = 87.993{,}83 \cdot (1 + 0{,}01)^{-120/30}$

Λ $PV = \$84.560{,}34$

c.) a taxa de juros mensal efetiva obtida pelo investidor na operação.

- $FV = PV \cdot (1 + i)^n$
- $84.560{,}34 = 80.000 \cdot (1 + i)^{60/30}$
- $(1 + i) = (1{,}057004)^{30/60}$

Λ $i = 2{,}8107\%\ am/m$

Exercício 183. Um investimento de $103.400,00 aplicado no dia 1º de julho resultou no montante de $112.100,00 no dia 30 de novembro do mesmo ano. Considerando o número índice da tabela abaixo, calcule a taxa de juros mensal real obtida na operação financeira.

	IPCB
Julho	0,45%
Agosto	0,20%
Setembro	0,91%
Outubro	0,72%
Novembro	0,42%

- $Inflação = (1{,}0045) \cdot (1{,}0020) \cdot (1{,}0091) \cdot (1{,}0072) \cdot (1{,}0042) - 1$
- $f = 2{,}7278\%\ cinco\ meses$

- Taxa aparente = $FV/PV - 1 = 112.100/103.400 - 1$
- $j = 8,4139\%$ cinco meses
- Taxa real = $(1 + 0,084139)/(1 + 0,027278) - 1$
- $i = 5,5351\%$ cinco meses
- $i_m = (1 + 0,055351)^{1/5} - 1$

Λ $i_m = 1,0833\%$ am/m

Exercício 184. A *JGcompany* dispõe de duas alternativas para investir seu excedente de caixa: a primeira é uma operação de IPCB mais 4,1% ao ano, e a segunda é uma taxa prefixada de 9,2% ao ano. Determine a inflação anual de modo que as duas taxas sejam equivalentes.

- $j = 9,2\%$ ao ano
- $i = 4,1\%$ ao ano
- $IPCBi = [(1 + j)/(1 + i)] - 1$
- $IPCBi = [1,092/1,041] - 1$

Λ $IPCBi = 4,8991\%$ ao ano

Exercício 185. A taxa over mensal para o último mês foi de 1,7% am/du, e o mês teve 19 dias úteis. Considerando que a variação do IPCB do mês foi de 0,85%, calcule a taxa efetiva real obtida para uma aplicação a 120% da taxa over.

- $j_{over} = 1,7\%$ am over
- $j_{du} = 0,017/30 = 0,05667\%$ du/du
- $j_m = (1 + 0,0005667)^{19} - 1$
- $j_m = 1,0822\%$ am/m
- $IPCB = 0,85\%$ ao mês
- $i_r = [(1 + 1,20 \cdot j_m)/(1 + IPCB)] - 1$
- $i_r = [(1 + 1,2 \cdot 0,010822)/1,0085] - 1$

Λ $i_r = 0,4448\%$ am/m

Exercício 186. Um equipamento cujo preço à vista é de $72.000,00 será financiado a uma taxa de juros real de 3,6% am/m, mais a variação do IPCB. O financiamento será pago em duas prestações mensais iguais com vencimentos em 30 e 60 dias. Considerando um IPCB projetado de 1,25% para o período dos dois meses, determine a taxa efetiva aparente mensal do financiamento e o valor das prestações.

- $i_r = 3,6\%$ am/m
- $IPCB_p = 1,25\%$ para dois meses

- $IPCB_m = (1 + 0{,}0125)^{0{,}5} - 1$
- $IPCB_m = 0{,}6231\%\ am$
- $j_m = [(1 + 0{,}036) \cdot (1 + 0{,}006231)] - 1$

  $\Lambda\quad j_m = 4{,}2455\%\ am/m$

- $PMT = PV/fvp(4{,}2455\%;\ 2)$
- Ψ HP12C®

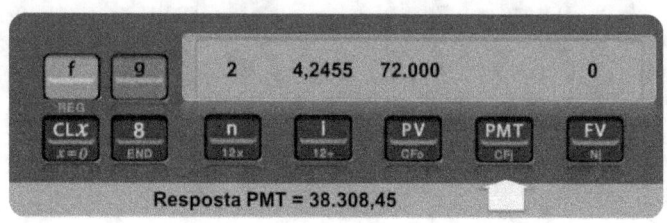

$\Lambda\quad PMT = \$38.308{,}45$

Exercício 187. O capital de \$61.000,00 aplicado durante 8 meses rendeu à taxa de juros reais de 2,9% am/m, além da atualização monetária correspondente à inflação do período medida pela variação do IPCB de 5,8%. Calcular o valor do montante acumulado e a taxa de juros combinada mensal.

Ψ O montante é obtido através da aplicação capitalizada da taxa de juros real e da inflação

- $FV = PV \cdot (1 + 0{,}029)^8 \cdot (1 + 0{,}058)$
- $FV = 61.000 \cdot 1{,}25696 \cdot 1{,}058$

  $\Lambda\quad FV = \$81.121{,}68$

Ψ Cálculo da taxa de juros combinada mensal

- $j_m = (1 + i) \cdot (1 + f) - 1$
- $j_m = (1 + 0{,}029) \cdot (1 + 0{,}058)^{1/8} - 1$

  $\Lambda\quad j_m = 3{,}6278\%\ am/m$

Exercício 188. Uma aplicação remunera à taxa de juros real de 6,2% ao ano mais a inflação. Considerando que a taxa de inflação do primeiro semestre foi de 4,2% e a do segundo semestre foi de 3,9%, qual foi a taxa mensal aparente de juros compostos?

Ψ Cálculo da taxa acumulada no ano

- $j_a = (1 + i) \cdot (1 + f_{1s}) \cdot (1 + f_{2s}) - 1$

- $j_a = (1{,}062) \cdot (1{,}042) \cdot (1{,}039) - 1$
- $j_a = 14{,}976\%\ aa/a$

Ψ Determinação da taxa de juros aparente mensal

- $j_t = (1 + 0{,}14976)^{(1/12)} - 1$

Λ $j_t = 1{,}16974\%\ am/m$

Exercício 189. O valor de \$43.000,00 esteve aplicado nos últimos dois anos e rendeu às taxas de 3,2% no primeiro ano e 2,4% no segundo ano. Se a taxa de inflação do nível geral de preços foi de 4% ao ano, em média, qual é o valor do montante e qual a perda de poder aquisitivo em relação ao valor original?

Ψ Cálculo do montante da aplicação

- $FV = PV \cdot (1 + j_{ano1}) \cdot (1 + j_{ano2})$
- $FV = 43.000 \cdot (1{,}032) \cdot (1{,}024)$

Λ $FV = \$45.441{,}02$

Ψ Cálculo do valor original inflacionado e da perda do poder aquisitivo

- $FV_f = PV \cdot (1 + f)^2$
- $FV_f = 43.000 \cdot (1{,}04)^2$
- $FV_f = 46.508{,}80$
- Perda do poder aquisitivo $= 1 - \dfrac{FV}{FV_f}$
- Perda do poder aquisitivo $= 1 - \dfrac{45.441{,}02}{46.508{,}80} = 0{,}02296$

Λ Perda do poder aquisitivo $= 2{,}30\%$

Exercício 190. Uma aplicação em caderneta de poupança remunerou os investidores à taxa de juros média de 5,4% ao ano para uma aplicação de 2 anos, e um título do tesouro IPCA + 3% no mesmo período pagou o rendimento médio de 6,8% ao ano bruto, com a alíquota de imposto renda de 15%. Determine a taxa de inflação anual média medida pelo IPCA e a taxa de juros real líquida anual obtida na caderneta de poupança e no tesouro direto.

Ψ Determinação da inflação em variação do IPCA

- $IPCA + 3\% = 6{,}8\%$
- $(1 + IPCA) \cdot (1 + 0{,}03) = (1 + 0{,}068)$
- $IPCA = 3{,}6893\%$ ao ano

Ψ Cálculo da taxa de juros real obtida no tesouro direto

- Taxa líquida obtida $= 0{,}068 \cdot (1 - 0{,}15) \equiv 5{,}78\%$ ao ano

- $i_r = [(1 + j)/(1 + f)] - 1$
- $i_r = [(1{,}0578)/(1{,}036893)] - 1$

Λ $i_r = 2{,}0163\%\ aa/a$

Ψ   Cálculo da taxa de juros real da caderneta de poupança

- $i_r = [(1 + j)/(1 + f)] - 1$
- $i_r = [(1{,}054)/(1{,}036893)] - 1$

Λ $i_r = 1{,}6498\%\ aa/a$

Exercício 191. Considerando um empréstimo feito com taxa de juros de 7,2% as/m, para ser pago em 12 meses, com IPCB de 1.823,78 na data do empréstimo e de 2.015,09 no vencimento, qual foi a taxa anual real efetivamente paga na operação financeira?

- $j_m = 0{,}072/6 = 1{,}2\%\ am/m$
- $j_a = (1 + 0{,}012)^{12} - 1$
- $j_a = 15{,}3895\%\ aa/a$
- $f = 2.015{,}09/1.823{,}78 - 1 = 10{,}490\%\ para\ 12\ meses$
- $i_r = [(1 + j)/(1 + f)] - 1$
- $i_r = [(1{,}153895)/(1{,}10490)] - 1$

Λ $i_r = 4{,}4343\%\ aa/a$

Exercício 192. Se uma empresa tomar um empréstimo no valor de $120.000,00, com vencimento em 3 anos e a uma taxa de juros pré-fixada de 11% aa/a, qual será o valor da dívida no vencimento da operação? Considerando que no período as inflações dos três anos foram respectivamente 7,2%, 6,1% e 5,7%, qual foi a taxa de juros real do empréstimo?

Ψ   Cálculo do valor a ser pago no vencimento

- $FV = PV \cdot (1 + j)^3$
- $FV = 120.000 \cdot (1{,}11)^3$

Λ $FV = 164.115{,}72$

Ψ   Cálculo da taxa média de inflação

- $f = [(1 + f_1) \cdot (1 + f_2) \cdot (1 + f_3)]^{1/3} - 1$
- $f = [(1{,}072) \cdot (1{,}061) \cdot (1{,}057)]^{1/3} - 1$
- $f = (1{,}202223)^{1/3} - 1$
- $f = 6{,}3315\%\ aa/a$

Ψ Cálculo da taxa real da operação

- $i = (j - f)/(1 + f)$
- $i = (0,11 - 0,063315)/(1 + 0,063315)$

Λ $i = 4,4905\%$ aa/a

Exercício 193. Um banco está emitindo Certificados de Depósito Bancário (CDB) que oferecem um rendimento de 125% do CDI ao ano. Considerando o prazo de 3 anos de aplicação, a alíquota de imposto de renda de 15%, a taxa do CDI de 6,14% ao ano e a expectativa de inflação do período de 3,85% ao ano, determine a expectativa para a taxa de juros real anual desta aplicação.

Ψ Cálculo da taxa líquida da aplicação. Cuidado: como o imposto só é aplicado no resgate, temos que calcular a taxa bruta do prazo da aplicação

- $j = (1 + CDI \cdot 1,25)^3 - 1$
- $j = (1,07675)^3 - 1$
- $j = 0,24837\%$ por 3 anos
- $j_l = 0,0024837 \cdot (1 - 0,15)$
- $j_l = 0,21112\%$ por 3 anos
- $j_{lm} = (1 + 0,21112)^{1/3} - 1$
- $j_{lm} = 6,59302$ aa/a

Ψ Cálculo da taxa real da operação

- $i = (j - f)/(1 + f)$
- $i = (0,0659302 - 0,0385)/(1 + 0,0385)$

Λ $i = 2,64133\%$ aa/a

Exercício 194. *HSdiscovery* aplica um capital de $222.000,00 em uma instituição financeira pelo prazo de 3 anos. A aplicação rende IPCB mais 3% aa/a. Considerando que ao término do prazo foi obtido um rendimento de $1.710,00 e que o IPCB nos anos transcorridos foi de 4,1%, 2,8% e 2,95%, calcule o montante resgatado.

- $FV = PV \cdot (1 + i)^3 \cdot (1 + f_1) \cdot (1 + f_2) \cdot (1 + f_3)$
- $FV = 222.000 \cdot (1,03)^3 \cdot (1,041) \cdot (1,028) \cdot (1,0295)$

Λ $FV = \$267.260,54$

8
AVALIAÇÃO DE INVESTIMENTOS

A economia é o estudo de como utilizar os recursos limitados da sociedade para a satisfação de suas necessidades ilimitadas. Por sua vez, a engenharia econômica é o estudo de como os indivíduos ou a sociedade *escolhem* o modo de utilizar os recursos que a natureza e nossos antepassados nos deixaram de forma a maximizar seu benefício.

O pioneiro na utilização de princípios econômicos nos projetos de engenharia foi o Eng. *Arthur M. Wellington*, que no final de século XIX publicou o livro *The Economic Theory of Railway Location*[13], no qual incorporou as regras de análise econômica de projetos de ferrovias nos Estados Unidos.

Nos estudos de viabilidade, são essenciais os conceitos relativos ao *valor do dinheiro no tempo*. A engenharia econômica, através do emprego de princípios quantitativos e qualitativos, serve de ferramenta para tomada de decisão, e outras análises, nas seguintes questões:

---

[13] Wellington, Arthur M., *The Economic Theory of Railway Location*, Wiley & Sons, New York, 1887.

a) Escolha do melhor projeto para a alocação dos recursos limitados de uma empresa ou entidade pública;
b) Escolha do equipamento mais adequado para a execução de uma atividade, tanto em termos econômico-financeiros quanto no quesito técnico;
c) Escolha entre a utilização de unidades próprias ou terceirizadas para a execução das atividades de implantação, operação e manutenção de projetos;
d) Escolha do melhor momento para a substituição e/ou renovação dos bens de capital;
e) Escolha do lote econômico de compra dos insumos utilizados pelo projeto.

A engenharia econômica, por si só, não determina a melhor decisão. Ela fornece elementos quantitativos e qualitativos para aprimorar a tomada de decisão dos gestores.

8.1 Engenharia Econômica

A engenharia econômica estuda, através de um procedimento estruturado e de técnicas de modelagem matemática, as repercussões econômico-financeiras da realização de um investimento em projetos de engenharia. Esta abordagem pode ser feita sob o ponto de vista do investidor, da sociedade ou ainda de qualquer outro ente participante no processo, sem deixar de enfatizar a necessidade da viabilidade social, ambiental e técnica dos projetos.

> "Desenvolver projetos de forma a atender às exigências econômicas e fazer a operação de forma competitiva, tanto em projetos privados quanto no setor público, depende do equilíbrio prudente entre o que é viável no aspecto técnico e o que é aceitável no aspecto econômico. Infelizmente, não há atalho para alcançar esse equilíbrio entre viabilidade técnica e econômica. Os métodos de engenharia econômica devem, então, ser utilizados para obter resultados que ajudem a manter um balanço aceitável" (DEGARMO, et al., 1997 p. 24).[14]

A engenharia econômica é um conjunto de conhecimentos utilizados para quantificar e qualificar os resultados de um projeto de investimento, de forma a avaliar sua viabilidade econômico-financeira e apoiar a tomada de decisão sobre a sua aceitação ou recusa como oportunidade de investimento.

Ao desenvolver um estudo de viabilidade econômica de um projeto de investimento, devemos considerar os seguintes princípios na elaboração dos modelos de análise matemática:

1. *Desenvolver as alternativas que serão estudadas.* Um estudo de engenharia econômica envolve a identificação de uma demanda a ser atendida ou um problema a ser solucionado. Devemos identificar as diversas soluções

---

[14] Tradução do autor.

possíveis para o problema e os respectivos custos e receitas que vão compor o projeto de investimento, visando atender estas demandas. As alternativas *não viáveis* em virtude de questões econômicas, legais ou tecnológicas são descartadas; as alternativas *viáveis* encontradas deverão ser estruturadas para possibilitar sua análise e a escolha da melhor opção.

2. *Focar as diferenças entre as alternativas.* Quando estamos comparando alternativas para um mesmo problema, as condições que são comuns às alternativas não necessitam ser consideradas; devemos focar as diferenças entre elas, tanto em relação aos resultados esperados quanto em relação aos aspectos sociais e ambientais e de risco. A partir dos cenários focados nas diferenças, podemos fazer a análise e utilizar os resultados como base para a tomada de decisão.

3. *Utilizar um ponto de vista adequado.* São diversos os intervenientes impactados pela implantação de um projeto. Os resultados econômico-financeiros devem ser analisados sob um ponto de vista definido, do investidor, do financiador, etc., sem, entretanto, que deixemos de avaliar a repercussão sobre os demais intervenientes, por exemplo, a capacidade de pagamento dos consumidores ou os efeitos sociais e ambientais do projeto.

4. *Utilizar uma unidade de medida consistente que permita a comparação.* Na avaliação de dois processos alternativos de otimização da produção, podemos ter um que apresente uma economia de 500 horas na produção e outro que apresente uma redução de 15% no consumo de energia da produção. Para compará-los, precisamos convertê-los em uma unidade de medida comum. A moeda é a unidade de medida comum. Porém, além da própria moeda, devemos definir se vamos utilizar a moeda constante ou moeda corrente, e para comparar as alternativas precisamos referir os resultados a uma mesma data base. Isto simplificará a análise e permitirá a comparação direta dos resultados.

5. *Considerar todos os aspectos relevantes.* A tomada de decisões para a seleção da alternativa preferida requer o uso de diversos critérios. O processo de decisão deve considerar tanto os resultados quantitativos como outras análises mais subjetivas não possíveis de serem quantificadas. Estes eventos qualitativos devem ser claramente descritos e analisados de forma a serem considerados na tomada de decisão.

6. *Tornar o risco e a incerteza explícitos.* Devemos elencar os prováveis riscos, estabelecer cenários de variação coerentes e possíveis de ocorrer, e buscar os mecanismos que serão utilizados na mitigação dos riscos e incertezas associados às alternativas em estudo. Essa análise tem como base projeções sobre o futuro. Porém, como o futuro é incerto, os resultados reais obtidos serão sempre aproximações dos cenários analisados.

7. *Verificar as restrições de capital.* Sempre devemos verificar se existe disponibilidade de capital próprio ou de terceiros para a implantação de cada uma das alternativas analisadas.

8. *Monitorar e Revisitar as ações.* Prever ações de planejamento para monitorar e corrigir os desvios em relação ao programado. É também importante ter em

conta que a melhoria do processo de tomada de decisões surge de um processo evolutivo através da realimentação dos resultados obtidos em projetos anteriores. A aprendizagem, a partir da experiência, e a adaptação com base nela são processos essenciais que melhoram bastante a qualidade de um estudo de viabilidade.

Lembre-se de que, em último caso, sempre existe a alternativa de deixar tudo como está, ou seja, não implementar nenhuma das alternativas analisadas.

8.2 Análise de viabilidade econômico-financeira

O estudo de viabilidade econômico-financeira consiste em analisar um projeto de investimento e verificar sua capacidade de gerar riqueza aos empreendedores, bem como de ser capaz de captar os recursos para atender as necessidades de caixa ao longo de seu ciclo de vida.

Quando o projeto apresenta as condições para geração de riqueza, dizemos que ele tem viabilidade econômica. Porém, para um projeto se tornar realidade é necessário o investimento de capital. Um projeto será viável financeiramente quando existirem fontes de recursos, em quantidade e a um custo compatível com suas necessidades, e ele for capaz de repagar estes recursos captados. No processo de tomada de decisão, devemos considerar a disponibilidade de capital no presente e no futuro. O dinheiro é um recurso escasso, e há um preço — os juros — a ser pago pelo direito de dispor de seu poder liberatório.

É muito importante enfatizar que uma análise de viabilidade não pode se restringir aos aspectos econômico-financeiros; devemos considerar, de forma holística, todos os aspectos que estarão em constante interação com o projeto no decorrer de seu ciclo de vida. Como existe uma gama de fatores intervenientes, é necessário analisar objetivamente a viabilidade econômico-financeira das alternativas disponíveis, empregando as técnicas gerais de engenharia econômica, e considerando também as características específicas de cada projeto.

Para realizar estas análises, necessitamos do apoio da matemática financeira e de seus conceitos relativos ao valor do dinheiro no tempo. É uma prática comum discutir qual o melhor indicador de rentabilidade para comparar alternativas, mas na realidade cada um deles traz informações relevantes à tomada de decisão. Devemos, sim, realizar os estudos necessários para aprimorar a qualidade das informações disponíveis e considerar que os indicadores e os métodos de análise são complementares e que cada um identifica características distintas do projeto de investimento, de modo a incrementar a qualidade da tomada de decisão.

8.3 Projeção, Predição e Planejamento

Um conceito bastante aplicável foi discutido pelo Professor Ruy Leme em seu trabalho sobre a Projeção de Demanda:

"Fundamentalmente temos duas hipóteses diferentes no processo de previsão: (i) que o futuro é uma continuação do passado, (ii) que o futuro *não* é continuação do passado. A segunda hipótese, por sua vez, comporta duas alternativas: que as alterações que fazem o futuro diferir do passado estão sob nosso controle ou que não sejam controláveis. Desta forma, temos três possibilidades:

Hipótese 1: o futuro é uma continuação do passado, fazemos uma *projeção*.

Hipótese 2: o futuro será diferente do passado por causas fora de nosso controle, fazemos uma *predição*.

Hipótese 3: o futuro será diferente do passado por causas sob nosso controle, fazemos um *planejamento*" (LEME, 1967 p. 2).

O planejamento é mais que um plano executado no início das atividades; é a definição das decisões e ações a serem executadas em cada momento ao longo do ciclo de vida do projeto, de forma que seus objetivos sejam atingidos. O processo de planejamento é dinâmico e necessita estar em constante acompanhamento e sendo controlado de modo que as premissas programadas sejam atingidas. O planejamento, como aqui referido, é composto da programação, do controle e da constante realimentação, de forma que os desvios possam ser corrigidos tempestivamente.

A *programação* representa, a partir da realidade presente, a expectativa de realização futura para que os retornos estabelecidos sejam atingidos. O *controle* é o ato de verificar continuamente se as condições programadas estão sendo alcançadas. A *realimentação* é o processo de controle que consiste na indicação da necessidade de redefinir rumos ou recursos de forma a realmente possibilitar a consecução dos objetivos estabelecidos.

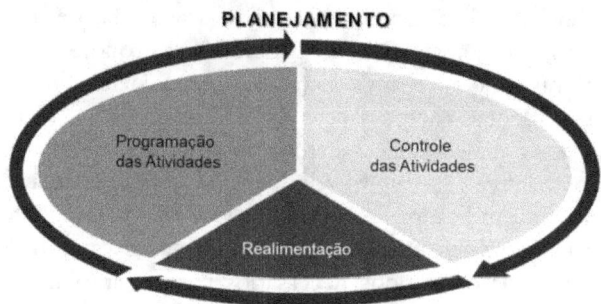

Figura 14 - Planejamento como um processo dinâmico

Ao fazer uma análise de viabilidade, é importante definirmos ações futuras que irão reforçar nossa atuação como planejadores, buscando assegurar que o comportamento futuro considerado no estudo de viabilidade efetivamente ocorra.

Um projeto tem qualidades intrínsecas. Não é a sua análise ou os métodos que são empregados que o tornarão mais ou menos qualificado, ou seja, a análise não torna o projeto viável; ela simplesmente identifica, ou melhor, indica sua possível viabilidade.

Ao fazer uma análise de viabilidade, podemos identificar os pontos fracos do projeto e buscar ações mitigatórias para corrigi-los, porém devemos ter sempre presente que a análise não é um fim e sim um meio. Um bom projeto de investimento, mesmo com uma má análise, sempre é melhor que um mau projeto de investimento com uma boa análise. Evidentemente, a identificação de um bom ou mau projeto só é possível através de uma análise bem elaborada. Mas cuidado: não estamos nos referindo à profundidade e ao detalhamento, e sim à razoabilidade das premissas e projeções.

8.4 Fluxo de caixa

O fluxo de caixa consiste em fazer o lançamento, no tempo, das futuras entradas e saídas financeiras do projeto de investimento. Uma das tarefas de maior importância na análise de investimento é elaborar as avaliações e *projeções* ou *predições* das distintas variáveis econômico-financeiras que compõem o projeto de investimento.

Os elementos necessários para a análise da viabilidade de um projeto — especificamente a projeção do fluxo de caixa, uma vez que estamos trabalhando com eventos futuros — contêm em sua essência riscos. Os valores considerados serão sempre estimativos, e nunca determinísticos ou absolutamente verdadeiros. A maioria das projeções são baseadas em opiniões e cálculos econométricos, porém a imprevisibilidade do comportamento futuro estará sempre presente. A qualidade da análise depende fundamentalmente da qualidade destas projeções e das ações de *planejamento* que vamos efetuar durante sua implantação.

8.5 Indicadores de rentabilidade

O estudo de viabilidade de um projeto deve buscar o maior número de informações possível para apoiar a tomada de decisão. O empreendedor deve procurar determinar, antes da tomada de decisão, se o projeto é viável do ponto de vista econômico-financeiro ou se deve ser descartado. Na análise de viabilidade de um projeto de investimento podemos calcular indicadores quantitativos para avaliar a viabilidade econômico-financeira, sendo os indicadores mais utilizados aqueles que consideram o valor do dinheiro no tempo.

Após a elaboração do fluxo de caixa do projeto, em que são consideradas as projeções de receitas, custos e os aspectos tributários, podemos calcular indicadores de rentabilidade, que permitem uma análise numérica do desempenho provável do projeto. Estes indicadores de rentabilidade ou métodos de análise são bastante difundidos e têm ampla aplicação. São eles:

a) Valor Presente Líquido *[VPL]*;
b) Valor Anual Equivalente *[VAE]*;
c) Taxa Interna de Retorno *[TIR]*;

d) Taxa Interna de Retorno Modificada *[TIRM]*;
e) *Payback [PB]*.

A análise de viabilidade é baseada em eventos que irão acontecer no futuro, em um ambiente no qual o tempo tem significado monetário. Uma das primeiras avaliações que devemos fazer é intrínseca ao empreendedor — devemos definir qual retorno o levaria a investir em um projeto. Evidentemente, estamos falando de uma parte isolada, mas ainda assim é a primeira referência a ser considerada para a análise de viabilidade. Desta forma, vamos determinar qual a taxa mínima que atrai o capital do investidor.

8.5.1 Taxa de atratividade e prazo de análise

Taxa Mínima de Atratividade (TMA)

Normalmente, trata-se de uma taxa de juros estabelecida pelos acionistas da empresa com o objetivo de definir a remuneração mínima necessária para um projeto ser capaz de atrair o investimento de seu capital.

Usualmente, a determinação da TMA está associada à política de aplicação de recursos e em sua definição é considerada uma série de critérios, entre eles:

a) A quantidade de capital disponível para investimento, suas fontes e seus custos;
b) A quantidade e tipologia dos projetos viáveis disponíveis para aplicação deste capital;
c) A sinergia do novo investimento com as atividades da empresa;
d) O risco perceptível associado às oportunidades disponíveis no mercado;
e) A capacidade de gerir os projetos a curto e longo prazo;
f) O horizonte de tempo do investimento;
g) Os objetivos do empreendedor;
h) O setor da economia em que o projeto está inserido.

Na hipótese de o empreendedor dispor dos recursos, outra forma de definir a taxa mínima de atratividade é através do custo de oportunidade, ou seja, da rentabilidade prevista da alternativa de investimento para os recursos no caso de estes não serem aplicados no projeto.

> "Ao se analisar uma proposta de investimento, deve ser considerado o fato de se estar perdendo a oportunidade de auferir retornos pela aplicação do mesmo capital em outros projetos. A nova proposta, para ser atrativa, deve render, no mínimo, a taxa de juros equivalente à rentabilidade das aplicações correntes e de pouco risco" (CASAROTTO Filho, et al., 1992 p. 108).

> "A TMA é, portanto, um custo de oportunidade em dois sentidos. O primeiro: os investidores têm oportunidades de investimento fora de qualquer empresa ou projeto. Investir em uma determinada empresa ou projeto implica em desistir da oportunidade de investir em outro lugar. O segundo: uma vez que uma empresa define uma TMA, investir em um determinado projeto implica

abrir mão da oportunidade de usar fundos da empresa para investir em outros projetos que pagam pelo menos a TMA" (FRASER, et al., 2013 p. 91).[15]

As bases para estabelecer uma estimativa da TMA são, em muitos casos, as taxas de aplicação e captação de recursos no mercado, como Selic, CDI e taxas vinculadas à inflação, e ainda as operações do tesouro direto.

Assim, o conceito de riqueza gerada deve levar em conta somente o excedente sobre aquilo que já se tem, isto é, o que será obtido além da aplicação do capital na TMA. Esse conceito bastante defendido pelos economistas é denominado lucro residual. Uma variação desse conceito de excedente o Valor Econômico Agregado ou *Economic Value Added* — EVA®[16].

Além de precisarmos definir o retorno esperado, temos que avaliar o prazo de duração ou de análise do projeto de investimento.

Ciclo de vida do projeto de investimento

O ciclo de vida de um projeto de investimento é o período de estudo no qual as alternativas serão analisadas. Estas devem ser compatíveis com a realidade do projeto e devem ter uma base comum de modo a permitir sua comparação. O ciclo de vida pode ser a vida econômica útil de um bem, ou seja, o prazo durante o qual este se mantém economicamente eficaz, sendo que um dos principais fatores de término da vida útil é a obsolescência. O ciclo de vida do projeto pode ser a própria duração contratual, ou, ainda, pode ser arbitrado em função da perspectiva de análise definida pelo investidor.

Na aplicação dos métodos de análise de investimento e no cálculo dos indicadores de rentabilidade, a taxa de juros normalmente é considerada constante ao longo de todo o ciclo de vida do projeto.

Definidos a taxa esperada e o prazo de análise, que são parâmetros do investidor externos ao projeto, podemos a partir do fluxo de caixa aplicar os métodos de avaliação da viabilidade econômico-financeira e determinar os indicadores de rentabilidade do projeto de investimento.

8.5.2 Valor Presente Líquido (VPL)

O *Valor Presente Líquido* é um método mais confiável de avaliação de viabilidade de um projeto de investimento, e consiste em calcular o valor presente dos fluxos de caixa futuros, descontados a uma taxa de desconto adequada que reflita o custo de capital da empresa ou a taxa de retorno exigida. Quanto maior a taxa de retorno considerada, menor será o Valor Presente Líquido do fluxo de caixa.

---

[15] Tradução do autor.

[16] KASSAI faz a conciliação entre VPL e EVA® (KASSAI, 2005).

O VPL é considerado, por muitos tomadores de decisão, um dos melhores indicadores da rentabilidade e o principal parâmetro para analisar a qualidade de projetos de investimento, uma vez que considera o valor do dinheiro no tempo, tem consistência matemática e o seu resultado é um valor monetário que indica a riqueza adicional absoluta gerada pelo projeto de investimento.

§ *Um **VPL positivo** significa que o projeto irá cobrir o investimento inicial, sua remuneração pela taxa de retorno esperada, e ainda irá gerar recursos adicionais. O VPL é a riqueza adicional para seus investidores ou o aumento do valor da empresa. Indica a provável viabilidade do projeto.*

§ *Um **VPL negativo** significa que o projeto não irá gerar recursos suficientes para cobrir o capital investido considerando a taxa de retorno exigida, ou seja, nesse caso diminui a riqueza dos investidores ou diminui o valor da empresa, indicando a provável inviabilidade do projeto.*

> "Observe-se que toda vez que se consegue investir uma taxa exatamente igual à taxa de atratividade, o valor presente do projeto como um todo é nulo. Um valor atual positivo indica, pois, que se está investindo a uma taxa superior à taxa de atratividade. O inverso ocorre para valores presentes negativos" (HESS, et al., 1985 p. 43).

O método do Valor Presente Líquido pode ser utilizado em duas situações que ocorrem na análise de investimentos.

a) Na comparação entre dois investimentos distintos: A análise é feita através da comparação entre os valores presentes líquidos das alternativas analisadas.
b) Na análise da viabilidade de um projeto de investimento: A análise verifica a suficiência das receitas do projeto para remunerar os custos do projeto e ainda gerar riqueza adicional atrativa para o investidor.

O método do Valor Presente líquido resulta em um valor monetário de fácil avaliação, porém apresenta as seguintes limitações:

a) Não avalia os riscos do projeto de investimento;
b) Não associa o resultado obtido ao prazo para sua obtenção e tampouco à sua efetiva data de realização;
c) Não identifica a quantidade de recursos demandada pelo projeto;
d) Não considera as restrições de recursos do investidor;
e) Não indica o grau de alavancagem do projeto.

O método do VPL apresenta dificuldades na comparação de alternativas de investimentos com vidas úteis distintas, sendo necessário simular repetições dos respectivos fluxos de caixa, uma ou mais vezes, ao fim dos ciclos de vida correspondentes, de modo a encontrar o mínimo múltiplo comum dos prazos das alternativas. Esse procedimento é denominado regra da cadeia.

Cálculo do VPL

Consiste em descapitalizar para a data inicial todas as entradas e saídas de caixa, utilizando a taxa de juros desejada. O VPL sempre estará associado à taxa adotada pelo investidor, à sua taxa mínima de atratividade ou à taxa de juros considerada adequada pelo mercado.

- $VPL(i) = -CF_0 \pm \frac{CF_1}{(1+i)^1} \pm \frac{CF_2}{(1+i)^2} \pm \frac{CF_3}{(1+i)^3} \pm \cdots \pm \frac{CF_n}{(1+i)^n}$

Onde:

- $VPL(i)$ = *Valor presente líquido calculado com a taxa de juros i;*
- i = *Taxa de juros utilizada no "desconto" do fluxo de caixa;*
- CF_0 = *Investimento inicial na data "0";*
- $CF_{1\ldots;n}$ = *Fluxo de caixa líquido referente a cada período;*
- n = *Duração do projeto ou prazo da análise.*

Assim como nos outros métodos, o VPL é calculado considerando o fluxo de caixa elaborado a partir de premissas e projeções do comportamento futuro das variáveis que compõem o projeto de investimento. À medida que o projeto avança em sua implantação e as premissas consideradas vão sendo corroboradas, sempre estando condicionado à TMA de cada investidor, o VPL vai adquirindo robustez e se aproximando do valor real de mercado do projeto e da efetiva riqueza gerada pelo projeto de investimento.

8.5.3 Valor Anual Equivalente

O método do *Valor Anual Equivalente*, também denominado *método do Custo Anual Uniforme Líquido*, consiste em homogeneizar o fluxo de caixa do projeto ao longo do seu ciclo de vida, por meio do cálculo de uma série uniforme equivalente. O *Valor Anual Equivalente* permite a comparação de alternativas de investimento com vidas econômicas diferentes, através da comparação do resultado por período de cada uma das alternativas. O período utilizado, dada a duração dos projetos, normalmente é o ano, mas podemos utilizar qualquer referência que faça sentido na análise.

O cálculo realizado consiste na determinação de uma série uniforme postecipada equivalente[17] ao valor presente líquido do fluxo de caixa de cada alternativa de investimento. O prazo considerado é igual à vida útil do

---

[17] Significa que tanto custos como receitas são considerados como ocorridos no final de cada período.

equipamento ou bem, utilizando-se a TMA como taxa de juros, ou, ainda, em alguns casos, a taxa específica da captação de recursos para o investimento[18].

Portanto, o VAE é uma série uniforme equivalente financeiramente ao fluxo de caixa previsto, distribuída ao longo do ciclo de vida da alternativa. O método converte a rentabilidade total estimada do projeto no indicador de rentabilidade de cada período.

O método, apesar de permitir a comparação de alternativas com vidas úteis econômicas distintas, apresenta as mesmas limitações do valor presente líquido.

Cálculo do VAE

O cálculo é feito pela transformação do Valor Presente Líquido em parcelas iguais, considerando o prazo de vida útil do investimento, equipamento ou bem em análise.

- $VAE = VPL \cdot \left[\dfrac{i \cdot (1+i)^n}{(1+i)^n - 1} \right]$

- $VAE = \dfrac{VPL}{fvp(i\%; n)}$

Onde:

- VAE = Valor líquido por período durante o ciclo de vida do projeto;
- i = Taxa específica para o projeto em análise ou a TMA;
- VPL = Valor presente líquido do projeto.

O método pressupõe que as alternativas de menor duração ao término de sua vida útil sejam substituídas por outras idênticas, desta forma dando continuidade à geração de riqueza. O surgimento ou a existência de fatores que alterem esta premissa podem afetar a avaliação dos resultados obtidos.

8.5.4 Taxa interna de retorno (TIR)

O método da taxa interna de retorno é, provavelmente, o método mais utilizado para avaliação de projetos de investimento. Consiste na determinação da taxa de juros que, aplicada ao fluxo de caixa, resulta num valor presente líquido igual a zero, ou seja, é a taxa de juros que torna equivalente os fluxos positivos das receitas aos fluxos negativos dos custos de um determinado investimento.

> "Com a TIR, tentamos encontrar uma única taxa de retorno que resuma os méritos de um projeto. Além disso, queremos que essa taxa seja uma taxa

---

[18] Em alguns casos as alternativas podem ter taxas diferenciadas de financiamento, em função de linhas de crédito específicas para determinada origem ou tipo de equipamento, produto ou projeto em estudo.

"interna", no sentido de que dependa apenas dos fluxos de caixa de determinado investimento, e não das taxas oferecidas em outro lugar" (ROSS, et al., 2013 p. 294).

A taxa interna de retorno é intrínseca a cada projeto e indica a expectativa máxima de rentabilidade do capital investido neste projeto, isto é, determina o limite de lucratividade do projeto.

Na avaliação da viabilidade do projeto, podemos comparar o resultado obtido no cálculo da taxa interna de retorno do projeto com a taxa mínima de atratividade esperada pelo investidor, e neste caso teremos dois cenários:

a) A TIR é superior à TMA, o que significa que o projeto tem capacidade para remunerar adequadamente o capital investido, e isso indica sua possível viabilidade.

b) A TIR é inferior à TMA, o que significa que o projeto não tem capacidade para remunerar o capital investido com o valor esperado pelo investidor, e isso indica sua provável inviabilidade.

Alguns cuidados na interpretação devem ser tomados na utilização da TIR. Os principais problemas são:

a) O método pressupõe que os fluxos de caixa negativos sejam financiados pela TIR;

b) O método considera que todo excedente de caixa é reinvestido à própria TIR (i%). Contudo, os excedentes de caixa do projeto normalmente são reinvestidos a taxas menores que a TIR;

c) Quando o fluxo de caixa do projeto apresentar alternância entre períodos de resultados positivos e negativos (*fluxo não convencional*[19]), teremos mais de uma TIR, resultando em tantos valores quantas forem as inversões de sinal.

Cálculo da TIR

O cálculo da TIR, antes das calculadoras financeiras, era feito por tentativas e interpolações. Atualmente, ele pode ser feito, com muita facilidade, por meio de uma calculadora financeira ou de um software de planilha eletrônica.

A TIR é dada pela resolução da seguinte equação:

- $0 = CF_0 \pm \frac{CF_1}{(1+TIR)^1} \pm \frac{CF_2}{(1+TIR)^2} \pm \frac{CF_3}{(1+TIR)^3} \pm \cdots \pm \frac{CF_n}{(1+TIR)^n}$

- $\sum_{k=0}^{n} \left[\frac{CF_k}{(1+TIR)^k} \right] = 0$

---

[19] Um fluxo de caixa convencional é aquele em que ocorrem inicialmente os investimentos e posteriormente as receitas, e ele apresenta apenas uma troca de sinal. Os fluxos que apresentam alternância entre investimentos e receitas e mais de uma troca de sinal são ditos não convencionais.

Onde:

- TIR = *Taxa interna de retorno;*
- CF_k = *fluxo de caixa líquido referente ao período k, com valor positivo para receitas e negativo para custos;*
- n = *prazo do horizonte de análise do projeto.*

O método da TIR deve ser cuidadosamente aplicado e interpretado, especialmente quando envolve a comparação de alternativas mutuamente exclusivas, em que devemos sempre atentar para o VPL e analisar a TIR incremental, como tratado no item 8.7 abaixo.

8.5.5 Taxa Interna de Retorno Modificada (TIRM)

Podemos fazer algumas *'modificações'* na forma de cálculo da TIR na tentativa de eliminar algumas de suas falhas, ou seja, o problema do financiamento de capital e do reinvestimento dos lucros, bem como da possibilidade de existirem múltiplas soluções para a TIR, ou de inexistir uma solução real.

A taxa interna de retorno modificada, também chamada de taxa externa de retorno, é determinada por meio da descapitalização dos investimentos (negativos) para o início dos fluxos de caixa, utilizando-se uma taxa de financiamento compatível com as taxas de mercado, e os fluxos de caixa de receitas (positivos) são capitalizados para o fim do fluxo de caixa, utilizando-se uma taxa de reinvestimento também compatível com as taxas de mercado.

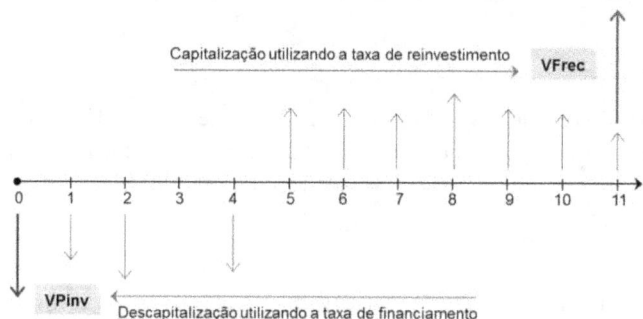

Figura 15 - Processo de cálculo da TIRM

A TIRM (ou MTIR, a sigla em inglês) é a taxa de juros que torna equivalentes o Valor presente e o Valor futuro assim calculados.

- $TIRM = \left(\dfrac{VF_{rec}}{VP_{inv}}\right)^{1/n} - 1$

O método da taxa interna de retorno modificada tem como desvantagem a necessidade de determinar duas taxas de juros adicionais, a taxa de financiamento e a taxa de reinvestimento, ou seja, não se trata de uma taxa interna intrínseca ao projeto.

a) Taxa de financiamento: no período inicial o projeto necessita recursos que serão financiados através da estrutura de capital. A taxa de financiamento é definida a partir desta premissa;
b) Taxa de reinvestimento: no momento em que o projeto passar a contar com excedente de caixa, devemos definir a que taxa de juros será possível investir estes recursos.

As vantagens do método da TIRM sobre o método da TIR são:

a) Apresenta uma solução única, independe do tipo de fluxo de caixa, soluciona o problema dos múltiplos resultados;
b) Não apresenta o problema do reinvestimento, uma vez que a taxa de reinvestimento é considerada no cálculo da TIRM.

Cálculo da Taxa Interna de Retorno Modificada

A TIRM é calculada de acordo com os seguintes passos:

a) Os valores líquidos das saídas de caixa são descontados para o presente (tempo 0) utilizando-se a taxa de juros de financiamento;
b) Os valores líquidos das entradas de caixa são capitalizados para o período "t", final do projeto, utilizando-se a taxa de juros de reinvestimento;
c) A Taxa Interna de Retorno Modificada (TIRM) é a taxa que verifica a equivalência entre o valor presente das saídas de caixa e o valor futuro das entradas de caixa, determinados de acordo com os critérios acima.

$$-\sum_{k=0}^{t} \frac{CF_k^-}{\left(1 + i_{finan}\right)^k} \cdot (1 + TIRM)^t = \sum_{k=0}^{t} CF_k^+ \cdot (1 + i_{reinv})^{t-k}$$

Onde:

- $TIRM$ = *taxa interna de retorno modificada;*
- CF_k^+ = *fluxos de caixa positivos (receita > despesas) no período k;*
- CF_k^- = *fluxos de caixa negativos (receita < despesas) no período k;*
- t = *tempo de vida do projeto ou período de estudo.*

Em seu artigo sobre a conciliação entre o VPL e o EVA®, Kassai faz um alerta sobre esta metodologia de cálculo da TIRM.

"Recomenda-se estar alerta quanto ao ajuste dos fluxos negativos, pois, na opinião deste autor, não é devida, por distorcer os resultados. Quando se *diminui* a taxa de financiamento (*TF*), por exemplo, *aumenta-se* o valor ajustado dos investimentos e, como consequência, há uma *redução* da TIRM. O simples bom senso indica que esse raciocínio não está correto; quando se consegue *reduzir* os custos de financiamento de um determinado investimento, isso provoca um *aumento* nos resultados, e não uma *redução*" (KASSAI, 2005 p. 7).

Outra modificação possível é a utilização da TMA no lugar de ambas as taxas, de financiamento e de reinvestimento, simplificando a necessidade de definições de taxas para o cálculo do indicador.

A TIRM, na realidade, não representa somente o projeto, pois depende da taxa de financiamento e da taxa de reinvestimento ou da TMA de cada empresa, ou seja, ela representa a integração do projeto com uma entidade promotora específica. Desta forma, o nome taxa "externa" de retorno talvez seja o mais adequado.

8.5.6 Prazo de recuperação do capital investido (Payback)

O *payback* é o método formal mais antigo utilizado na avaliação de projetos de investimento de capital. Trata-se de uma maneira simples e objetiva de avaliação de investimento, pois ele permite verificar se um projeto tem a capacidade de recuperar o capital investido e determinar em quanto tempo isto acontece. O *payback* é o tempo necessário para que o fluxo de caixa líquido acumulado do projeto se torne positivo, sendo um método que não considera o valor do dinheiro no tempo.

O *payback* está relacionado ao tempo: quanto maior for o horizonte de tempo para a recuperação do investimento, maior será o grau de incerteza. Deste modo, projetos de investimento com menor prazo de retorno apresentam maior liquidez e, consequentemente, menor exposição ao risco.

No caso de projetos em que a variabilidade do sistema, ou, ainda, o fluxo de caixa apresenta variáveis sensíveis a fatores externos, o fator tempo é considerado crítico na análise do investimento. Em projetos que apresentam estas características, a avaliação do tempo de retorno aumenta sensivelmente em importância.

O *payback* como indicador da viabilidade de investimentos apresenta as seguintes limitações:

a) Prioriza a liquidez e o curto prazo;
b) Não quantifica o retorno real do projeto de investimento;
c) Não avalia o volume de recursos a ser aplicado no projeto;
d) Não analisa os riscos associados à implantação do projeto;
e) Não avalia os fluxos de caixa posteriores a sua ocorrência.

O método do *payback* deve ser sempre utilizado na análise de investimento, não como um indicador isolado, mas sim como apoio à tomada de decisão e principalmente quando a variabilidade e a obsolescência forem fatores importantes na consideração de risco.

Fatores intrínsecos a cada setor econômico caracterizam maior ou menor risco. Por exemplo, no setor de informática temos rápida obsolescência; já no setor energético temos mais estabilidade. Portanto, no setor de informática deveríamos trabalhar com prazos de recuperação de capital menores que no setor energético.

Cálculo do Payback

O *payback* é determinado pela alteração de sinal do fluxo de caixa acumulado do projeto de investimento, de negativo para positivo.

$$- \quad n \mid \sum_{k=0}^{n} CF_k \geq 0$$

Onde:

- n = *Prazo em que o fluxo de caixa acumulado se torna positivo;*
- CF_k = *fluxo de caixa líquido referente ao período k.*

8.5.7 Payback descontado (payback modificado)

O cálculo do *payback* pode também ser feito considerando o valor do dinheiro no tempo, a partir da determinação do tempo necessário para a recuperação do capital devidamente remunerado pela taxa mínima de atratividade (TMA) definida pelo investidor ou pelo custo do capital a ser empregado no projeto.

Cálculo do Payback descontado

É o cálculo do prazo necessário para que o valor presente dos desembolsos, fluxos de caixa de saída, seja equivalente ao valor presente do fluxo das entradas, considerando a taxa mínima de atratividade ou o custo de capital; ou, ainda, o prazo em que o fluxo de caixa descapitalizado acumulado se torna positivo.

$$n \mid \sum_{k=0}^{n} \frac{CF_k}{(1 + i)^k} \geq 0$$

Onde:

- n = *Prazo em que o fluxo de caixa acumulado, considerando uma taxa de desconto, torna-se positivo;*
- i = *Taxa de juros de remuneração do capital;*
- CF_k = *fluxo de caixa líquido referente ao período k.*

O *payback* descontado continua simples e ainda soluciona o problema do valor do dinheiro no tempo, sendo uma análise um pouco mais elaborada que o *payback* original, porém as demais falhas persistem.

8.6 Funções do Excel® para análise de investimentos

8.6.1 VPL

Calcula o valor presente líquido de um fluxo de caixa, utilizando a taxa de juros e uma série de pagamentos (valores negativos) e receitas (valores positivos).

❖ Sintaxe: **VPL**(*taxa; valor1; valor2; ...*)

Taxa: Necessário. A taxa de juros por período em decimais ou com o operador "%". É possível ainda utilizar uma fórmula para determinar a taxa.

Valor1; valor2; ...: são argumentos de 1 a 254 que representam os pagamentos e/ou receitas. O intervalo de tempo entre eles deve ser o mesmo e eles devem ocorrer ao final de cada período. Argumentos são números, células vazias, valores lógicos ou representações em forma de texto de números são contados; os argumentos que são valores de erro ou texto que não podem ser traduzidos em números são ignorados. Se um argumento for uma matriz ou referência, apenas os números da matriz ou referência serão contados. Células vazias, valores lógicos, valores de texto ou de erro na matriz ou referência são ignorados.

❖ Comentários

O fluxo de caixa do VPL se inicia um período antes da data do primeiro valor1 e termina na data do último valor da lista. O cálculo de VPL baseia-se em fluxos de caixa futuros. Se o seu primeiro movimento de caixa ocorrer no início do primeiro período, o primeiro valor deverá ser somado ao resultado de VPL, e não aos valores de argumentos.

A função VPL assemelha-se à função VP (valor presente). A principal diferença entre VP e VPL é que a primeira permite que os fluxos de caixa comecem no final ou no início do período, ao passo que a segunda trabalha com termos variáveis.

Se n for o número de fluxos de caixa na lista de valores, a fórmula para VPL será:

$$- \ VPL = \sum_{k=1}^{n} \frac{Valor_k}{(1 + taxa)^k}$$

A fórmula para cálculo do valor presente líquido sempre descapitaliza todos os termos do fluxo de caixa, o primeiro 1 mês *(k = 1)*, o segundo dois meses e assim sucessivamente. Assim, no caso de termos um investimento inicial na data 0 ou no início do primeiro período, devemos simplesmente somar o seu valor na data 0. A fórmula do VPL quando há um investimento inicial é:

VPL(*taxa; valor1; valor2; ...*) + CF_0

Onde normalmente o CF_0 é um desembolso, ou seja, um valor negativo.

8.6.2 TIR

Retorna a taxa interna de retorno de uma sequência de fluxos de caixa representada pelos números em valores. Estes fluxos de caixa não precisam ser iguais, como no caso de uma série uniforme. Entretanto, eles devem ser feitos em intervalos regulares, como mensalmente ou anualmente.

* Sintaxe: **TIR**(*valores; estimativa*)

Valores: Obrigatório. Uma matriz ou uma referência a células que contêm números cuja taxa interna de retorno se deseja calcular. Para se calcular a taxa interna de retorno, os Valores devem conter pelo menos um valor positivo e um negativo. Se uma matriz ou argumento de referência contiver texto, valores lógicos ou células em branco, estes valores serão ignorados.

Estimativa: Obrigatório. Um número que se estima ser próximo do resultado de TIR. Se TIR fornecer o valor de erro #NÚM!, ou se o resultado não for próximo do esperado, tente novamente com um valor diferente para a estimativa. O Microsoft Excel® usa uma técnica iterativa para calcular TIR. Começando pela estimativa, TIR refaz o cálculo até o resultado ter uma precisão de 0,00001%. Se TIR não puder localizar um resultado que funcione depois de 20 tentativas, o valor de erro #NÚM! será retornado. Na maioria dos casos, não é necessário fornecer estimativa para o cálculo de TIR. Se a estimativa for omitida, será considerada 0,1 (10%).

* Comentários

A TIR está intimamente relacionada com VPL, a função do valor presente líquido. A taxa de retorno calculada com a função TIR é a taxa de juros correspondente a um valor presente líquido igual a zero. A seguinte fórmula demonstra como VPL e TIR estão relacionados:

VPL(TIR(*fluxo de caixa*); *fluxo de caixa*) é igual a 1,79E-09

(Com a precisão do cálculo TIR, o valor é, na verdade, 0)

8.6.3 MTIR

Retorna a taxa interna de retorno modificada para uma série de fluxos de caixa periódicos. MTIR considera o financiamento dos investimentos e a remuneração das receitas com taxas distintas.

❖ Sintaxe: **MTIR** (*valores; taxa_financ; taxa_reinvest*)

Valores: Obrigatório. Uma matriz ou referência a células que contêm números. Estes números representam uma série de pagamentos (valores negativos) e receitas (valores positivos) que ocorrem em períodos regulares. Para se calcular a taxa interna de retorno modificada, os Valores devem conter pelo menos um valor positivo e um negativo. Caso contrário, MTIR retornará o valor de erro #DIV/0!. Se um argumento de referência ou matriz contiver texto, valores lógicos, ou células vazias, estes valores serão ignorados; no entanto, as células com valor nulo serão incluídas.

Taxa_financ: Obrigatório. A taxa de juros paga sobre o dinheiro usado nos fluxos de caixa.

Taxa_reinvest: Obrigatório. A taxa de juros recebida nos fluxos de caixa ao reinvesti-los.

❖ Comentários

MTIR utiliza a ordem de valores para interpretar a ordem de fluxos de caixa. Certifique-se de inserir os valores de pagamento e renda na sequência desejada e com os sinais corretos (valores positivos para quantias recebidas, valores negativos para quantias pagas).

Se n for o número de fluxos de caixa, taxa (*if*) for a taxa_financ e taxa (*ir*) for a taxa_reinvest, então a fórmula para MTIR será:

$$- \quad MTIR = \left(\frac{-VPL(ir; valores\ (positivos) \cdot (1+ir)^n)}{VPL(if; valores(negativos) \cdot (1+if))} \right)^{\frac{1}{n-1}} - 1$$

8.6.4 XTIR

Fornece a taxa interna de retorno para um programa de fluxos de caixa que não é necessariamente periódico. Para calcular a taxa interna de retorno para uma sequência de fluxos de caixa periódicos, use a função TIR.

Ψ Se esta função não estiver disponível, execute o Programa de Instalação para instalar as Ferramentas de análise. Após instalar as Ferramentas de análise, é necessário ativá-las selecionando o comando Suplementos no menu Ferramentas.

❖ Sintaxe: **XTIR** (*valores; datas; [estimativa]*)

Valores: Obrigatório. Uma sequência de fluxos de caixa que corresponde a um cronograma de pagamentos em distintas datas. O primeiro pagamento corresponde a um movimento de caixa que ocorre no início do investimento. Se o primeiro valor for um custo ou pagamento, ele deverá ser negativo. Todos os pagamentos subsequentes são descontados com base em um ano de 365 dias. A série de valores deve conter pelo menos um valor positivo e um negativo.

Datas: Obrigatório. Um cronograma de datas de desembolsos que corresponde aos movimentos do fluxo de caixa. As datas podem ocorrer em qualquer ordem. Elas devem ser inseridas por meio da função DATA ou como resultado de outras fórmulas ou funções. Por exemplo, use DATA(2008;5;23) para 23 de maio de 2008. Poderão ocorrer problemas se as datas forem inseridas como texto.

Estimativa: Opcional. Um número que você supõe que esteja próximo do resultado de XTIR.

❖ Comentários

Os números em datas são truncados para inteiros.

XTIR exige no mínimo um fluxo de caixa positivo e um fluxo de caixa negativo; caso contrário, XTIR retornará o valor de erro #NÚM!.

Se algum número em datas não for uma data válida, XTIR retornará o valor de erro #NÚM!.

Se algum número em datas anteceder a data inicial, XTIR retornará o valor de erro #NÚM!.

Se valores e datas contiverem um número de valores diferente, XTIR retornará o valor de erro #NÚM!.

Na maioria dos casos, você não precisará informar uma estimativa para o cálculo de XTIR. Se for omitida, estimativa será equivalente a 0,1 (10%).

XTIR está diretamente relacionada a XVPL, função do valor presente. A taxa de retorno calculada pelo XTIR é a taxa de juros correspondente a XVPL = 0.

O Microsoft Excel® usa uma técnica iterativa para calcular XTIR. Adotando uma taxa mutável (começando por estimativa), XTIR refaz os cálculos até que o resultado tenha uma precisão de 0,000001%. Se XTIR não puder encontrar um resultado que funcione depois de 100 tentativas, a função irá retornar o valor de erro #NÚM!. A taxa será alterada até que:

$$- \quad 0 = \sum_{j=1}^{n} \frac{P_j}{(1 + XTIR)^{\frac{(d_j - d_1)}{365}}}$$

Onde:
d_i = a data de pagamento i, ou último;
d_1 = a data de pagamento 0;
P_i = o pagamento i, ou último.

Exercício 195. Considere um investimento que exija o pagamento à vista de $10.000 em 1º de janeiro de 2100, e retorne $2.750 em 1º de março, $4.250 em 30 de outubro, $3.250 em 15 de fevereiro e $2.750 em 1º de abril de 2101. A taxa interna de retorno (no sistema de data 1900) é:

— =XTIR({-10000; 2750; 4250; 3250; 2750}; {"1/1/2100"; "1/3/2100"; "30/10/2100"; "15/2/2101"; "1/4/2101"}; 10%)

	A	B	C	D
1	−$10.000,00	01/01/2100	Taxa Interna de Retorno	
2	$2.750,00	01/03/2100		
3	$4.250,00	30/10/2100	Estimativa	10%
4	$3.250,00	15/02/2101		
5	$2.750,00	01/04/2101		
6			=XTIR(A1:A5;B1:B5; D3)	
7	XTIR=	37,49% ao ano		

⋀ XTIR é igual a 0,37486 ou 37,486% ao ano

8.6.5 XVPL

Retorna o valor presente líquido de um programa de fluxos de caixa que não é necessariamente periódico. Para calcular o valor presente líquido para uma sequência de fluxos de caixa que é periódica, use a função VPL.

❖ Sintaxe: **XVPL**(*taxa; valores; datas*)

Taxa: é a taxa de juros a ser aplicada ao fluxo de caixa.

Valores: Obrigatório. Uma sequência de fluxos de caixa que corresponde a um cronograma de pagamentos em distintas datas. O primeiro pagamento corresponde a um movimento de caixa que ocorre no início do investimento. Se o primeiro valor for um custo ou pagamento, ele deverá ser negativo. Todos os pagamentos subsequentes são descontados com base em um ano de 365 dias. A série de valores deve conter pelo menos um valor positivo e um negativo.

Datas: Obrigatório. Um cronograma de datas de desembolsos que corresponde aos movimentos do fluxo de caixa. As datas podem ocorrer em qualquer ordem. Elas devem ser inseridas por meio da função DATA ou como resultado de outras fórmulas ou funções. Por exemplo, use DATA(2008;5;23) para 23 de maio de 2008. Poderão ocorrer problemas se as datas forem inseridas como texto.

❖ Comentários

Os números em datas são truncados para inteiros.

Se algum argumento não for numérico, XVPL retornará o valor de erro #VALOR!.

Se algum número em datas não for uma data válida, XVPL retornará o valor de erro #NÚM!.

Se algum número em datas anteceder a data inicial, XVPL retornará o valor de erro #NÚM!.

Se valores e datas contiverem um número de valores diferente, XVPL retornará o valor de erro #NÚM!.

XVPL é calculado da seguinte forma:

$$- \quad XVPL = \sum_{j=1}^{n} \frac{P_j}{(1 + taxa)^{\frac{(d_j-d_1)}{365}}}$$

Onde:

d_j = a data de pagamento j, ou último;

d_1 = a data de pagamento 0;

Pj = o pagamento j, ou último.

Ψ A função XVPL não apresenta a mesma discrepância da VPL. Essa função já calcula o valor presente líquido na data de referência do primeiro movimento de caixa em ordem cronológica.

Exercício 196. Considere um investimento nas seguintes condições: pagamento à vista de $10.000 em 1º de janeiro de 2100, e retorno de $2.750 em 1º de março, $4.250 em 30 de outubro, $3.250 em 15 de fevereiro de 2101 e $2.750 em 1º de abril. Suponhamos que os fluxos de caixa sejam descontados à taxa de 9%. O valor presente é:

- =XVPL(0,09; {-10000; 2750; 4250; 3250; 2750}; {"1/1/2100"; "1/3/2100"; "30/10/2100"; "15/2/2101"; "1/4/2101"})

	A	B	C	D
1	−$10.000,00	01/01/2100	Valor presente Líquido	
2	$2.750,00	01/03/2100		
3	$4.250,00	30/10/2100	Taxa de Juros	9%
4	$3.250,00	15/02/2101		
5	$2.750,00	01/04/2101		
6			=XVPL(D3;A1:A5;B1:B5)	
7		XVPL=	$2.089,50	

Λ XVPL = $2.089,50

8.7 Fluxo incremental entre projetos mutuamente exclusivos

Dois ou mais projetos de investimento são ditos eventos mutuamente exclusivos se, ao escolher um deles, necessariamente vamos descartar o outro. A escolha pode se dar por razões técnicas, como na comparação da compra de equipamentos entre fornecedores diferentes, na comparação entre duas rotas tecnológicas para utilização no projeto, ou ainda na comparação entre compra, aluguel ou reforma de um equipamento; ou podemos ter uma causa econômica, como a restrição de recursos, que não permite empreender em mais de uma das alternativas. Neste tipo de situação, quando as alternativas demandam diferentes quantidades de recursos, podemos ter resultados aparentemente discrepantes entre os métodos do valor presente líquido e da taxa interna de retorno, sendo necessário analisar o fluxo incremental entre as alternativas para poder determinar a melhor alternativa de investimento.

Ao fazer a análise, nos deparamos com o seguinte cenário: ambas as alternativas apresentam VPL positivo e a TIR acima da TMA; a TIR do projeto de menor investimento é melhor, porém não se sabe o que será feito com os recursos não utilizados, que a princípio continuarão aplicados à TMA. Aqui cabe uma observação: caso não existam os recursos, da mesma forma deixamos de captar um recurso à TMA e aplicá-lo no projeto com o qual poderíamos obter uma maior rentabilidade.

Para fazer esta análise teremos que fazer o fluxo de caixa incremental, que é a diferença entre o fluxo de caixa da alternativa de maior investimento e o da de menor investimento. Efetuada esta operação, vamos calcular a TIR do fluxo incremental. No caso de esta TIR incremental ser ainda superior à TMA, teremos a indicação de que é possível obter riqueza com o valor adicional aplicado no projeto de maior investimento.

Desta forma, para fazer a análise incremental devemos:

a) Descartar as alternativas com VPL menor que zero ou TIR inferior à TMA;
b) Identificar as alternativas que apresentam discrepância entre os indicadores do VPL e da TIR;
c) Ordenar estas alternativas do maior valor de investimento para o menor;
d) Estabelecer como alternativa base a de maior investimento;
e) Fazer o fluxo de caixa incremental obtido pela diferença entre o fluxo de caixa da alternativa de maior investimento e o fluxo de caixa da alternativa seguinte;
f) Verificar se a TIR do fluxo incremental resultante é superior à TMA;
g) Se houver mais alternativas, repetir o procedimento até encontrar a situação que maximize a rentabilidade do volume total do Capital a ser investido;
h) Caso a TIR do fluxo incremental seja igual à TMA, estaremos na situação de indiferença entre as alternativas comparadas, e teremos que analisar os demais indicadores de apoio à tomada de decisão.

Nas análises de viabilidade em que existem alternativas mutuamente exclusivas, o erro mais comum é justamente não fazer a análise do fluxo incremental, e escolher a alternativa que apresentar a maior TIR sem considerar a análise da alocação da diferença entre os valores a serem investidos. Em projetos mutuamente exclusivos, a análise incremental deve ser feita conjuntamente com o método da taxa interna de retorno, de modo a assegurar que a melhor alternativa seja selecionada.

Exercício 197. Um equipamento cujo preço é de $1.500.000,00 produz uma receita líquida por 12 anos de $280.000,00 por ano. Um equipamento similar de outro fornecedor tem as seguintes características: seu preço é de $690.000,00 e ele produz durante 9 anos uma receita líquida anual de $160.000,00. O comprador adota uma TMA de 5% aa/a. Qual a melhor alternativa de investimento?

n	Alternativa (1)			
	Investimento	Receita	Fluxo de caixa	FC Ac. Desc.
0	−1.500.000		−1.500.000	−1.500.000
1		280.000	280.000	−1.233.333
2		280.000	280.000	−979.365
3		280.000	280.000	−737.491
4		280.000	280.000	−507.134
5		280.000	280.000	−287.747
6		280.000	280.000	−78.806
7		280.000	280.000	120.185
8		280.000	280.000	309.700
9		280.000	280.000	490.190
10		280.000	280.000	662.086
11		280.000	280.000	825.796
12		280.000	280.000	981.710

n	Alternativa (2)				Fluxo Increm. (A-B)
	Investimento	Receita	Fluxo de caixa	FC Ac. Desc.	
0	−690.000		−690.000	−690.000	−810.000
1		160.000	160.000	−537.619	120.000
2		160.000	160.000	−392.494	120.000
3		160.000	160.000	−254.280	120.000
4		160.000	160.000	−122.648	120.000
5		160.000	160.000	2.716	120.000
6		160.000	160.000	122.111	120.000
7		160.000	160.000	235.820	120.000
8		160.000	160.000	344.114	120.000
9		160.000	160.000	447.251	120.000
10					280.000
11					280.000
12					280.000

Ψ Alternativa (1)   Ψ Alternativa (2)

- Vida útil = 12 anos   − Vida útil = 9 anos
- nd(1) = 7 anos   − nd(2) = 5 anos
- VPL(1) = 981.710, 46   − VPL(2) = 447.251,47
- TIR(1) = 15,28% aa/a   − TIR(2) = 17,93% aa/a

Ψ Fluxo incremental

- VPL(A−B) = 534.458,99
- TIR(A−B) = 13,60% aa/a

  Λ *A TIR da alternativa (2) é maior, porém a TIR incremental ainda é superior à TMA, portanto a melhor opção é a alternativa (1)*

Exercício 198. Na análise para a substituição de uma unidade laminadora de uma indústria siderúrgica, são consideradas três alternativas: a primeira é uma melhoria da unidade instalada; a segunda e a terceira são a compra de nova unidade, que deve ser escolhida entre um ou outro fornecedor. Cada alternativa tem os fluxos de caixa apresentados na tabela abaixo. Considerando o horizonte de planejamento de 25 anos e a TMA de 6% aa/a, verifique qual é a melhor solução para a substituição.

Anos	Melhoria		Nova Unidade (1)		Nova Unidade (2)	
	Custo	Receita	Custo	Receita	Custo	Receita
0	−30.000	0	−100.000	0	−80.000	0
1 - 10	0	7.000	0	12.000	0	11.000
11 - 20	0	5.600	0	10.800	0	10.120
21 - 25	0	4.480	0	9.720	0	9.310

Ψ Fazendo o fluxo de caixa e calculando os indicadores financeiros de cada alternativa

Ano	Melhoria		Compra 1		Compra 2		Incremental
	FD(1)	FCDAc (1)	FD(2)	FCDAc (2)	FD(3)	FCDAc (3)	FC (3 - 1)
0	−30.000	−30.000	−100.000	−100.000	−80.000	−80.000	−50.000
1	7.000	−23.396	12.000	−88.679	11.000	−69.623	4.000
2	7.000	−17.166	12.000	−77.999	11.000	−59.833	4.000
3	7.000	−11.289	12.000	−67.924	11.000	−50.597	4.000
4	7.000	−5.744	12.000	−58.419	11.000	−41.884	4.000
5	7.000	−513	12.000	−49.452	11.000	−33.664	4.000
6	7.000	4.421	12.000	−40.992	11.000	−25.909	4.000
7	7.000	9.077	12.000	−33.011	11.000	−18.594	4.000
8	7.000	13.469	12.000	−25.482	11.000	−11.692	4.000
9	7.000	17.612	12.000	−18.380	11.000	−5.181	4.000
10	7.000	21.521	12.000	−11.679	11.000	961	4.000
11	5.600	24.471	10.800	−5.990	10.120	6.292	4.520
12	5.600	27.254	10.800	−622	10.120	11.321	4.520
13	5.600	29.879	10.800	4.441	10.120	16.066	4.520
14	5.600	32.356	10.800	9.218	10.120	20.542	4.520
15	5.600	34.693	10.800	13.724	10.120	24.765	4.520
16	5.600	36.897	10.800	17.976	10.120	28.749	4.520
17	5.600	38.977	10.800	21.987	10.120	32.507	4.520
18	5.600	40.939	10.800	25.770	10.120	36.052	4.520
19	5.600	42.790	10.800	29.340	10.120	39.397	4.520
20	5.600	44.536	10.800	32.707	10.120	42.552	4.520
21	4.480	45.853	9.720	35.566	9.310	45.291	4.830
22	4.480	47.097	9.720	38.264	9.310	47.875	4.830
23	4.480	48.270	9.720	40.808	9.310	50.312	4.830
24	4.480	49.376	9.720	43.209	9.310	52.612	4.830
25	4.480	50.420	9.720	45.474	9.310	54.781	4.830

Ψ Melhoria (FC1)

− $VPL(6\%) = \$50.419,87$; $TIR = 22,57\%$ aa; $Payback = 6$

Ψ Compra (FC2)

− $VPL(6\%) = \$45.473,84$; $TIR = 10,65\%$ aa; $Payback = 13$

Ψ Compra (FC3)

− $VPL(6\%) = \$54.781,08$; $TIR = 12,75\%$ aa; $Payback = 10$

Ψ Como na análise há divergência entre os métodos do VPL e da TIR quanto à melhor alternativa, vamos fazer o fluxo incremental entre as alternativas (3) e (1)

- $VPL_{inc}(6\%) = \$4.361,21$
- $TIR_{inc} = 6,86\%$ aa $> TMA$

Ψ Através desta análise matemática, é possível concluir que a melhor alternativa seria a compra da nova unidade (2), porém a diferença incremental entre a taxa que já está à nossa disposição (*TMA*) e a taxa incremental (*TIRincremental*) é pequena. O *payback* da alternativa de *Melhoria* é inferior ao *payback* das demais. Com isto, temos grandes indícios de que a melhor alternativa é implementar a alternativa de *Melhoria* da unidade instalada.

Λ *É necessário aprofundar as análises. Porém, em função do payback, a melhor alternativa é implementar a melhoria*

A seguir serão resolvidos os exercícios relativos a análise de viabilidade de investimentos. Apesar de ser possível resolvê-los utilizando as fórmulas de juros compostos e séries e a calculadora financeira, vamos empregar na maior parte dos casos o Excel®, utilizando os fluxos de caixa resultantes de cada alternativa.

8.8 Exercícios resolvidos de análise de investimentos

Exercício 199. A *RightWay Guindastes* deseja ampliar seu parque de equipamentos, e conta com duas alternativas para a aquisição destes novos equipamentos. O Fornecedor |A| oferece um financiamento em 10 prestações mensais postecipadas de $34.000,00, mais um pagamento de $80.000,00 um mês após a última prestação, e o Fornecedor |B|, por equipamentos equivalentes e de mesmo custo operacional, oferece o financiamento em uma entrada de $80.000,00 mais 12 prestações mensais postecipadas no valor de $28.000,00. Se a taxa de juros do mercado é de 5% am/m:
a.) Qual a melhor alternativa de compra?
b.) Se, quando da renovação dos equipamentos 24 meses após a compra, os valores de revenda dos equipamentos forem respectivamente $25.000,00 e $60.000,00, qual será a melhor alternativa?
c.) Se o resultado operacional bruto dos equipamentos fornecidos pela empresa A é de $6.000,00 mensais e dos equipamentos fornecidos pela empresa B é de $9.000,00, qual a melhor alternativa?

Ψ Fornecedor "A"

- $VP(a) = 34.000 \cdot fvp(5\%; 10) + 80.000 \cdot (1,05)^{-11}$
- $VP(a) = 262.538,99 + 46.774,34$
- $VP(a) = \$309.313,33$

Ψ Fornecedor "B"

- $VP(b) = 80.000 + 28.000 \cdot fvp(5\%; 12)$

- $VP(b) = 80.000 + 248.171,05$
- $VP(b) = \$328.171,05$

Λ a.) *A alternativa "A"*

Ψ Incluindo o valor de revenda
Ψ Fornecedor "A"

- $VP(revenda) = 25.000 \cdot (1,05)^{-24}$
- $VP(revenda) = 7.751,70$
- $VP(a) = 309.313,33 - 7.751,70$
- $VP(a) = \$301.561,63$

Ψ Fornecedor "B"

- $VP(revenda) = 60.000 \cdot (1,05)^{-24}$
- $VP(revenda) = 18.604,07$
- $VP(b) = 328.171,05 - 18.604,07$
- $VP(b) = \$309.566,98$

Λ b.) *A alternativa "A"*

Ψ Como estamos comparando alternativas, somente as diferenças são importantes, e já que os custos de investimento dos itens anteriores foram positivos, vamos utilizar o sinal negativo para as receitas avaliadas neste item "c.)". Nesse caso, o equipamento da alternativa "B" apresenta um desempenho \$3.000,00 melhor que o equipamento de "A"

- $VP(b/a) = -3.000,00 \cdot fvp(5\%; 24)$
- $VP(b/a) = -\$41.395,93$
- $VP(b) = 309.566,97 - 41.395,93$
- $VP(b) = \$268.171,04$

Λ c.) *A alternativa "B"*

Exercício 200. A instituição financeira *Caos Finance* avalia duas alternativas para a instalação de uma filial. A primeira tem um custo de instalação de uma entrada mais três parcelas mensais de \$175.000,00, o que produzirá um rendimento líquido mensal a partir do 6º mês de \$102.000,00. A segunda tem um custo de implantação de \$220.000,00 mais quatro parcelas mensais postecipadas de \$190.000,00, e terá um rendimento mensal de \$127.000,00 a partir do 5º mês. A taxa mínima de atratividade é de 2% am/m. Considerando um ciclo de vida de 20 meses, avalie a melhor alternativa de investimento.

	Alternativa (1)				Alternativa (2)			
n	Invest.	Receita	FC	FC AcDesc.	Invest.	Receita	FC	FC AcDesc.
0	-175.000		-175.000	-175.000	-220.000		-220.000	-220.000
1	-175.000		-175.000	-346.569	-190.000		-190.000	-406.275
2	-175.000		-175.000	-514.773	-190.000		-190.000	-588.897
3	-175.000		-175.000	-679.680	-190.000		-190.000	-767.938
4			-	-679.680	-190.000		-190.000	-943.468
5			-	-679.680		127.000	127.000	-828.441
6		102.000	102.000	-589.106		127.000	127.000	-715.668
7		102.000	102.000	-500.309		127.000	127.000	-605.107
8		102.000	102.000	-413.253		127.000	127.000	-496.714
9		102.000	102.000	-327.904		127.000	127.000	-390.446
10		102.000	102.000	-244.229		127.000	127.000	-286.262
11		102.000	102.000	-162.194		127.000	127.000	-184.120
12		102.000	102.000	-81.768		127.000	127.000	-83.982
13		102.000	102.000	-2.918		127.000	127.000	14.193
14		102.000	102.000	74.385		127.000	127.000	110.444
15		102.000	102.000	150.172		127.000	127.000	204.806
16		102.000	102.000	224.474		127.000	127.000	297.319
17		102.000	102.000	297.318		127.000	127.000	388.018
18		102.000	102.000	368.735		127.000	127.000	476.938
19		102.000	102.000	438.751		127.000	127.000	564.115
20		102.000	102.000	507.394		127.000	127.000	649.582

Ψ   Alternativa (1)   Ψ   Alternativa (2)

- $TMA = 2\%\ am/m$
- $n(1) = 12\ meses$
- $nd(1) = 14\ meses$
- $VPL(1) = \$507.393,76$
- $TIR(1) = 7,45\%\ am/m$
- $VAE(1) = \$31.030,54/mês$

- $TMA = 2\%\ am/m$
- $n(2) = 12\ meses$
- $nd(2) = 13\ meses$
- $VPL(2) = \$649.582,04$
- $TIR(2) = 7,68\%\ am/m$
- $VAE(2) = \$39.726,31/mês$

Λ   A alternativa (2) apresenta melhores resultados e deve ser a opção adotada

Exercício 201. Uma empresa que apresenta uma taxa mínima de atratividade de 15% aa/a, está inclinada a fazer um investimento na ampliação de suas instalações no valor de $3.900.000,00, e desta forma obter uma redução nos custos operacionais e de manutenção de $800.000,00 por ano, durante a vida econômica de aproximadamente 8 anos das alterações, ao final da qual se espera obter um valor residual de $1.500.000,00 do investimento. Nestas condições, é economicamente viável efetuar o investimento?

Ψ   Temos que calcular o valor presente dos benefícios para comparar com o investimento

- $INV = 3.900.000,00$

Ψ   Cálculo do valor presente dos benefícios

- $n = 8\ anos$
- $PMT = 800.000,00$

- $TMA = 15\%\ aa/a$
- $Valor\ Residual = 1.500.000,00$
- $VP = PMT \cdot fvp(15\%;\ 8) + VR \cdot (1 + 0,15)^{-8}$
- $VP = 800.000 \cdot fvp(15\%;\ 8) + 1.500.000 \cdot (1,15)^{-8}$
- $VP = 3.589.857,20 + 490.352,66$

Λ $VP_{benefícios} = 4.080.209,87$

Ψ Podemos também fazer a avaliação através da TIR

- $VP = PMT \cdot fvp(TIR\%;\ 8) + VR \cdot (1 + TIR)^{-8}$
- $3.900.000 = 800.000 \cdot fvp(TIR\%;\ 8) + 1.500.000 \cdot (1 + TIR)^{-8}$

Ψ HP12C®

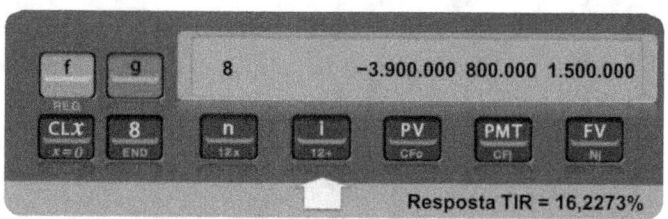

Λ $TIR = 16,2273\%$ ao ano (superior à TMA)

Ψ A solução deste problema pode ainda ser alcançada pela utilização das funções de fluxo de caixa da calculadora financeira HP12C®

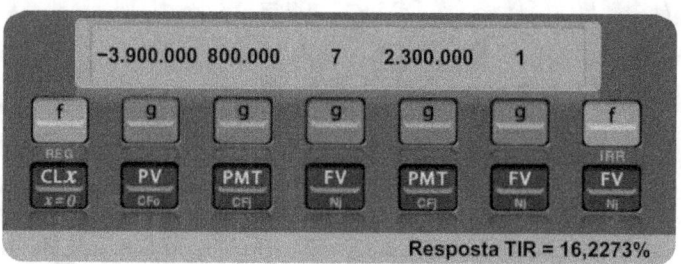

Exercício 202. Uma indústria tem seu lucro aplicado no mercado financeiro à taxa de juros real de 1,5% am/m. Verifique a viabilidade para esta indústria de aplicar este lucro na ampliação de suas instalações. O custo da ampliação seria de $1.500.000,00 à vista, sendo possível iniciar a operação no 4º mês após o início da ampliação. O custo mensal de operação é de $110.000,00 e resulta no acréscimo mensal de $170.000,00 à receita. A vida útil do projeto é de 48 meses, e há um custo de desmobilização de $200.000,00 ao término do período.

- $TMA = 1,5\%\ am/m$
- $INV_{(0)} = 1.500.000,00$

- $REC_{(liq)} = 170.000,00 - 110.000,00 = 60.000,00$
- $DES_{(48)} = 200.000,00$
- $n_{(ope)} = 48 - 3 = 45$

Ψ Cálculo do valor presente líquido da ampliação

- $VPL = - INV_{(0)} + REC_{(liq)} \cdot fvp(1,5\%; 45) \cdot (1 + 0,015)^{-3} - DES_{(48)} \cdot (1 + 0,015)^{-48}$
- $VP = - 1.500.000 + 60.000 \cdot 32,55234 \cdot 0,95632 - 200.000 \cdot 0,48936$
- $VP = 1.867.821,19 - 1.500.000 - 97.872,34$

Λ $VPL = \$269.948,85$

Ψ O investimento apresenta VPL positivo

Ψ Da mesma forma que no exercício anterior, vamos calcular a TIR utilizando as funções de fluxo de caixa da calculadora financeira HP12C®

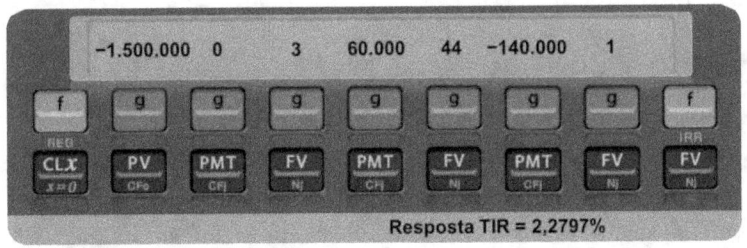

Λ $TIR = 2,2797\%$ ao mês (superior à TMA)

Exercício 203. Uma empresa tem duas opções para a aquisição de um grupo gerador:

Ψ Fornecedor |A|

- Custo de aquisição de 1 entrada + 2 parcelas mensais de $180.000,00
- Custo de operação de $12.000,00 por mês, a partir do mês seguinte ao vencimento da garantia de 5 meses
- Vida útil de 36 meses

Ψ Fornecedor |B|

- Custo de aquisição de $180.000,00 de entrada mais um pagamento em 60 dias de $380.000,00
- Custo de operação de $16.000,00 por mês, a partir do final do 1° mês
- Vida útil de 48 meses

Se a taxa mínima de atratividade da empresa é de 2,5% am/m, qual a melhor alternativa de investimento?

Ψ Fornecedor |A|

- $CT = 180.000 \cdot fvp(2,5\%;3) \cdot (1,025) + 12.000 \cdot fvp(2,5\%;31) \cdot (1,025)^{-5}$
- $CT = 526.936,35 + 256.744,89 \cdot 0,88385$
- $CT = 753.861,42$

Ψ Determinando o custo por mês de operação

- $CT_{mensal} = 753.861,42 / fvp(2,5\%;36)$
- $CT_{mensal} = 32.002,61$

Ψ Fornecedor |B|

- $CT = 180.000 + 380.000 \cdot (1 + 0,025)^{-2} + 16.000 \cdot fvp(2,5\%;48)$
- $CT = 180.000 + 361.689,47 + 444.370,46$
- $CT = 986.059,93$

Ψ Determinando o custo por mês de operação

- $CT_{mensal} = 986.059,93 / fvp(2,5\%;48)$
- $CT_{mensal} = 35.504,07$

Λ *A alternativa "A" é melhor, uma vez que resulta no menor custo mensal*

Exercício 204. Uma indústria está analisando o investimento de $315.000,00 em treinamento de pessoal, visando dessa forma obter um aumento de produtividade equivalente a $25.000,00 mensais após 6 meses do início do treinamento e de $35.000,00 após 12 meses. Se a taxa mínima de atratividade da empresa é de 2% am/m e o período de análise é de 24 meses, pergunta-se: é economicamente viável efetuar o investimento?

- $INV = 315.000,00$
- $y = 6\ meses$
- $PMT_1 = 25.000,00$
- $n_1 = 6\ meses$
- $PMT_2 = 35.000,00$
- $n_2 = 12\ meses$
- $TMA = 2\%\ am/m$

Ψ Cálculo do Valor presente do aumento de produtividade

- $VP = PMT_1 \cdot fvp(2\%;6) \cdot (1 + 0,02)^{-6} + PMT_2 \cdot fvp(2\%;12) \cdot (1 + 0,02)^{-12}$
- $VP = 140.035,77 \cdot 0,8880 + 370.136,94 \cdot 0,7885$

Λ $VP = \$416.198,21$

Λ *Portanto, o investimento é justificado*

Exercício 205. A *Precisão Móveis* tem um projeto de implantação de uma fábrica para produção de móveis sob medida. O projeto tem uma receita bruta estimada de $1.500.000,00 por ano, e terá início após a conclusão da implantação. Segundo as projeções de vendas efetuadas, haverá um crescimento de vendas, a partir do primeiro ano de operação, de 4% ao ano. O investimento para a implantação será de $1.180.000,00 gastos em 2 anos antecipados, e o prazo de conclusão é de 2 anos. As despesas operacionais e de manutenção após o início de funcionamento serão de $640.000,00 por ano, e terão um crescimento de 2,5% ao ano. O prazo de avaliação será de 15 anos de operação. A fábrica, o terreno e os equipamentos terão um valor residual ao final de $200.000,00. Considerando o IRPJ de 34%, incidente inclusive sobre o valor residual, a depreciação integral do ativo no prazo de avaliação e a taxa mínima de atratividade de 15% aa, determine se este projeto é viável.

Prazo	Receita	Capex + Opex	Deprec.	IRPJ	Fl Cx	FC Ac Desc
0	-	−590.000		-	−590.000	−590.000
1	-	−590.000		-	−590.000	−1.103.043
2	-	-			-	−1.103.043
3	1.500.000	−640.000	−78.667	−265.653	515.680	−763.976
4	1.560.000	−656.000	−78.667	−280.613	544.720	−452.530
5	1.622.400	−672.400	−78.667	−296.253	575.080	−166.614
6	1.687.296	−689.210	−78.667	−312.603	606.817	95.730
7	1.754.788	−706.440	−78.667	−329.692	639.989	336.326
8	1.824.979	−724.101	−78.667	−347.552	674.660	556.873
9	1.897.979	−742.204	−78.667	−366.217	710.891	758.953
10	1.973.898	−760.759	−78.667	−385.721	748.752	944.033
11	2.052.854	−779.778	−78.667	−406.099	788.310	1.113.475
12	2.134.968	−799.272	−78.667	−427.390	829.639	1.268.540
13	2.220.366	−819.254	−78.667	−449.632	872.814	1.410.397
14	2.309.181	−839.735	−78.667	−472.865	917.914	1.540.124
15	2.401.548	−860.729	−78.667	−497.132	965.021	1.658.720
16	2.497.610	−882.247	−78.667	−522.477	1.014.220	1.767.104
17	2.797.515	−904.303	−78.667	−616.945	1.197.600	1.878.392

- $VPL(15\%) = \$1.878.392,41$
- $TIR = 32,87\%$ ao ano
- $Payback = 6$ anos

Λ *Para as condições da Precisão Móveis, o projeto é viável*

Exercício 206. A *HSdiscovery*, ao ampliar seu parque de equipamentos, tem duas alternativas para a aquisição de 5 escavadeiras novas. A revenda |A| oferece um financiamento em 10 prestações mensais de $34.000,00, mais um pagamento de $90.000,00 um mês após a última prestação, e a revenda |B|, por equipamentos equivalentes e de mesmo custo operacional, oferece um financiamento em uma entrada de $80.000,00 mais 12 prestações mensais no valor de $27.000,00. A taxa de juros do mercado (TMA) é de 2,5% am/m.
a.) Qual a melhor alternativa de compra?
b.) Se, quando da renovação dos equipamentos 14 meses após a compra, os valores de revenda dos equipamentos forem respectivamente $40.000,00 e $20.000,00, qual será a melhor opção?
c.) Considerando a opção b.) anterior, com a receita operacional líquida dos equipamentos fornecidos pela empresa A sendo de $37.000,00 mensais e dos equipamentos fornecidos pela empresa B sendo de $41.000,00 mensais, qual a melhor alternativa?

| | Revenda \|A\| | | | | Revenda \|B\| | | |
n	(a)	(b)	(c)	n	(a)	(b)	(c)
0	-	-	-	0	−80.000	−80.000	-
1	−34.000	−34.000	38.000	1	−27.000	−27.000	41.000
2	−34.000	−34.000	38.000	2	−27.000	−27.000	41.000
3	−34.000	−34.000	38.000	3	−27.000	−27.000	41.000
4	−34.000	−34.000	38.000	4	−27.000	−27.000	41.000
5	−34.000	−34.000	38.000	5	−27.000	−27.000	41.000
6	−34.000	−34.000	38.000	6	−27.000	−27.000	41.000
7	−34.000	−34.000	38.000	7	−27.000	−27.000	41.000
8	−34.000	−34.000	38.000	8	−27.000	−27.000	41.000
9	−34.000	−34.000	38.000	9	−27.000	−27.000	41.000
10	−34.000	−34.000	38.000	10	−27.000	−27.000	41.000
11	−90.000	−90.000	38.000	11	−27.000	−27.000	41.000
12	-	-	38.000	12	−27.000	−27.000	41.000
13	-	-	38.000	13	-	-	41.000
14	-	40.000	38.000	14	-	20.000	41.000

- $TMA = 2,5\% \ am/m$

Ψ a.)

- $VP_A(2,5\%) = \$366.163,20$
- $VP_B(2,5\%) = $356.959,64$

Λ Revenda "B"

Ψ b.)

- $VP_A(2,5\%) = \$337.854,12$
- $VP_B(2,5\%) = \$342.805,10$

Λ Revenda "A"

Ψ c.)

- $VPL_A(2,5\%) = \$106.400,55$
- $VPL_B(2,5\%) = \$136.522,30$

Λ Revenda "B"

Exercício 207. A *Pinguim Cine* está analisando a viabilidade da implantação de uma sala de cinema em frente a uma universidade, supondo que de seus 22.000 alunos, 10% deles irão duas vezes por ano ao cinema e outros 5% irão quatro vezes por ano. Os custos para a implantação do cinema são, para a aquisição da sala, $300.000,00 à vista; para a reforma e adaptação ao uso, seriam gastos $150.000,00 por ano em dois anos, e o custo de manutenção da sala e compra dos direitos de exibição seria de $45.000,00 por ano. Considerando a vida útil do cinema como 15 anos, o preço do ingresso como $20,00, a taxa de juros como 9% aa/a e o imposto de renda de 34%, determine a viabilidade do projeto.

- $TMA = 9\%\ aa/a$
- $REC = 22.000 \cdot (2 \cdot 0,10 + 4 \cdot 0,05\%) \cdot 20$
- $REC = \$176.000,00/ano$

Ψ Para efeito de simplificação no a Depreciação foi considerada linear, igual ao valor total do Capex dividido por 15

- $IRPJ = 0,34 \cdot (176.000 - 40.000 - 45.000) = 30.940,00$

Prazo	Receita	Capex	Opex	IRPJ	FC	FC Ac. Desc.
0	-	−300.000	-	-	−300.000	−300.000
1	176.000	−150.000	−45.000	−30.940	−49.940	−345.817
2	176.000	−150.000	−45.000	−30.940	−49.940	−387.850
3	176.000	-	−45.000	−30.940	100.060	−310.585
4	176.000	-	−45.000	−30.940	100.060	−239.700
5	176.000	-	−45.000	−30.940	100.060	−174.668
6	176.000	-	−45.000	−30.940	100.060	−115.006
7	176.000	-	−45.000	−30.940	100.060	−60.269
8	176.000	-	−45.000	−30.940	100.060	−10.053
9	176.000	-	−45.000	−30.940	100.060	36.018
10	176.000	-	−45.000	−30.940	100.060	78.284
11	176.000	-	−45.000	−30.940	100.060	117.061
12	176.000	-	−45.000	−30.940	100.060	152.635
13	176.000	-	−45.000	−30.940	100.060	185.273
14	176.000	-	−45.000	−30.940	100.060	215.216
15	176.000	-	−45.000	−30.940	100.060	242.686

- $VPL(9\%) = \$242.685,81$
- $TIR = 16,76\%\ ao\ ano$
- $Payback = 9\ anos$

Λ *Considerando o cenário analisado o projeto é viável*

Exercício 208. Uma indústria deseja aumentar sua capacidade de produção, e para tanto tem duas alternativas de compra para os equipamentos necessários. A compra com o fornecedor A pode ser efetuada através do pagamento de 12 prestações mensais no valor de $32.000,00, além de um contrato de manutenção com um custo mensal de $7.000,00 a partir do vencimento da garantia de 12 meses, durante um ano adicional de operação dos equipamentos. O fornecedor B oferece equipamentos equivalentes através do pagamento de 20 prestações mensais de $22.000,00 mais o custo bimestral de $10.000,00 durante os dois anos de operação. A taxa de juros vigente é de 1% am/m. Qual a melhor alternativa de investimento?

	Fornecedor |A|			Fornecedor |B|	
n	Compra	Manut.	Fluxo de Caixa	n	Compra	Manut.	Fluxo de Caixa
0	-	-	-	0	-	-	-
1	−32.000	-	−32.000	1	−22.000	-	−22.000
2	−32.000	-	−32.000	2	−22.000	−10.000	−32.000
3	−32.000	-	−32.000	3	−22.000	-	−22.000
4	−32.000	-	−32.000	4	−22.000	−10.000	−32.000
5	−32.000	-	−32.000	5	−22.000	-	−22.000
6	−32.000	-	−32.000	6	−22.000	−10.000	−32.000
7	−32.000	-	−32.000	7	−22.000	-	−22.000
8	−32.000	-	−32.000	8	−22.000	−10.000	−32.000
9	−32.000	-	−32.000	9	−22.000	-	−22.000
10	−32.000	-	−32.000	10	−22.000	−10.000	−32.000
11	−32.000	-	−32.000	11	−22.000	-	−22.000
12	−32.000	-	−32.000	12	−22.000	−10.000	−32.000
13	-	−7.000	−7.000	13	−22.000	-	−22.000
14	-	−7.000	−7.000	14	−22.000	−10.000	−32.000
15	-	−7.000	−7.000	15	−22.000	-	−22.000
16	-	−7.000	−7.000	16	−22.000	−10.000	−32.000
17	-	−7.000	−7.000	17	−22.000	-	−22.000
18	-	−7.000	−7.000	18	−22.000	−10.000	−32.000
19	-	−7.000	−7.000	19	−22.000	-	−22.000
20	-	−7.000	−7.000	20	−22.000	−10.000	−32.000
21	-	−7.000	−7.000	21	-	-	-
22	-	−7.000	−7.000	22	-	−10.000	−10.000
23	-	−7.000	−7.000	23	-	-	-
24	-	−7.000	−7.000	24	-	−10.000	−10.000

– $TMA = 1,00\% \ am/m$

– $VP_A(1\%) = -\$430.080,65$

– $VP_B(1\%) = -\$502.690,66$

Λ *A melhor é a Alternativa |A|*

Exercício 209. A *Optimum Sucos* está analisando a compra de um equipamento para uma fábrica de sucos concentrados, e foram selecionadas as propostas dos fornecedores A e B. A proposta do fornecedor A foi de $1.000.000,00 de entrada mais $1.000.000,00 após um ano, além dos custos com manutenção de $200.000,00 por ano, sendo que o equipamento tem 8 anos de vida útil. A proposta do fornecedor B foi de $3.000.000,00 à vista, com custo de manutenção de $100.000,00 por ano, havendo, ao final da vida útil de 9 anos do equipamento, uma garantia de recompra por $700.000,00. Sabendo-se que a empresa tem uma taxa mínima de atratividade de 10% aa, qual a melhor alternativa de compra pelo critério do menor custo anual?

	Fornecedor |A|				Fornecedor |B|		
n	Compra	Manut.	Fluxo de Caixa	n	Compra	Manut.	Fluxo de Caixa
0	−1.000.000		−1.000.000	0	−3.000.000		−3.000.000
1	−1.000.000	−200.000	−1.200.000	1		−100.000	−100.000
2		−200.000	−200.000	2		−100.000	−100.000
3		−200.000	−200.000	3		−100.000	−100.000
4		−200.000	−200.000	4		−100.000	−100.000
5		−200.000	−200.000	5		−100.000	−100.000
6		−200.000	−200.000	6		−100.000	−100.000
7		−200.000	−200.000	7		−100.000	−100.000
8		−200.000	−200.000	8		−100.000	−100.000
9		−200.000	−200.000	9	700.000	−100.000	600.000

– $TMA = 10,00\%\ aa/a$

– $VP_A(10\%) = -\$2.976.076,15$

– $Vida\ útil = 8\ anos$

– $VAE_A = -\$557.847,67$ por ano de utilização

– $VP_B(10\%) = -\$3.279.034,05$

– $Vida\ útil = 9\ anos$

– $VAE_B = -\$569.373,24$ por ano de utilização

  Λ O equipamento do fornecedor "A" apresenta um menor custo anual

Exercício 210. A *Inato Concentrate* tem duas alternativas para a compra de um determinado equipamento. O fornecedor |A| oferece um equipamento com vida útil de 4 anos cujo preço à vista é de $480.000,00, além de um custo operacional de $25.000,00 semestrais. O fornecedor |B| oferece um equipamento similar de mesmo rendimento por meio de uma entrada mais dois pagamentos anuais de $260.000,00, e um custo operacional semestral de $15.000,00 durante os últimos três anos da vida útil de 6 anos do equipamento. Se a taxa mínima de atratividade é de 20% aa:
a.) Qual a melhor alternativa de investimento?
b.) Se o fornecedor |A| oferece um plano de reforma após os 4 anos que custará na ocasião $80.000,00, com isto prolongando o tempo de utilização do seu equipamento por mais 2 anos, qual a melhor alternativa?

ENGENHARIA ECONÔMICA

Fornecedor |A|		Fornecedor |B|	
n	(a)	(b)	n	(a)
0	−480.000	−480.000	0	−260.000
1	−25.000	−25.000	1	−
2	−25.000	−25.000	2	−260.000
3	−25.000	−25.000	3	−
4	−25.000	−25.000	4	−260.000
5	−25.000	−25.000	5	−
6	−25.000	−25.000	6	−
7	−25.000	−25.000	7	−15.000
8	−25.000	−25.000	8	−15.000
9		−105.000	9	−15.000
10		−25.000	10	−15.000
11		−25.000	11	−15.000
12		−25.000	12	−15.000

- $TMA = 20,00\%\ aa/a \equiv TMA = 9,54\%\ as/s$

Ψ a.) Como os equipamentos têm vidas úteis distintas, vamos calcular o valor uniforme líquido

- $VP_A (9,54\%) = \$615.613,78$ − $VP_B (9,54\%) = \$695.538,34$
- Vida útil = 4 anos   − Vida útil = 6 anos
- $VAE_A = \$237.804,91$ por ano   − $VAE_B = \$209.152,37$ por ano

Λ   O equipamento que tem o menor custo anual é o do fornecedor |B|

Ψ b.) Neste caso, como os equipamentos passam a ter vidas úteis iguais, podemos comparar diretamente os valores presentes

- $VP_A (9,54\%) = \$689.429,38$

Λ   O equipamento do fornecedor |A| passa a ter vantagem

Exercício 211. Uma indústria tem duas alternativas para a implantação de uma fábrica. A primeira é um investimento para instalação em duas parcelas anuais pagas antecipadas de $1.000.000,00, que após a conclusão produzirá um rendimento líquido anual de $480.000,00, e a segunda é um investimento de implantação de $1.200.000,00 e após um ano mais $1.400.000,00, que resultará no rendimento anual de $567.000,00. As taxas de juros de captação e de reinvestimento são, respectivamente, 14% aa/a e 9% aa/a. Para um cenário de 15 anos, calcule os parâmetros financeiros de cada alternativa, incluindo a taxa interna de retorno modificada, e indique a melhor alternativa

Ψ   Fluxo da Alternativa |A|

n	Investimento	Receita	Fluxo de Caixa	FC Ac. Desc.
0	−1.000.000	-	−1.000.000	−1.000.000
1	−1.000.000	-	−1.000.000	−1.877.193
2	-	480.000	480.000	−1.507.849
3	-	480.000	480.000	−1.183.862
4	-	480.000	480.000	−899.664

5	-	480.000	480.000	-650.367
6	-	480.000	480.000	-431.685
7	-	480.000	480.000	-239.859
8	-	480.000	480.000	-71.591
9	-	480.000	480.000	76.013
10	-	480.000	480.000	205.490
11	-	480.000	480.000	319.066
12	-	480.000	480.000	418.695
13	-	480.000	480.000	506.088
14	-	480.000	480.000	582.749
15	-	480.000	480.000	649.995

Ψ Fluxo da Alternativa |B|

n	Investimento	Receita	Fluxo de Caixa	FC Ac. Desc.
0	-1.200.000	-	-1.200.000	-1.200.000
1	-1.400.000	-	-1.400.000	-2.428.070
2	-	567.000	567.000	-1.991.782
3	-	567.000	567.000	-1.609.073
4	-	567.000	567.000	-1.273.364
5	-	567.000	567.000	-978.882
6	-	567.000	567.000	-720.564
7	-	567.000	567.000	-493.970
8	-	567.000	567.000	-295.203
9	-	567.000	567.000	-120.846
10	-	567.000	567.000	32.099
11	-	567.000	567.000	166.261
12	-	567.000	567.000	283.947
13	-	567.000	567.000	387.180
14	-	567.000	567.000	477.736
15	-	567.000	567.000	557.171

- VP_A *(14%)* = *$649.995,02*
- TIR_A = *20,13% ao ano*
- $TIRM_A$ = *13,47% ao ano*
- Payback $_A$ = *9 anos*

- VP_B *(14%)* = *$557.170,65*
- TIR_B = *18,18% ao ano*
- $TIRM_B$ = *12,78% ao ano*
- Payback $_B$ = *10 anos*

Λ *A alternativa |A| apresenta melhores indicadores de rentabilidade*

Exercício 212. Uma empresa possui duas opções para investir uma verba de $960.000,00 destinada a melhorias de processo:
a.) na compra de um equipamento que aumentará sua lucratividade em $100.000,00 por mês durante 18 meses.
b.) na capacitação dos profissionais atuantes na empresa, que propiciará um incremento de produtividade após 4 meses de treinamento. Esta produtividade resultará no aumento de lucratividade de $80.000,00 por mês durante 20 meses, e após este prazo mais $120.000,00 por mês durante 24 meses. Qual a melhor opção de investimento?

Ψ a.) Cálculo da TIR da 1ª alternativa

- $-INV + PMT \cdot fvp(i_{TIR}\%; n) = 0$
- $-960.000 + 100.000 \cdot fvp(i_{TIR}\%; 18) = 0$
- $fvp(i_{TIR}\%; 18) = 9,6000$

Ψ HP12C®

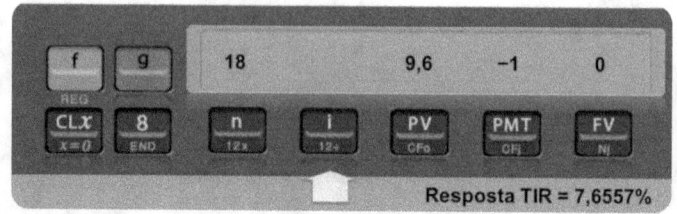

Λ TIRa = 7,6557% ao mês

Ψ b.) Cálculo da TIR da 2ª alternativa

– $-960.000 + 80.000 \cdot fvp(i_{TIR}\%;20) \cdot (1 + i_{TIR}\%)^{-4} + 120.000 \cdot fvp(i_{TIR}\%;24) \cdot (1 + i_{TIR}\%)^{-24} = 0$

Ψ HP12C®

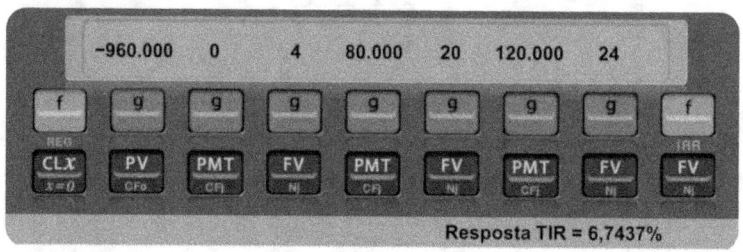

Λ TIRb = 6,7437% ao mês

Exercício 213. Verifique a viabilidade da implantação de uma planta industrial para fabricação de copos descartáveis.

– *Custo de implantação: $2.000.000,00*
– *Custo mensal de operação e manutenção: $200.000,00*
– *Volume mensal de vendas: 5.000.000 un*
– *Receita unitária: $0,14*
– *Vida útil do empreendimento: 25 anos*
– *Taxa mínima de atratividade: 12,1% aa*
– *IR: 34%*

Ψ Cálculo da Receita

– $REC = Vendas \cdot RU$
– $REC = 5.000.000 \cdot 0,14 = 700.000$
– *A Depreciação foi considerada linear, sendo igual ao valor total do Capex dividido por 25.*

n	Receita	Capex + Opex	Deprec.	IRPJ	FC	FC Ac. Desc.
0	-	-2.000.000		-	-2.000.000	-2.000.000
1	700.000	-200.000	-80.000	-142.800	357.200	-1.681.356
2	700.000	-200.000	-80.000	-142.800	357.200	-1.397.106
3	700.000	-200.000	-80.000	-142.800	357.200	-1.143.538
4	700.000	-200.000	-80.000	-142.800	357.200	-917.340
5	700.000	-200.000	-80.000	-142.800	357.200	-715.557
6	700.000	-200.000	-80.000	-142.800	357.200	-535.555
7	700.000	-200.000	-80.000	-142.800	357.200	-374.982
8	700.000	-200.000	-80.000	-142.800	357.200	-231.742
9	700.000	-200.000	-80.000	-142.800	357.200	-103.962
10	700.000	-200.000	-80.000	-142.800	357.200	10.025
11	700.000	-200.000	-80.000	-142.800	357.200	111.708
12	700.000	-200.000	-80.000	-142.800	357.200	202.416
13	700.000	-200.000	-80.000	-142.800	357.200	283.333
14	700.000	-200.000	-80.000	-142.800	357.200	355.515
15	700.000	-200.000	-80.000	-142.800	357.200	419.907
16	700.000	-200.000	-80.000	-142.800	357.200	477.347
17	700.000	-200.000	-80.000	-142.800	357.200	528.588
18	700.000	-200.000	-80.000	-142.800	357.200	574.298
19	700.000	-200.000	-80.000	-142.800	357.200	615.074
20	700.000	-200.000	-80.000	-142.800	357.200	651.449
21	700.000	-200.000	-80.000	-142.800	357.200	683.897
22	700.000	-200.000	-80.000	-142.800	357.200	712.843
23	700.000	-200.000	-80.000	-142.800	357.200	738.665
24	700.000	-200.000	-80.000	-142.800	357.200	761.699
25	700.000	-200.000	-80.000	-142.800	357.200	782.247

- $VPL(12,1\%) = \$782.247,32$
- $TIR = 17,55\%$ ao ano
- $Payback = 10$ anos
- $VAE = \$100.429,15$ por ano

Λ O projeto é viável

Exercício 214. A *Transportadora MovFácil* está considerando ampliar sua frota, e recebeu duas propostas para a compra de 10 caminhões novos. A revenda |A| oferece um financiamento em 10 prestações postecipadas de 170.000,00, e a revenda |B|, por caminhões equivalentes e de mesmo custo operacional, oferece um financiamento em 15 prestações mensais postecipadas de $117.000,00. Se a taxa de juros do mercado é de 4% am/m:
a.) Qual a melhor alternativa de compra?
b.) Se, quando da renovação da frota 20 meses depois, os valores de revenda dos caminhões forem respectivamente $210.000,00 e $100.000,00, qual será a melhor alternativa?

Ψ Melhor alternativas de Compra (a.)

- Revenda |A|
- $VPL_A = 170.000 \cdot fvp(4\%;10)$
- $VPL_A = \$1.378.852,28$

- Revenda |B|
- $VPL_B = 117.000 \cdot fvp(4\%;15)$
- $VPL_B = \$1.300.851,33$

Λ   A melhor alternativa é o ofertado pela revenda |B|

Ψ   Considerando a renovação da frota (b.)

- Revenda |A|
- $VPL_A = 1.378.852,28 - 210.000 \cdot (1 + 0,04)^{-20}$
- $VPL_A = \$1.283.011,02$
- Revenda |B|
- $VPL_B = 1.300.851,33 - 100.000 \cdot (1 + 0,04)^{-20}$
- $VPL_B = \$1.255.212,64$

Λ   Permanece em vantagem a compra na revenda |B|

Exercício 215. Uma indústria deseja aumentar sua capacidade de produção, e para tanto tem duas alternativas de compra dos equipamentos necessários. A compra com o fornecedor |A| tem a seguintes condições: pagamento de 12 prestações mensais postecipadas de $320.000,00, mais um custo mensal a título de manutenção de $45.000,00 durante os 5 anos de operação. O fornecedor |B| oferece equipamentos equivalentes nas seguintes condições: pagamento de 20 prestações mensais postecipadas de $220.000,00 mais um custo bimestral de $70.000,00 durante os cinco anos de operação. A taxa mínima de atratividade da indústria é de 10% aa/a. Qual a melhor alternativa de investimento?

- $i_{mensal} = (1 + i_{anual})^{1/12} - 1$
- $i_{mensal} = (1 + 0,10)^{1/12} - 1$
- $i_{mensal} = 0,7974\%$ am/m
- $i_{bimestral} = (1 + 0,10)^{1/6} - 1$
- $i_{bimestral} = 1,6012\%$ ab/b

Ψ   Fornecedor |A|

- $VPa = 320.000 \cdot fvp(0,7974\%; 12) + 45.000 \cdot fvp(0,7974\%; 60)$
- $VPa = 320.000 \cdot 11,4005 + 45.000 \cdot 47,5387$
- $VPa = 3.648.159,36 + 2.139.240,90$
- $VPa = \$5.787.400,26$

Ψ   Fornecedor |B|

- $VPa = 220.000 \cdot fvp(0,7974\%; 20) + 70.000 \cdot fvp(1,6012\%; 30)$
- $VPa = 220.000 \cdot 18,4190 + 70.000 \cdot 23,6748$

- $VPa = 4.052.192,54 + 1.657.236,89$
- $VPa = \$5.709.429,43$

Λ $O\ fornecedor\ |B|\ tem\ a\ melhor\ alternativa$

Exercício 216. A compra de um equipamento proporcionará um aumento na receita líquida de uma indústria de $20.000,00 por mês durante o primeiro ano, $15.000,00 por mês durante o segundo ano e $10.000,00 por mês durante o terceiro ano, quando a máquina terá o valor residual de $85.000,00. Se a taxa mínima de atratividade da empresa é de 2,5% am/m, qual o valor máximo que poderia ser pago pelo equipamento?

- $VP = 20.000 \cdot fvp(2,5\%;\ 12) + 15.000 \cdot fvp(2,5\%;\ 12) \cdot (1,025)^{-12} +$
  $10.000 \cdot fvp(2,5\%;\ 12) \cdot (1,025)^{-24} - 85.000 \cdot (1,025)^{-36}$
- $VP = 20.000 \cdot 10,25776 + 15.000 \cdot 10,25776 \cdot 0,74356 + 10.000 \cdot 10,25776 \cdot 0,55288 -$
  $85.000 \cdot 0,41109$
- $VP = 205.155,29 + 114.408,90 + 56.713,10 - 34.942,97$
- $VP = 341.334,32$

Λ $O\ valor\ deverá\ ser\ menor\ que\ \$341.334,32$

Exercício 217. Na análise para a compra de um novo equipamento para a mecanização da produção, duas alternativas foram apresentadas: a primeira foi um equipamento com custo inicial de $55.000,00 e custo operacional de $12.000,00 por mês, cuja aquisição resultaria na redução mensal de mão de obra de $23.000,00, sendo que o equipamento poderá ser revendido por $10.500,00. O segundo equipamento necessita de um investimento inicial de $95.000,00, além do custo operacional de $8.000,00 por mês, e sua aquisição resultaria na economia de $18.000,00 nos dois primeiros anos e $28.000,00 nos anos seguintes. Considerando que a vida econômica do equipamento é de 5 anos e a taxa mínima de atratividade é de 2% am/m, qual a melhor alternativa de compra?

Ψ Primeira opção

- $INV = -55.000,00$
- $COPm = -12.000,00\ por\ mês$
- $REDm = 23.000,00\ por\ mês$
- $REV = 10.500,00$
- $VPL_{(1)} = -INV + (REDm - COPm) \cdot fvp(2\%;\ 60) + REV \cdot (1 + 0,02)^{-60}$
- $VPL_{(1)} = -55.000 + 11.000 \cdot fvp(2\%;\ 60) + 10.500 \cdot (1 + 0,02)^{-60}$
- $VPL_{(1)} = -55.000 + 382.369,75 + 3.200,21$

Λ $VPL_{(1)} = \$330.569,97$

Ψ   Segunda opção

- $INV = -95.000,00$
- $COPm = -8.000,00$
- $REDm = 18.000,00$ durante 2 anos e $REDm = 28.000,00$ durante 3 anos
- $VPL_{(2)} = -95.000 + 10.000 \cdot fvp(2\%; 24) + 20.000 \cdot fvp(2\%; 36) \cdot (1 + 0,02)^{-24}$
- $VPL_{(2)} = -95.000 + 189.139,26 + 316.939,22$

Λ $VPL_{(2)} = \$411.078,48$

Λ   A segunda alternativa apresenta maior retorno

Exercício 218. Um projeto com receita anual prevista de $390.000,00 necessita de um investimento inicial de $1.520.000,00. As despesas anuais estimadas em mão de obra são de $52.000,00 para o primeiro ano e aumentam posteriormente em $2.000,00 por ano até atingir $62.000,00. Inicialmente as despesas de O&M (Operação e Manutenção) são de $71.000,00 por ano, e diminuem 1,0% ao ano a partir de então, sendo o período de análise de 20 anos. Considere a depreciação integral dos investimentos de forma linear e a alíquota de imposto de renda mais contribuição social de 34%. Sobre todos os valores incidirá uma taxa geral de inflação anual esperada para o prazo do projeto de 3,1% ao ano, incluindo o primeiro ano. Considerando que a taxa aparente de atratividade para a empresa com os impostos já incluídos é de 11% aa/a, verifique a viabilidade do projeto de investimento, calculando o VPL, a TIR e o *payback* descontado.

- Calculo da Depreciação = 1.520.000/20 = 76.000
- O cálculo do IRPJ = $0,34 \cdot$ (Receita − MO − O&M − Depreciação)

n	Receita	MO	O&M	IRPJ	FC	FC Ac. Desc.
0	-	-	-	-	−1.520.000	−1.520.000
1	402.090	−53.612	−73.201	−67.754	207.523	−1.333.043
2	414.555	−57.400	−74.716	−70.189	212.250	−1.160.776
3	427.406	−61.371	−76.261	−72.683	217.090	−1.002.041
4	440.656	−65.533	−77.839	−75.236	222.047	−855.772
5	454.316	−69.895	−79.450	−77.850	227.121	−720.987
6	468.400	−74.464	−81.094	−80.526	232.316	−596.781
7	482.920	−76.772	−82.771	−84.108	239.269	−481.535
8	497.891	−79.152	−84.484	−87.807	246.448	−374.595
9	513.325	−81.606	−86.232	−91.626	253.862	−275.354
10	529.238	−84.135	−88.016	−95.570	261.517	−183.251
11	545.645	−86.744	−89.837	−99.642	269.422	−97.768
12	562.560	−89.433	−91.696	−103.847	277.585	−18.423
13	579.999	−92.205	−93.593	−108.188	286.013	55.229
14	597.979	−95.063	−95.529	−112.671	294.715	123.601
15	616.516	−98.010	−97.506	−117.300	303.700	187.076
16	635.628	−101.049	−99.523	−122.079	312.977	246.007
17	655.333	−104.181	−101.582	−127.014	322.556	300.723
18	675.648	−107.411	−103.684	−132.108	332.445	351.528
19	696.593	−110.740	−105.829	−137.368	342.655	398.704
20	718.188	−114.173	−108.019	−142.798	353.197	442.513

- $VPL(11\%) = \$442.512,61$
- $TIR = 14,81\%$ ao ano
- $Payback = 13$ anos
- $VAE = \$55.568,80/ano$

Λ Os resultados indicam a viabilidade do projeto

Exercício 219. A *Prudente Incorporadora*, empresa que atua no ramo imobiliário, vai construir um prédio de salas comerciais. A *Prudente* irá investir $2.000.000 no pagamento do adiantamento para a construtora e fará uma linha de crédito em uma instituição financeira para pagar o restante à construtora em 8 pagamentos no valor de $979.400,00 cada ao final dos trimestres subsequentes. A taxa de juros efetiva do financiamento é de 8% ao ano. O projeto, após dois anos do início de construção, estará concluído, e a *Prudente* deverá pagar à instituição financeira o total desembolsado mais juros em prestações iguais anuais durante 30 anos. A renda anual estimada com a locação das salas comerciais será de $1.500.000,00 e o custo anual de manutenção será de 1,5% do valor do ativo, com uma taxa de crescimento de 0,25% ao ano. Considerando a depreciação integral do imóvel em 30 anos com valor residual igual a zero, a alíquota de IRPJ de 34% e a TMA do empreendedor de 11% aa/a, determine se o projeto apresenta viabilidade.

Ψ Primeiro, vamos calcular o valor do financiamento e do ativo (os juros do financiamento durante a construção serão capitalizados no financiamento e incorporados no ativo)

Trimestre	Capital Próprio	Desembolso	Saldo Devedor	Valor do Ativo
0	−2.000.000			2.000.000
1		−979.400	−979.400	2.979.400
2		−979.400	−1.977.826	3.977.826
3		−979.400	−2.995.649	4.995.649
4		−979.400	−4.033.244	6.033.244
5		−979.400	−5.090.996	7.090.996
6		−979.400	−6.169.296	8.169.296
7		−979.400	−7.268.544	9.268.544
8		−979.400	−8.389.147	10.389.147

Ψ A seguir elaboramos o fluxo de caixa do projeto

- Calculo da Depreciação = $10.389.147/30 = 346.305$
- O cálculo do IRPJ = $0,34 \cdot (Receita - O\&M - Juros - Depreciação)$

Ano	Receita	O&M	Juros	Amortiz.	IRPJ	Fluxo de Caixa	FC Ac. Desc.
0						−2.000.000	
1							−2.000.000
2							−2.000.000
3	1.500.000	−156.617	−671.132	−74.055	−110.822	487.375	−1.643.636
4	1.500.000	−157.009	−665.207	−79.979	−112.703	485.102	−1.324.084
5	1.500.000	−157.401	−658.809	−86.377	−114.745	482.667	−1.037.645
6	1.500.000	−157.795	−651.899	−93.288	−116.960	480.058	−780.986
7	1.500.000	−158.189	−644.436	−100.751	−119.364	477.260	−551.109
8	1.500.000	−158.585	−636.376	−108.811	−121.970	474.259	−345.316
9	1.500.000	−158.981	−627.671	−117.515	−124.795	471.038	−161.176
10	1.500.000	−159.379	−618.270	−126.917	−127.856	467.579	3.499
11	1.500.000	−159.777	−608.116	−137.070	−131.172	463.864	150.675
12	1.500.000	−160.177	−597.151	−148.036	−134.765	459.872	282.125
13	1.500.000	−160.577	−585.308	−159.878	−138.655	455.581	399.444
14	1.500.000	−160.979	−572.518	−172.669	−142.868	450.967	504.066
15	1.500.000	−161.381	−558.704	−186.482	−147.427	446.005	597.283
16	1.500.000	−161.784	−543.786	−201.401	−152.362	440.667	680.257
17	1.500.000	−162.189	−527.674	−217.513	−157.703	434.922	754.034
18	1.500.000	−162.594	−510.273	−234.914	−163.482	428.738	819.554
19	1.500.000	−163.001	−491.479	−253.707	−169.733	422.080	877.665
20	1.500.000	−163.408	−471.183	−274.003	−176.495	414.910	929.128
21	1.500.000	−163.817	−449.263	−295.924	−183.809	407.187	974.628
22	1.500.000	−164.226	−425.589	−319.598	−191.719	398.868	1.014.782
23	1.500.000	−164.637	−400.021	−345.165	−200.273	389.904	1.050.143
24	1.500.000	−165.049	−372.408	−372.779	−209.521	380.244	1.081.211
25	1.500.000	−165.461	−342.585	−402.601	−219.520	369.832	1.108.433
26	1.500.000	−165.875	−310.377	−434.809	−230.331	358.608	1.132.214
27	1.500.000	−166.290	−275.593	−469.594	−242.016	346.508	1.152.915
28	1.500.000	−166.705	−238.025	−507.161	−254.648	333.460	1.170.862
29	1.500.000	−167.122	−197.452	−547.734	−268.301	319.390	1.186.349
30	1.500.000	−167.540	−153.633	−591.553	−283.057	304.216	1.199.638
31	1.500.000	−167.959	−106.309	−638.877	−299.005	287.850	1.210.966
32	1.500.000	−168.379	−55.199	−689.987	−316.240	270.195	1.220.546

– $VPL(11\%) = \$1.220.545,57$

– $TIR = 16,93\%$ ao ano

– $Payback = 10$ anos

Λ   *O projeto, considerando o cenário analisado, apresenta viabilidade*

Exercício 220. Na análise para a compra de um novo equipamento de informática, duas oportunidades mostraram-se atrativas: a compra de um equipamento com tecnologia 2 anos desatualizada ou a compra de um equipamento recém-lançado. Ao se optar pela primeira alternativa, o custo inicial será de $50.000,00 e o custo operacional mensal será de $300,00 durante 5 anos; após este prazo o equipamento será substituído, sendo seu valor de revenda de $5.000,00. Já a segunda alternativa exige um investimento inicial de $80.000,00, custo operacional de $200,00 por mês durante 8 anos e possui um valor de revenda de $20.000,00. A taxa mínima de atratividade é de 1,4% am/m. Qual a melhor alternativa de investimento?

− *Cálculo da taxa anual*
− $i_a = (1 + i_m)^{12} - 1 \therefore i_a = 18,1559\%\ aa/a$

Ψ 1ª alternativa

− $VP(1) = -50.000 - 300 \cdot fvp(1,4\%; 60) + 5.000/(1 + 0,014)^{60}$
− $VP(1) = -50.000 - 300 \cdot \left[\frac{[1-(1+0,014)^{-60}]}{0,014}\right] + 5.000/(1 + 0,014)^{60}$
− $VP(1) = -50.000 - 300 \cdot 40,4119 + 5.000/2,3019$
− $VP(1) = -50.000 - 12.123,58 + 2.171,16 = -59.952,42$
− *Cálculo do custo anual equivalente*
− $VAE(1) = VP(1)/fvp(18,1559\%; 5)$
− $VAE(1) = -59.952,42/\left[\frac{[1-(1+0,181559)^{-5}]}{0,181559}\right]$
− $VAE(1) = -59.952,42/3,11616$

Λ $VAE(1) = -\$19.239,20$

Ψ 2ª alternativa

− $VP(2) = -80.000 - 200 \cdot fvp(1,4\%; 96) + 20.000/(1 + 0,014)^{96}$
− $VP(2) = -80.000 - 200 \cdot \left[\frac{[1-(1+0,014)^{-96}]}{0,014}\right] + 20.000/(1 + 0,014)^{96}$
− $VP(2) = -80.000 - 200 \cdot 52,6255 + 20.000/3,7988$
− $VP(2) = -80.000 - 10.525,10 + 5.264,85 = -85.260,25$
− *Cálculo do custo anual equivalente*
− $VAE(2) = VP(2)/fvp(18,1559\%; 8)$
− $VAE(2) = -85.260,25/\left[\frac{[1-(1+0,181559)^{-8}]}{0,181559}\right]$
− $VAE(2) = -85.260,25/4,05795$

Λ $VAE(2) = -\$21.010,68$

Λ *A alternativa que apresenta o menor custo anual é a primeira. Será necessário avaliar o que será feito nos 3 anos adicionais entre as duas soluções*

ENGENHARIA ECONÔMICA

Exercício 221. A implantação de um oleoduto para transporte de petróleo bruto entre uma plataforma de petróleo e o litoral pode ser feita em um ano e tem um custo inicial de $10.000.000,00, desembolsados antecipadamente. A vida útil econômica deste oleoduto é de 30 anos, sem valor residual ao final. Durante o período de operação do oleoduto, sua receita líquida anual dependerá do volume de petróleo bruto transportado. Segundo os estudos efetuados, a expectativa é transportar 150 milhões de barris por ano nos primeiros 5 anos, com aumento de 50 milhões de barris por ano nos próximos 15 anos e diminuição para 150 milhões de barris por ano nos últimos 10 anos. A receita líquida auferida no transporte de cada milhão de barris através do oleoduto é de $6.500,00. Para uma TMA de 10% aa/a, determine se o projeto do gasoduto é viável, considerando os seguintes cenários para o volume de transportado (a) 100% como esperado, (b) 90% da expectativa e (c) 110% da expectativa.

Valores x mil		Cenário 100%			Cenário 90%			Cenário 110%		
Ano	Vol.	Receita	FC	FCAD	Receita	FC	FCAD	Receita	FC	FCAD
0			−10.000	−10.000		−10.000	−10.000		−10.000	−10.000
1	150	975	975	−9.114	878	878	−9.202	1.073	1.073	−9.025
2	150	975	975	8.308	878	878	−8.477	1.073	1.073	−8.139
3	150	975	975	−7.575	878	878	−7.818	1.073	1.073	−7.333
4	150	975	975	−6.909	878	878	−7.218	1.073	1.073	−6.600
5	150	975	975	−6.304	878	878	−6.674	1.073	1.073	−5.934
6	200	1.300	1.300	−5.570	1.170	1.170	−6.013	1.430	1.430	−5.127
7	200	1.300	1.300	−4.903	1.170	1.170	−5.413	1.430	1.430	−4.393
8	200	1.300	1.300	−4.297	1.170	1.170	−4.867	1.430	1.430	−3.726
9	200	1.300	1.300	−3.745	1.170	1.170	−4.371	1.430	1.430	−3.120
10	200	1.300	1.300	−3.244	1.170	1.170	−3.920	1.430	1.430	−2.568
11	200	1.300	1.300	−2.788	1.170	1.170	−3.510	1.430	1.430	−2.067
12	200	1.300	1.300	−2.374	1.170	1.170	−3.137	1.430	1.430	−1.612
13	200	1.300	1.300	−1.998	1.170	1.170	−2.798	1.430	1.430	−1.197
14	200	1.300	1.300	−1.655	1.170	1.170	−2.490	1.430	1.430	−821
15	200	1.300	1.300	−1.344	1.170	1.170	−2.210	1.430	1.430	−479
16	200	1.300	1.300	−1.061	1.170	1.170	−1.955	1.430	1.430	−167
17	200	1.300	1.300	−804	1.170	1.170	−1.724	1.430	1.430	116
18	200	1.300	1.300	−570	1.170	1.170	−1.513	1.430	1.430	373
19	200	1.300	1.300	−358	1.170	1.170	−1.322	1.430	1.430	607
20	200	1.300	1.300	−164	1.170	1.170	−1.148	1.430	1.430	819
21	150	975	975	−33	878	878	−1.029	1.073	1.073	964
22	150	975	975	87	878	878	−922	1.073	1.073	1.096
23	150	975	975	196	878	878	−824	1.073	1.073	1.216
24	150	975	975	295	878	878	−734	1.073	1.073	1.325
25	150	975	975	385	878	878	−653	1.073	1.073	1.424
26	150	975	975	467	878	878	−580	1.073	1.073	1.514
27	150	975	975	541	878	878	−513	1.073	1.073	1.595
28	150	975	975	609	878	878	−452	1.073	1.073	1.670
29	150	975	975	670	878	878	−397	1.073	1.073	1.737
30	150	975	975	726	878	878	−346	1.073	1.073	1.799

Ψ Cenário de 100%

− $VPL(10\%) = \$726.144,11$

− $TIR = 10,83\%$ *ao ano*

− *Payback* $= 22$ *anos*

Ψ Cenário de 90%

− $VPL(10\%) = -\$346.470,30$
− $TIR = 9,60\%$ ao ano
− $Payback = 31$ anos

Ψ Cenário de 110%

− $VPL(10\%) = \$1.798.758,53$
− $TIR = 12,03\%$ ao ano
− $Payback = 17$ anos

Λ O projeto matematicamente é viável, porém o payback é longo e a TIR está muito próxima da TMA. O projeto poderia ser melhorado com a utilização de um financiamento para permitir uma alavancagem e com isto melhorar a TIR

Exercício 222. A aquisição de uma máquina de perfuração pode ser feita através de três alternativas mutuamente exclusivas, conforme os fluxos de caixa apresentados na tabela abaixo, na qual são mostrados os custos e benefícios líquidos anuais esperados de cada alternativa. A primeira alternativa $FC(1)$ é a compra de uma nova máquina com vida útil de 8 anos. A segunda alternativa $FC(2)$ é o aluguel de uma nova máquina durante um período de 8 anos. A terceira alternativa $FC(3)$ é continuar utilizando a máquina existente, o que requer uma grande revisão agora, bem como manutenção adicional nos próximos anos. A TMA considerada é de 9% aa/a. Determinar qual das três alternativas deve ser selecionada.

n	FC(1)	FC(2)	FC(3)
0	−9.900,00	−6.700,00	−2.400,00
1 − 2	2.600,00	2.800,00	850,00
3 − 5	2.600,00	500,00	850,00
6 − 7	2.600,00	1.000,00	850,00
8	2.600,00	1.500,00	850,00

Ψ Fazendo a análise dos fluxos de caixa, temos

| Ano | Alternativa (1) | | Alternativa (2) | | Alternativa (3) | | FC Inc. |
	FC(1)	FC A. Desc.	FC(2)	FC A. Desc.	FC(3)	FC A. Desc.	(1-3)
0	−9.900	−9.900	−6.700	−6.700	−2.400	−2.400	−7.500
1	2.600	−7.515	2.800	−4.131	850	−1.620	1.750
2	2.600	−5.326	2.800	−1.774	850	−905	1.750
3	2.600	−3.319	500	−1.388	850	−248	1.750
4	2.600	−1.477	500	−1.034	850	354	1.750
5	2.600	213	500	−709	850	906	1.750
6	2.600	1.763	1.000	−113	850	1.413	1.750
7	2.600	3.186	1.000	434	850	1.878	1.750
8	2.600	4.491	1.500	1.187	850	2.305	1.750

Ψ Alternativa (1)

- $VPL(9\%) = \$4.490,53$
- $TIR = 20,26\%$ ao ano
- Payback = 5 anos

Ψ Alternativa (2)

- $VPL(9\%) = \$1.186,88$
- $TIR = 15,08\%$ ao ano
- Payback = 7 anos

Ψ Alternativa (3)

- $VPL(9\%) = \$2.304,60$
- $TIR = 31,44\%$ ao ano
- Payback = 4 anos

Λ As duas melhores alternativas são a (1) e a (3). A TIR da alternativa (3) é melhor, porém, como temos diferentes valores de investimento, devemos verificar o fluxo de caixa incremental da alternativa (1 − 3).

Ψ Análise do fluxo incremental (1 − 3)

- $VPL(9\%) = \$2.185,93$
- $TIR = 16,42\%$ ao ano

Λ O fluxo incremental tem VPL positivo e a TIR é maior que a TMA, portanto devemos optar pela alternativa (1)

Exercício 223. Uma empresa tem como atividade principal a fabricação de colheitadeiras. Ela tem a necessidade de utilizar um caminhão de apoio ao abastecimento de alguns tipos de insumos, sendo que existe a opção de comprar ou de alugar o caminhão. A compra necessita de um investimento inicial de $228.000,00 e um custo operacional de $7.500,00 por mês, e após quatro anos o caminhão será substituído, sendo o seu valor de revenda de $65.000,00. O aluguel possui o custo mensal de $8.100,00, mais um custo operacional mensal de $4.100,00. A taxa mínima de atratividade para o capital da empresa é de 14,50% aa/a. Qual a opção mais adequada para a empresa?

Ψ Compra. Vamos determinar o custo mensal durante os 4 anos e comparar com o valor do aluguel

- $i = 14,50\%$ aa/a ≡ $1,13476\%$ am/m
- $INV = 228.000,00$
- $REV = 65.000$ após 4 anos
- $COP = 7.500$/mês
- $VPcompra = 228.000 - 65.000 \cdot (1 + 0,145)^{-4}$
- $VPcompra = 190.182,62$
- $VAEcompra = 190.182,62 \cdot fvp(1,13476\%; 48)$

- $VAEcompra = 5.160,56$
- $Custo\ mensal = VAEcompra + Custo\ Operacional$

Λ   Custo mensal com a compra = $12.660,57/mês

Ψ   Aluguel

- $Aluguel = 8.100$
- $COP = 4.100$

Λ   Custo mensal com o aluguel = $12.200,00/mês
Λ   O aluguel do caminhão é mais econômico

Exercício 224. Uma unidade industrial tem quatro projetos independentes em desenvolvimento, cujos fluxos de caixa são mostrados na tabela abaixo. Determinar a aceitabilidade de cada um desses projetos, considerando a TMA da indústria como 17% aa/a.

n	FC(1)	FC(2)	FC(3)	FC(4)
0	−36.500,00	−38.000,00	−37.200,00	-
1	15.700,00	15.000,00	-	−11.000,00
2	15.700,00	14.250,00	-	−11.000,00
3	15.700,00	13.500,00	-	−11.000,00
4	15.700,00	12.150,00	44.600,00	−11.000,00
5	15.700,00	11.542,50	80.280,00	74.928,00

Ψ   Fazendo a análise dos projetos

Ano	Projeto (1)		Projeto (2)		Projeto (3)		Projeto (4)	
	FC	FCAD	FC	FCAD	FC	FCAD	FC	FCAD
0	−36.500,0	−36.500,0	−38.000,0	−38.000,0	−37.200,0	−37.200,0	-	-
1	15.700,0	−23.081,2	15.000,0	−25.179,5	-	−37.200,0	−11.000,0	−9.401,7
2	15.700,0	−11.612,1	14.250,0	−14.769,7	-	−37.200,0	−11.000,0	−17.437,4
3	15.700,0	−1.809,5	13.500,0	−6.340,7	-	−37.200,0	−11.000,0	−24.305,4
4	15.700,0	6.568,8	12.150,0	143,2	44.600,0	−13.399,2	−11.000,0	−30.175,6
5	15.700,0	13.729,7	11.542,5	5.407,8	80.280,0	23.217,4	74.928,0	3.999,9

Ψ   Projeto (1)   Ψ   Projeto (2)

- $VPL(17\%) = \$13.729,73$ - $VPL(17\%) = \$5.407,84$
- $TIR = 32,47\%$ ao ano   - $TIR = 23,36\%$ ao ano
- $Payback = 4$ anos   - $Payback = 4$ anos

Ψ Projeto (3)   Ψ Projeto (4)

- VPL(17%) = $23.217,40
- TIR = 30,03% ao ano
- Payback = 5 anos

- VPL(17%) = $3.999,91
- TIR = 22,47% ao ano
- Payback = 4 anos

Λ Todos os projetos possuem condições de serem implementados

Exercício 225. Uma empresa de mineração de fosfato tem um projeto cujo custo inicial para implantação é de $2.545.000,00, e o lucro líquido anual esperado será de $440.000,00 nos próximos 10 anos. Ao final deste prazo, será necessário investir um montante de $350.000,00 na recomposição ambiental do sítio. Considerando que todos os valores sofrerão o efeito de uma taxa de inflação de 3,5% ao ano, verifique se a implantação do projeto é viável com as TMAs de 8,5%, 12,5% e 16,5% aa/a.

Ano	Lucro Líq.	Investimento	FC	FC A. Desc. 8,50%	12,50%	16,50%
0		−2.545.000,0	−2.545.000,0	−2.545.000,0	−2.545.000,0	−2.545.000,0
1	455.400,0		455.400,0	−2.125.276,5	−2.140.200,0	−2.154.098,7
2	471.339,0		471.339,0	−1.724.895,1	−1.767.784,0	−1.806.817,3
3	487.835,9		487.835,9	−1.342.964,4	−1.425.161,3	−1.498.288,3
4	504.910,1		504.910,1	−978.634,3	−1.109.948,4	−1.224.187,5
5	522.582,0		522.582,0	−631.093,5	−819.952,5	−980.673,0
6	540.872,3		540.872,3	−299.568,5	−553.156,3	−764.331,8
7	559.802,9		559.802,9	16.678,9	−307.703,8	−572.131,7
8	579.396,0		579.396,0	318.352,7	−81.887,5	−401.378,8
9	599.674,8		599.674,8	606.124,5	125.863,5	−249.679,9
10	620.663,5		620.663,5	880.634,9	316.994,4	−114.908,7
11		−510.989	−510.989,4	672.337,0	177.121,3	−210.150,3

Ψ Vamos calcular a TIR do fluxo de caixa e os VPLs e paybacks para as 3 TMAs

Ψ TIR

- TIR = 14,21% ao ano

Ψ TMA = 8,5% aa/a

- VPL(8,5%) = $672.337,01
- Payback = 7 anos

Ψ TMA = 12,5% aa/a

- VPL(12,5%) = $177.121,34
- Payback = 9 anos

Ψ TMA = 16,5% aa/a

- VPL(16,5%) = −$210.150,34
- Payback = não ocorre

Λ O projeto tem uma TIR baixa em relação as TMAs avaliadas, apresentando cenários de inviabilidade

Exercício 226. Um condomínio deseja instalar um sistema de aquecimento central de água. A primeira opção é um sistema elétrico com custo inicial de $900.000,00 que trará uma economia mensal durante 4 anos de $28.000,00. A segunda opção é um sistema de caldeira a diesel que exigirá um investimento inicial de $400.000,00 e trará uma economia mensal durante 3 anos de $14.000,00. Qual a melhor alternativa de investimento?

Ψ Como não está definida a TMA do condomínio, vamos calcular a TIR das alternativas para verificar qual é a melhor

Ψ Sabendo que a TIR é a taxa que zera o valor presente líquido, temos

Ψ Alternativa 1

- $0 = -900.000 + 28.000 \cdot fvp(TIR\%; 48)$
- $900.000 = 28.000 \cdot fvp(TIR\%; 48)$

Ψ HP12C®

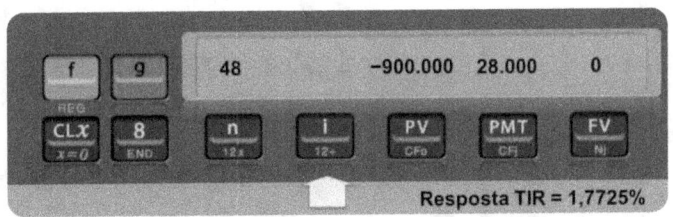

Λ $TIR_1 = 1,7725\%$ ao mês

Ψ Alternativa 2

- $0 = -400.000 + 14.000 \cdot fvp(TIR\%; 36)$
- $400.000 = 14.000 \cdot fvp(TIR\%; 36)$

Ψ HP12C®

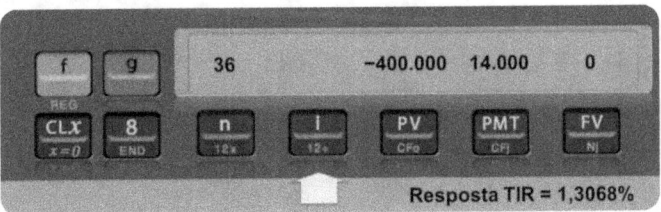

Λ $TIR_2 = 1,3068\%$ ao mês

Λ *A melhor alternativa, se não houver restrição de capital, é a primeira*

Exercício 227. Uma construtora do ramo imobiliário tem duas alternativas para a construção de um pequeno edifício comercial com a finalidade de locação posterior. Na análise está sendo considerado que o ciclo de vida do projeto será de 30 anos e o valor residual será igual a zero. Os custos iniciais de construção, os custos anuais de manutenção e os benefícios anuais dos dois planos, mutuamente exclusivos, estão ilustrados na tabela a seguir. Após o início da operação, os custos anuais apresentarão um crescimento de 1,2% em relação ao ano anterior, e as receitas uma redução de 0,8% em relação ao ano anterior. Se a TMA da construtora é de 6% aa/a, qual a melhor alternativa?

Ano	Alternativa(2)		Alternativa(3)	
n	Custo	Receita	Custo	Receita
0	−450,00		−500,00	
1	−450,00		−500,00	
2	−90,00		−100,00	
3 − 30	−6,30	107,91	−11,50	124,85

Valores em milhões

Ψ Cálculo dos fluxos de caixa

n	Receita(1)	Custo(1)	FC(1)	Receita(2)	Custo(2)	FC(2)	FC Inc. (2 − 1)
0		−450,00	−450,00		−500,00	−500,00	−50,00
1		−450,00	−450,00		−500,00	−500,00	−50,00
2		−90,00	−90,00		−100,00	−100,00	−10,00
3	107,91	−6,30	101,61	124,85	−11,50	113,35	11,74
4	107,04	−6,37	100,67	123,85	−11,63	112,22	11,55
5	106,18	−6,44	99,74	122,85	−11,76	111,09	11,35
6	105,33	−6,51	98,82	121,86	−11,90	109,96	11,14
7	104,48	−6,58	97,90	120,88	−12,04	108,84	10,94
8	103,64	−6,65	96,99	119,91	−12,18	107,73	10,74
9	102,81	−6,72	96,09	118,95	−12,32	106,63	10,54
10	101,98	−6,80	95,18	117,99	−12,46	105,53	10,35
11	101,16	−6,88	94,28	117,04	−12,60	104,44	10,16
12	100,35	−6,96	93,39	116,10	−12,75	103,35	9,96
13	99,54	−7,04	92,50	115,17	−12,90	102,27	9,77
14	98,74	−7,12	91,62	114,24	−13,05	101,19	9,57
15	97,95	−7,20	90,75	113,32	−13,20	100,12	9,37
16	97,16	−7,28	89,88	112,41	−13,35	99,06	9,18
17	96,38	−7,36	89,02	111,51	−13,51	98,00	8,98
18	95,60	−7,44	88,16	110,61	−13,67	96,94	8,78
19	94,83	−7,52	87,31	109,72	−13,83	95,89	8,58
20	94,07	−7,61	86,46	108,84	−13,99	94,85	8,39
21	93,31	−7,70	85,61	107,96	−14,15	93,81	8,20
22	92,56	−7,79	84,77	107,09	−14,31	92,78	8,01
23	91,81	−7,88	83,93	106,23	−14,48	91,75	7,82
24	91,07	−7,97	83,10	105,38	−14,65	90,73	7,63
25	90,34	−8,06	82,28	104,53	−14,82	89,71	7,43
26	89,61	−8,15	81,46	103,69	−14,99	88,70	7,24
27	88,89	−8,24	80,65	102,86	−15,16	87,70	7,05
28	88,17	−8,33	79,84	102,03	−15,34	86,69	6,85
29	87,46	−8,42	79,04	101,21	−15,52	85,69	6,65
30	86,76	−8,52	78,24	100,40	−15,70	84,70	6,46

Ψ   Resultado da análise dos fluxos de caixa

Ψ   Alternativa (1)   Ψ   Alternativa (2)

– $VPL(1)(6\%) = \$152,42$ – $VPL(2)(6\%) = \$163,27$
– $TIR(1) = 7,39\%$ ao ano   – $TIR(2) = 7,35\%$ ao ano

Ψ   Como temos uma divergência entre as alternativas 2 e 3, faremos a análise incremental (2 – 1)

– $VPL(inc) \cdot (6\%) = \$10,85$
– $TIR(inc) = 6,95\%$ ao ano

Λ   *Pela análise dos fluxos de caixa incremental, verificamos que o investimento adicional da alternativa (2) em relação à (1) produz rendimentos acima da TMA. Portanto, concluímos que a melhor alternativa é a (2)*

Exercício 228. A *Sigma Rail,* empresa construtora de ferrovias, necessita comprar um equipamento de lançamento de trilhos que, segundo sua avaliação, deverá gerar benefícios líquidos equivalentes a $800.000,00 por ano nos próximos 10 anos. O preço de compra é de $5.000.000,00, com um valor residual ao final dos 10 anos de 10% do preço de compra. Para realizar a compra, a empresa deverá tomar um financiamento em uma instituição financeira no valor de $3.000.000,00 à taxa de juros de 6% aa/a, e o empréstimo deverá ser pago em prestações anuais iguais, durante 5 anos. O valor restante de $2.000.000,00 irá compor os recursos do caixa da empresa. Verifique a viabilidade da compra, considerando as TMAs de 6% aa/a, 9% e 12%.

Lucro Líquido	Capital Próprio	Financ.	Fluxo de Caixa	FC Acumulado Descontado		
				6,00%	9,00%	12,00%
	–2.000.000		–2.000.000	–2.000.000	–2.000.000	–2.000.000
850.000		–712.189	137.811	–1.869.990	–1.873.568	–1.876.955
850.000		–712.189	137.811	–1.747.339	–1.757.576	–1.767.093
850.000		–712.189	137.811	–1.631.630	–1.651.160	–1.669.002
850.000		–712.189	137.811	–1.522.471	–1.553.532	–1.581.421
850.000		–712.189	137.811	–1.419.491	–1.463.964	–1.503.223
850.000			850.000	–820.274	–957.137	–1.072.587
850.000			850.000	–254.976	–492.158	–688.090
850.000			850.000	278.325	–65.571	–344.789
850.000			850.000	781.439	325.792	–38.270
850.000			850.000	1.256.074	684.841	235.407
	–500.000		–500.000	992.680	491.075	91.669

Ψ Determinando a TIR do fluxo de caixa e os VPLs e paybacks para as 3 TMAs

Ψ TIR

— *TIR = 12,79% ao ano*

Ψ TMA = 6% aa/a

— *VPL(6%) = $992.680,23*
— *Payback = 8 anos*

Ψ TMA = 9% aa/a

— *VPL(9%) = $491.074,99*
— *Payback = 9 anos*

Ψ TMA = 12% aa/a

— *VPL(12%) = $91.668,84*
— *Payback = 10 anos*

Λ *O projeto somente apresentará viabilidade se a TMA for inferior à TIR*

9
Custos

Na análise de projetos de investimento temos como ferramenta de trabalho o seu fluxo de caixa, que envolve a avaliação e projeção de todos os custos incidentes na implantação do projeto. Identificar e projetar estes custos, ao longo do ciclo de vida do projeto, é uma tarefa onerosa e que requer muita atenção. Neste capítulo vamos abordar os conceitos relativos aos custos e a terminologia empregada.

9.1 Conceitos relativos a Custos

9.1.1 Produção

Um projeto de investimento resulta em um ativo que realiza a transformação dos insumos disponíveis nos produtos a serem oferecidos ao mercado consumidor. Os produtos podem ser bens físicos e materiais, mas também serviços, atividades financeiras, comércio, disponibilização de infraestrutura e outras atividades. Desta forma, a produção é o processo de transformação, e o produto seu resultado.

9.1.2 Custo do ciclo de vida

A *vida útil* ou *vida econômica* de um produto é o horizonte temporal que deve ser definido no contexto de cada projeto. O *ciclo de vida* de um produto começa com a identificação da necessidade ou desejo econômico deste produto e termina com o desempenho das atividades finais para a satisfação desta necessidade ou o fim da sua *vida útil*. O fim do ciclo de vida pode ser determinado pela conclusão da atividade, pela obsolescência tecnológica ou pela falta de desempenho econômico.

O termo *custo do ciclo de vida*, na análise de projetos, se refere à soma de todos os custos, relacionados ao produto, seja uma infraestrutura, um sistema ou um serviço, durante toda sua *vida útil*. São os custos desde a compra de um equipamento e sua utilização até o final de sua vida útil, como a construção de uma ponte e a posterior manutenção e cobrança de pedágio, a implantação de uma usina hidroelétrica e a futura manutenção e operação para o fornecimento de energia ou a implantação de uma fábrica e a produção de determinado produto para atender uma demanda de mercado.

9.1.3 Custos afundados

Custos afundados ou irrecuperáveis são custos que ocorreram no passado e não são reversíveis em função da execução ou não do projeto de investimento, mesmo que os resultados obtidos, com a realização destes custos, sejam de grande importância para a análise de viabilidade do projeto ou para o futuro do projeto de investimento. Para verificar se um custo é afundado, devemos fazer a seguinte pergunta: se o projeto não for executado, o custo deixará de existir? Por exemplo, um estudo de demanda para sustentar as premissas do fluxo de caixa é fundamental para fazer a análise de viabilidade, porém seu custo, se já foi incorrido, não tem relevância, uma vez que o custo continuará existindo quer o projeto seja implantado ou não.

> "Assim, a regra fundamental a ser lembrada é que investimentos e fluxos de caixa passados são *irrecuperáveis*, e que apenas os fluxos de caixa presentes e futuros afetam a decisão de continuar ou abandonar um projeto" (SAMANEZ, 2009 p. 86).

9.1.4 Custo de oportunidade

Um *custo de oportunidade* é a rentabilidade que não foi obtida pela utilização dos *fatores de produção* em outro negócio. O custo de oportunidade, portanto, não é um desembolso; ele tem origem na desistência de um benefício. Tomemos como base um determinado ativo que pode gerar riqueza, independente da oportunidade de investimento em análise. Quando for aprovada esta oportunidade de investimento, o ativo ficará impossibilitado de obter aquela riqueza, pois será alocado ao projeto.

Neste caso, a perda de benefício deve ser considerada um custo de oportunidade na análise de viabilidade do projeto demandante do ativo.

"Quando pensamos em custos, normalmente pensamos nos custos tangíveis, ou seja, aqueles em que realmente precisamos tirar dinheiro do bolso. Um *custo de oportunidade* é ligeiramente diferente, pois exige que desistamos de um benefício" (ROSS, et al., 2013 p. 320).

"O custo de oportunidade é incorrido devido ao uso de recursos limitados. São as vantagens econômicas perdidas em uma alternativa de investimento de modo a permitir optar por outra oportunidade de investimento; ou seja, é o custo da melhor oportunidade rejeitada (perdida) e que muitas vezes está oculto ou implícito" (DEGARMO, et al., 1997 p. 32).[20]

9.2 Custos de Produção

9.2.1 Custos diretos

Os *custos diretos* são os custos de produção que podem ser facilmente identificados e alocados para um determinado produto ou serviço. São custos mensuráveis, a fim de serem incluídos de forma direta no cálculo do custo dos produtos ou serviços. São exemplos de custos diretos os insumos e a mão de obra que os transforma empregados na produção de determinado produto. O custo direto com mão de obra é o custo integral, e inclui, além do salário, os encargos sociais, as provisões de férias e décimo terceiro salário, e todos os benefícios incidentes.

9.2.2 Custos indiretos

Os *custos indiretos* são os custos que são difíceis de alocar para um produto ou serviço específico. São os custos gerais de toda a empresa ou custos relativos a um grupo de produtos que não podem ser individualizados. Por exemplo, custos de ferramentas e equipamentos comuns a diversos produtos, manutenção de equipamentos, materiais de limpeza, mão de obra indireta, referente a atividades realizadas em setores auxiliares da empresa ou por prestadores de serviços, como vigilância, manutenção de equipamentos, limpeza e afins. A depreciação dos equipamentos, os aluguéis e os seguros também são exemplos de custos indiretos. Para alocar os custos indiretos a um determinado produto ou serviço, é necessário realizar um procedimento de rateio.

---

[20] Tradução do autor

9.2.3 Custos fixos

Os *custos fixos* são compromissos assumidos que não sofrem alteração de valor em caso de aumento ou diminuição da produção, ou seja, independentemente do nível de atividade produtiva, esses custos ocorrerão na empresa. São exemplos de custos fixos: o aluguel da unidade industrial, a depreciação dos equipamentos da linha de produção, os impostos referentes aos imóveis da unidade fabril, além de limpeza, conservação, segurança e vigilância, aluguéis de equipamentos e salários da administração.

Os custos fixos são inerentes a uma determinada capacidade instalada de produção, e eles aumentam quando é necessário ampliar a capacidade. No médio e longo prazo os custos fixos podem ser reduzidos através, se possível, da diminuição da capacidade instalada.

9.2.4 Custos variáveis

Os *custos variáveis* são os custos relacionados à produção, e possuem a característica de serem diretamente proporcionais à quantidade produzida ou às atividades executadas. Ou seja, os custos variáveis estão associados ao volume produzido ou ao volume de vendas efetivado em um determinado prazo. São exemplos de custos variáveis: as matérias-primas, a mão de obra, os equipamentos de segurança para o trabalho da mão de obra direta, comissões de vendas e insumos diretos necessários à produção, como água e energia.

Os custos variáveis então sujeitos a lotes mínimos de fabricação, economia de escala nos suprimentos e capacidade dos equipamentos. Muitas vezes estes custos serão múltiplos de quantidades unitárias, e as condições elencadas anteriormente devem ser consideradas no cálculo do custo variável unitário.

9.3 Custos recorrentes e não recorrentes

Os *custos não recorrentes* são aqueles que ocorrem apenas uma vez ou de forma esporádica, ou, ainda, são causados por um evento externo excepcional. Normalmente envolvem o desenvolvimento ou o estabelecimento de uma capacidade de produção, quer seja a implantação da unidade industrial ou sua ampliação. São custos não repetitivos, mesmo que o desembolso relativo a eles possa ocorrer durante um determinado prazo. Exemplos desses custos são: o custo de compra do terreno onde será implantada uma nova indústria, dos equipamentos e da própria construção das instalações. Em uma crise financeira, quando se gera um custo financeiro adicional por um curto espaço de tempo, é usual se referir a ele como um custo não recorrente.

Os *custos recorrentes* são aqueles custos correntes de produção que ocorrem de forma continuada quando a empresa produz bens e serviços. Os custos variáveis são recorrentes, uma vez que se repetem a cada unidade produzida. Os custos fixos desembolsados de forma repetitiva também são custos recorrentes, e pode-se citar como exemplo o aluguel do escritório e a mão de obra indireta.

9.4 Custo Marginal

O *custo marginal* é o custo de produção de uma unidade adicional do produto para um determinado volume de produção. A aplicação do conceito de custo marginal está associada a uma unidade em produção além de um determinado volume de produção contratado, sendo necessário descobrir quanto custa produzir a unidade seguinte a partir desse volume.

O menor custo marginal tende a se aproximar do custo variável de produção, e o maior ocorre quando é esgotada a capacidade de produção e para produzir a unidade seguinte é preciso ampliar a capacidade instalada. O custo marginal sofre influência de lotes econômicos de compra, dos equipamentos instalados, da produtividade das equipes, da disponibilidade de espaço físico e do próprio arranjo de produção.

O custo marginal expressa a variação no custo total quando se aumenta ou diminui a produção em uma unidade. Ele é alterado por diversos efeitos, e seu comportamento é explicado por uma lei empírica conhecida como Lei dos rendimentos decrescentes.

Lei dos rendimentos decrescentes: À medida que ocorre o aumento de uma determinada produção, os equipamentos e a mão de obra são cada vez mais utilizados; e à medida que a ociosidade vai diminuindo, o incremento na produção não é constante, e o aumento passa a ter taxas decrescentes. Com isto, os custos marginais de se produzir uma unidade adicional aumentam.

Analisando de forma matemática, o custo marginal é dado pela variação do custo total dividida pela variação da quantidade total produzida.

- $Cmg = \Delta CT / \Delta Q$

  Onde:

- Cmg = *Custo marginal;*
- ΔCT = *Variação do custo total;*
- ΔQ = *Variação da quantidade produzida.*

9.4.1 Custo médio x custo marginal

Para entender a diferença entre o custo médio, que é obtido por meio da divisão do custo total pela quantidade produzida, e o custo marginal, que é obtido por meio da divisão da variação de uma dessas grandezas pela variação da outra quando produzimos uma unidade adicional, vamos resolver um exercício.

Exercício 229. A *Celta parafusos* é uma produtora de parafusos para a indústria automobilística. O imóvel onde está instalada sua unidade fabril tem um custo de locação de $5.000,00 por mês. A *Celta parafusos* produz de forma recorrente para seus clientes 100 mil parafusos e apresenta um custo variável para cada unidade produzida de $0,55. Calcule o custo total de produção e o custo médio para cada parafuso produzido.

Ψ   O custo total é igual à soma dos custos fixos com os custos variáveis, e o custo médio é o custo total dividido pela quantidade produzida

- *Custo fixo* = 5.000 · 12 = 60.000,00
- *Custo variável* = 100.000 · 0,55 = 55.000,00

Λ   *CT* = $115.000,00

- *Cmed* = 115.000,00 / 100.000

Λ   *Cmed* = $1,15 *para cada lote de mil parafusos*

A *Celta parafusos* recebeu um pedido, de um novo cliente, para um lote de 5 mil parafusos. Há capacidade ociosa suficiente para fabricar esta quantidade sem incrementar os custos fixos atuais, e este acréscimo de 5% não afeta a produtividade e os prazos de produção dos 100 mil originais.

O novo cliente está propondo o preço de $0,85 por parafuso, desconsiderando as situações mercadológicas de política de preço e o respeito aos clientes antigos. A Celta deveria aceitar o pedido?

Ψ   Esta é uma questão típica envolvendo o Custo médio e o Custo Marginal. Se compararmos o valor proposto de $0,85 com o custo médio de $1,15, não deveríamos aceitar, mas se compararmos esse valor com o custo marginal de $0,55, deveríamos aceitar, pois teremos margem de lucro sobre a operação

Ψ   Nesta situação o custo fixo de $60.000 é um custo afundado, que vai ocorrer independente de aceitarmos ou não o pedido. Portanto, não é relevante para a tomada de decisão. Como o custo médio de $1,15 está em função do custo fixo, ele também não é relevante. Se efetivamente a produção dos 5 mil parafusos adicionais tem um custo marginal de $0,55, deveríamos aceitar os pedidos que gerem uma receita superior a este valor, novamente desconsiderando os aspectos de risco e mercadológicos

9.5 Ponto de Equilíbrio

O *ponto de equilíbrio (break even point)* de uma unidade industrial consiste no faturamento mínimo, ou na quantidade mínima de produtos que será necessário vender, de tal forma que a receita resultante seja suficiente para pagar o custo total. O ponto de equilíbrio é o nível de produção em que as receitas de vendas permitem pagar a totalidade dos custos variáveis e dos custos fixos, e as vendas realizadas além deste ponto passam a gerar lucro.

O *payback*, visto anteriormente, pode ser considerado o prazo para chegarmos ao ponto de equilíbrio. As projeções de vendas futuras necessárias para alcançar o ponto de equilíbrio, são um importante marco na análise dos riscos envolvidos na implantação dos projetos de investimento.

O ponto de equilíbrio é a quantidade comercializada que confirma a seguinte equação:

- *Receita unitária·Quantidade = Custo variável unitário·Quantidade + Custo Fixo Total*
- *Q(PE) = Custo Fixo Total/ (Receita unitária − Custo variável unitário)*
- *Q(PE) = CFT/(RU − CVU)*

> "A concorrência no mercado muitas vezes cria pressões para diminuir o ponto de equilíbrio de um negócio; quanto menor o ponto de equilíbrio, menor a probabilidade de ocorrerem perdas durante as flutuações do mercado" (DEGARMO, et al., 1997 p. 46).[21]

Representação gráfica do ponto de equilíbrio

A figura a seguir é a representação gráfica do *Ponto de Equilíbrio*. Os custos fixos, dentro de um determinado intervalo de produção, não sofrem variação com o incremento da produção. Os custos variáveis crescem com o aumento da produção. Porém, esse crescimento tem uma taxa menor que o crescimento da receita, o que gera a interseção entre elas, que representa o *Ponto de Equilíbrio*.

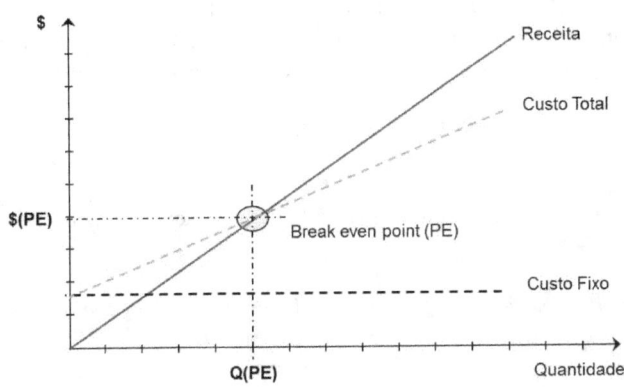

Figura 16 − Identificação gráfica do Ponto de equilíbrio

---

[21] Tradução do autor.

Equações utilizadas para o cálculo do ponto de equilíbrio

Relações referentes aos ingressos e desembolsos totais:

- *Receita total = Quantidade·Preço*
- $RT = Q \cdot P$
- *Custo Variável Total = Quantidade·Custo Variável Unitário*
- $CV = Q \cdot CVU$
- *Custo Total = Custo Variável Total + Custo Fixo Total*
- $CT = CV + CF$

Os resultados são calculados através das seguintes equações:

- *Lucro Bruto = Receita total − Custo Total*
- $LB = RT - CT$
- *Lucro líquido = (Receita − Custos variáveis − Custos fixos − Depreciação)·(1 − Imposto de Renda)*
- $LL = (RT - CV - CF - DEP) \cdot (1 - IR)$

9.5.1 Margem de contribuição

A margem de contribuição é a diferença, para uma unidade produzida, entre a receita gerada e seu custo variável. A quantidade de produtos vendidos para atingir o ponto de equilíbrio é aquela que, multiplicada pela margem de contribuição, totaliza o valor suficiente para cobrir os custos fixos. Acima desta produção a margem de contribuição gera lucro, e abaixo desta produção teremos prejuízo.

- *Margem de contribuição unitária = Receita unitária − Custo variável unitário*
- $MC = RU - CVU$

A quantidade relativa ao ponto de equilíbrio pode ser obtida através da seguinte fórmula:

- *Quantidade no Ponto de equilíbrio = Custo Fixo Total / Margem de contribuição*
- $Q(PE) = CFT/MC$

9.5.2 Índice da margem de contribuição (IMC)

Quando estamos avaliando o ponto de equilíbrio a partir dos dados agregados da empresa, é necessário calcular o índice da margem de contribuição para posteriormente calcular o ponto de equilíbrio.

- *Índice da margem de contribuição = Margem de Contribuição agregada / Receita Total*
- $IMC = MCA/RT$

- $Q(PE) = CFT/IMC$

9.5.3 Ponto de equilíbrio financeiro, contábil e econômico

Utilizando o conceito de equilíbrio entre receitas e custos, podemos adotar três enfoques distintos.

Ponto de equilíbrio financeiro (de caixa)

O ponto de equilíbrio financeiro é atingido quando o custo fixo desembolsado é recuperado, não sendo considerados os custos não desembolsados, como amortização, exaustão e depreciação. Neste caso, apenas os gastos que representam desembolso em dinheiro são considerados.

- $Q(PE_{financeiro}) = \dfrac{\text{Custos Fixos Totais} - \text{Custos não desembolsáveis}}{\text{Margem de contribuição unitária}}$

Atingimos o ponto de equilíbrio financeiro quando o fluxo de caixa acumulado é igual a zero.

Ponto de equilíbrio contábil

O ponto de equilíbrio contábil é atingido quando o volume financeiro das vendas de uma unidade industrial é igual à soma dos seus custos fixos e variáveis. Este é o ponto de equilíbrio mais conhecido e utilizado. A quantidade de produtos desse ponto de equilíbrio é obtida por meio da divisão do custo fixo total pela margem de contribuição (receita menos custos variáveis).

- $Q(PE_{contábil}) = \dfrac{\text{Custos Fixos Totais}}{\text{Margem de contribuição unitária}}$

Quando as vendas atingem o ponto de equilíbrio contábil, o lucro resultante é igual a zero e o fluxo de caixa acumulado é igual à depreciação.

Ponto de equilíbrio econômico

Consiste em determinar o volume de vendas não só para pagar o custo variável e o custo fixo, mas também para remunerar o custo de oportunidade do custo fixo. O ponto de equilíbrio econômico é o volume de vendas que resulta em um VPL igual a zero. Portanto, é o ponto de equilíbrio considerando o valor do dinheiro no tempo. Ou seja, a quantidade no ponto de equilíbrio é o valor presente dos custos fixos dividido pelo valor presente da margem de contribuição.

- $Q(PE_{Econômico}) = \dfrac{INV + CF \cdot fvp(i\%;\, n)}{MCU \cdot fvp(i\%;\, n)}$

Podemos ainda calcular o ponto de equilíbrio considerando uma remuneração adicional ao empreendedor por meio da adição do VPL esperado à equação.

- $Q(PE_{Econômico}) = \dfrac{VPL + INV + CF \cdot fvp(i\%; n)}{MCU \cdot fvp(i\%; n)}$

Exercício 230. A *KZT equipamentos especiais* produz exclusivamente equipamentos para perfuração utilizados na escavação de túneis. O preço de venda de cada equipamento é de $460.000,00. Os custos variáveis unitários de produção são de $180.000,00 e os custos fixos anuais são de $8.880.000,00. A unidade industrial da KZT teve um custo de implantação de $40.000.000,00 e está sendo depreciada em 10 anos. O retorno antes do imposto de renda esperado pela KZT é de 15% aa/a. Determine os pontos de equilíbrio operacional anuais, contábil, financeiro, econômico e o volume de vendas anual para resultar no VPL de $10.000.000,00.

- $MCU = RU - CV$
- $MCU = 460.000 - 180.000$
- $MCU = 280.000$
- $CF = 8.880.000$
- $DEP = 40.000.000/10$
- $DEP = 4.000.000$
- $CFT = (CF + DEP) = 8.880.000 + 4.000.000 = 12.880.000$

Ψ Ponto de Equilíbrio Contábil

- $Q(PEc) = CFT/MCU$
- $Q(PEc) = 12.880.000/280.000$

Λ *Q(PEc) = 46 unidades*

Ψ Ponto de Equilíbrio de Caixa

- $Q(PEcx) = CF/MCU$
- $Q(PEcx) = 8.880.000/280.000$
- $Q(PEcx) = 31,71$

Λ *Q(PEcx) = 32 unidades*

Ψ Ponto de Equilíbrio Econômico

- $TMA = 15\%\ aa/a$
- $Q(PEf) = (INV + CF \cdot fvp(15\%; 10))/MCU \cdot fvp(15\%; 10)$
- $Q(PEf) = (40.000.000 + 8.880.000 \cdot 5,0188)/280.000 \cdot 5,0188$
- $Q(PEf) = 84.566.665/1.405.264 = 60,18$

$\Lambda \quad Q(PEf) = 61$ unidades

Ψ Ponto de Equilíbrio VPL = 10.000.000

- $Q(PE10) = (VPL + INV + fvp(15\%; 10))/MCU \cdot fvp(15\%; 10)$
- $Q(PE10) = (10.000.000 + 40.000.000 + 8.880.000 \cdot 5,0188)/280.000 \cdot 5,0188$
- $Q(PE10) = 84.566.665/1.405264 = 67,30$

$\Lambda \quad Q(PE10) = 68$ unidades

9.6 Conceitos contábeis para a análise de investimentos

A contabilidade apresenta diversas normas e procedimentos para a alocação e a consideração do momento em que os custos terão impacto na apuração do resultado do projeto e no seu fluxo de caixa. Alguns conceitos são necessários para a elaboração do fluxo de caixa.

Gasto é qualquer dispêndio financeiro realizado no âmbito do projeto de investimento. São os recursos financeiros utilizados na elaboração dos seus produtos ou na execução dos seus serviços. Todo gasto implica no desembolso de um recurso do projeto, normalmente dinheiro.

Custos são os *Gastos* feitos na aquisição dos insumos e serviços necessários para a realização das atividades do projeto de investimento, para a criação dos seus produtos ou execução dos seus serviços. Os custos diretos e os custos indiretos, sob forma de rateio, são atribuídos à atividade-fim, estando associados aos produtos ou serviços produzidos pelo projeto.

Investimentos são os *Gastos* que contabilmente devem ser lançados como ativo, em função de sua vida útil ser superior a um período contábil ou de seus benefícios serem usufruídos ao longo de vários exercícios. Nos projetos de investimento, os investimentos são todos os gastos destinados à implantação do projeto, ou seja, todos os gastos de capital destinados à implantação do Capex. Os investimentos têm tratamento contábil distinto dos custos, sendo alocados ao ativo para posteriormente serem depreciados[22].

Despesas são os *Gastos* com os insumos ou com os serviços consumidos ao logo de cada período contábil, direta ou indiretamente necessários para o normal funcionamento do projeto, mas não vinculados aos produtos ou serviços prestados. Os próprios gastos com a contabilidade são considerados despesas. As despesas são lançadas diretamente, sendo deduzidas das receitas no resultado do período contábil. Neste aspecto, quando da comercialização dos produtos ou

---

[22] Existem, em projetos de investimento, outras formas de tratamento contábil, tais como sua classificação como ativo intangível ou ativo financeiro.

serviços prestados pelo projeto, todos os custos se transformam em despesas. Também são *Despesas:*

(i) *Despesas Tributárias*, ou seja, os gastos com o pagamento de impostos, taxas e contribuições; e

(ii) *Despesas Financeiras* com juros e demais gastos vinculados aos financiamentos, além de eventuais gastos de juros com fornecedores e com a cobrança de duplicatas provenientes da comercialização dos produtos ou serviços a prazo.

Perdas são *Gastos* em produtos ou serviços consumidos de forma anormal e involuntária, gastos estes que não resultarão na obtenção de receita. As perdas, assim como as despesas, vão diretamente à conta de resultado.

A Figura 17 a seguir sumariza o caminho seguido pelos gastos até serem lançados no demonstrativo de resultado de cada exercício.

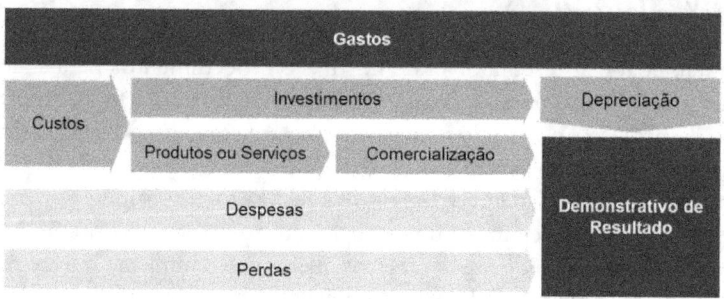

Figura 17 - Tratamento contábil dos gastos

9.6.1 Depreciação ou amortização do investimento

Um projeto de investimento consiste normalmente em um investimento inicial e posteriormente, em função deste investimento, em uma receita ou uma economia de custos. A relação obtida entre o valor investido e a receita futura é que torna o projeto mais ou menos atrativo, ou ainda viável ou não viável.

A implantação e a posterior operação de projetos têm repercussão contábil e tributária no balanço das empresas. Os aspectos relativos à forma de depreciação no caso de ativos permanentes, ou de amortização no caso de ativo intangível ou financeiro, têm impacto na montagem do fluxo de caixa e, por consequência, na análise de viabilidade. No caso de se tratar de um projeto em que o investimento é um ativo permanente, a depreciação deve ser feita de acordo com a vida útil desse ativo. A autoridade tributária normalmente fixa os prazos de depreciação e amortização dos diversos tipos de ativos.

Em contabilidade, a depreciação, segundo o Manual de Contabilidade Societária (GELBCKE, et al., 2018), *"não tem como objetivo repor o ativo, mas recuperar o valor originalmente nele investido"*. A depreciação corresponde a um valor periódico por uso, obsolescência ou desgaste natural em função da vida útil contábil do ativo. Desta forma, a taxa anual de depreciação de um ativo será fixada em função do prazo durante o qual se possa esperar sua utilização econômica.

Tabela 9 - Taxas de depreciação adotadas no Brasil

Item	Taxa de depreciação	Prazo de depreciação
Edificações	4% ao ano	25 anos
Instalações	10% ao ano	10 anos
Móveis e Utensílios	10% ao ano	10 anos
Máquinas e Equipamentos	10% ao ano	10 anos
Ferramentas	15% ao ano	6,67 anos
Veículos	20% ao ano	5 anos
Caminhões	25% a 20%	4 a 5 anos
Equipamentos de Informática	20% ao ano	5 anos
Equipamentos de Comunicação	20% ao ano	5 anos

Fonte: INSTRUÇÃO NORMATIVA SRF N° 162, DE 31 DE DEZEMBRO DE 1998.

9.6.2 Ganho de capital

Na análise de projetos, quando estamos avaliando a substituição ou alienação de equipamentos, devemos verificar se esta operação apresenta ganho de capital. Identificamos um ganho ou perda de capital através da diferença entre o preço de venda e o saldo a depreciar dos ativos. Teremos ganho de capital quando esta diferença for positiva, e perda quando a diferença for negativa.

Os ativos sujeitos à tributação pelo critério de ganho de capital são aqueles classificados como investimento, imobilizado ou intangível integrantes do ativo não circulante. O conceito de ganho ou perda de capital se aplica inclusive nos casos de desapropriação, na baixa por perecimento, extinção, desgaste, obsolescência ou exaustão.

No caso de o recebimento do preço da venda ocorrer de forma parcelada, durante mais de um exercício contábil, a tributação ocorrerá na proporção da parcela do preço recebida em cada período de apuração.

Portanto, na alienação de um ativo que está sendo contabilmente depreciado teremos as seguintes situações:

a) Valor de venda igual ao saldo a depreciar: nesta situação não teremos repercussão fiscal;
b) Valor de venda inferior ao saldo a depreciar: neste caso a operação apresenta um prejuízo contábil que poderá ser utilizado para reduzir o lucro contábil de outras operações, reduzindo assim o imposto a pagar;
c) Valor de venda superior ao saldo a depreciar: neste caso teremos ganho de capital, que será tributado pelo imposto de renda.

§ O valor do ganho de capital terá incidência do imposto de renda pessoa jurídica e da contribuição social, segundo o regime de tributação adotado pela empresa[23]. Para o caso das empresas que utilizam o regime do Lucro Real, as receitas auferidas na venda de ativos não circulantes não constituem base de cálculo para as contribuições para o PIS e a COFINS.

Exercício 231. A *Evoke Peças*, empresa produtora de peças automotivas, está vendendo um torno industrial comprado 6 anos antes pelo valor de $240.000,00, e a depreciação está sendo feita em um prazo de 10 anos desde a aquisição. Considerando a alíquota de IRPJ e de Contribuição Social de 34%, calcule o valor líquido que resultará desta venda se ela ocorrer com os preços de venda de $80.000,00 e de $150.000,00.

Ψ O equipamento foi adquirido por $240.000,00 e depreciado no prazo de 10 anos, portanto a depreciação anual é de $24.000,00

– Saldo a depreciar = 4·24.000 = $96.000,00
– A venda por $80.000,00 é inferior ao saldo a depreciar, portanto não haverá tributação

Λ   VL = $80.000,00

– Se a venda ocorrer por 150.000,00, teremos ganho de capital
– GC = 150.000 – 96.000 = $54.000,00
– IR = 0,34·54.000 = $18.360,00
– VL = VV – IR
– VL = 150.000 – 18.360

Λ   VL = $131.640,00

9.6.3 Ativo Intangível e Ativo Financeiro

A identificação do modelo contábil aplicável a um projeto de investimento do tipo concessão ou PPP está vinculada à identificação da forma de remuneração do concessionário de acordo com o CPC 47[24].

a) Quando o concessionário é remunerado diretamente pelos usuários dos serviços públicos prestados pelo projeto, os investimentos efetuados devem ser contabilizados como *ativo intangível*.

---

[23] Neste texto não iremos abordar os diferentes tipos de regimes tributários: lucro real, lucro presumido ou simples nacional. Iremos considerar sempre que nossas empresas e projetos estão no regime de lucro real.

[24] Comitê de pronunciamentos contábeis, pronunciamento técnico CPC 47 – Receita de contrato com cliente. Correlação com as Normas Internacionais de Contabilidade – IFRS 15.

b) Quando o responsável pela remuneração do concessionário for o poder concedente, os investimentos devem ser contabilizados como *ativo financeiro*.

c) No caso de haver os dois tipos de remuneração teremos um modelo híbrido, em que uma parte será contabilizada como ativo intangível e outra como ativo financeiro.

A utilização de cada critério terá tratamentos contábeis e fiscais específicos, tendo repercussões no demonstrativo de resultados e gerando um fluxo tributário distinto da metodologia de depreciação tradicional.

Ativo intangível

O concessionário deve reconhecer um *ativo intangível* na medida em que recebe a autorização de cobrar dos usuários dos serviços públicos[25]. Esse direito não constitui direito incondicional de receber os pagamentos, uma vez que o recebimento estará condicionado à utilização do serviço pelo usuário.

Ativo Financeiro

O concessionário deve reconhecer um *ativo financeiro* na medida em que tem o direito contratual incondicional de receber os pagamentos do concedente em função dos investimentos realizados. O concessionário terá este direito se o concedente garantir o pagamento em contrato (i) de valores preestabelecidos ou determináveis ou (ii) em caso de insuficiência dos valores recebidos dos usuários dos serviços públicos, o concedente tiver a obrigação de complementar até atingir valores preestabelecidos ou determináveis. O ativo financeiro deve ser contabilizado, mesmo que os pagamentos estejam condicionados ao atendimento de requisitos específicos de qualidade ou eficiência na prestação do serviço.

Amortização dos ativos intangíveis e ativos financeiros

A amortização tanto do intangível quanto do ativo financeiro deve ser realizada dentro do prazo da concessão. O valor a amortizar deve ser *pari passu* com a efetiva realização do recebimento dos benefícios econômicos gerados pelo ativo.

---

[25] Restrito aos serviços públicos de construção unicamente, conforme elucidação do *Basis for Conclusions* da IFRIC 12 (BC32 e BC58). Serviços de operação e melhoria recebem o tratamento conforme Pronunciamentos Técnicos CPC 17 e 30.

9.6.4 Impostos cumulativos e não cumulativos

Impostos cumulativos

Os impostos denominados cumulativos são aqueles que incidem sobre a receita aferida com a comercialização dos produtos, não sendo considerados dedutíveis os impostos pagos sobre os insumos utilizados na cadeia produtiva. Desta forma, são pagos impostos sobre os impostos incorridos nas etapas anteriores de produção. O pagamento do imposto, incluído no preço de venda dos insumos, gera bitributação, e não há a compensação dos impostos recolhidos nas etapas anteriores.

No Brasil são exemplos de impostos cumulativos:

a) Imposto sobre Serviços (ISS);
b) Programa de Integração Social (PIS); e
c) Contribuição para o Financiamento da Seguridade Social (COFINS).

§ *No caso de empresas que adotam o regime de lucro real, o PIS e a COFINS são não cumulativos.*

Impostos não cumulativos

O imposto é denominado não cumulativo quando ele é aplicado somente sobre o valor agregado em cada etapa da cadeia de produção, criando um sistema de créditos e débitos em que o valor do imposto pago anteriormente pode ser abatido do valor a pagar na etapa seguinte de produção.

No Brasil, são exemplos de impostos não cumulativos:

a) Imposto sobre Circulação de Mercadorias e Prestação de Serviços (ICMS);
b) Imposto sobre Produtos Industrializados (IPI); e
c) PIS e COFINS, em caso de empresa de lucro real.

Este sistema, denominado *Imposto sobre o Valor Agregado*, é o mais adotado pelos países.

9.7 Diferimento e amortização de despesas pré-operacionais

Despesas pré-operacionais

São as despesas necessárias à implantação e ampliação dos empreendimentos industriais da empresa, inclusive as de cunho administrativo, desembolsadas ou tendo o fato gerador antes do início de suas operações ou da plena utilização de suas instalações.

As seguintes despesas são consideradas despesas pré-operacionais[26]:

a) as despesas administrativas pré-operacionais ou pré-industriais incorridas durante a fase de implantação do projeto;
b) os juros pagos ou incorridos durante o período de construção e pré-operação;
c) os juros pagos ou creditados aos acionistas durante o período que anteceder o início das operações.

Amortização de despesas pré-operacionais

As despesas pré-operacionais são amortizadas após o início da operação do projeto de investimento. A quota de amortização dedutível em cada período será determinada pela aplicação da taxa anual de amortização sobre o valor original da despesa.

O início da amortização destas despesas ocorre juntamente com o início da operação, e a taxa anual de amortização depende da legislação vigente. Neste livro, serão empregados os seguintes critérios:

a) o número de anos restantes de existência do direito de exploração;
b) o prazo de no máximo 10 anos e no mínimo 5 anos;
c) o número de períodos de apuração em que deverão ser usufruídos os benefícios decorrentes das despesas pré-operacionais.

Nos fluxos de caixa vamos considerar que as despesas pré-operacionais, quando desembolsadas, serão amortizadas em 10 anos, e no caso dos juros capitalizados elas serão amortizadas conforme o fluxo de caixa do efetivo pagamento.

9.8 Exercícios resolvidos de custos

Exercício 232. A *Excelsior Drill* possui uma planta industrial com a capacidade para produzir 5.700 furadeiras por mês. A unidade tem um custo fixo mensal de $449.500,00. O custo unitário para produzir cada furadeira é de $257,00. As furadeiras são comercializadas por $412,00. Com a unidade produzindo à plena capacidade, encontre o ponto de equilíbrio em unidades de furadeiras por mês. Qual deveria ser a redução dos custos fixos para manter o lucro, havendo uma redução de vendas de unidades de 20%?

Ψ   Cálculo da Margem de contribuição

$-\ MC = RU - CVU\ = 412 - 257 = 155$

---

[26] A legislação pode variar, porém é usual nos sistemas tributários que estas despesas sejam classificadas como pré-operacionais.

Ψ Cálculo do Ponto de Equilíbrio

- $Q(PE) = CFT/MC$
- $Q(PE) = 449.500/155 = 2.900 \ un/mês$

  Λ O *ponto de equilíbrio é a comercialização de 2.900 unidades por mês*

Ψ Cálculo do lucro com a produção de 5.700 un

- $L = MC \cdot (Q(P) - Q(PE))$
- $L = 155 \cdot (5.700 - 2.900) = 155 \cdot 2.800$
- $L = \$434.000,00$

Ψ Cálculo do novo custo fixo com a redução de vendas para manter o lucro

- $Vendas = (1 - 20\%) \cdot 5.700 = 4.560 \ un$
- $L = \$434.000,00 \therefore Q = 2.800 \ un$
- $Q(nPE) = 4.560 - 2.800 = 1.760 \ un$
- $Q(nPE) = nCFT/MC$
- $1.760 = nCFT/155$

  Λ $nCFT = \$272.800,00$
  Λ *Redução de 39,31% do custo fixo anterior*

Exercício 233. A *JSenterprise*, no ano de 2100, obteve uma receita total de $600.000,00, com projeção de crescimento de 10% para o ano seguinte. Considerando que seu custo fixo estimado é de $163.000,00 e o custo variável é de $208.000,00, determine o ponto de equilíbrio de vendas para o ano de 2101.

Ψ Determinando a margem de contribuição

- $MC = RT - CVT$
- $MC = 600.000 \cdot 1,1 - 208.000 = 452.000$

Ψ Calculando o índice da margem de contribuição

- $IMC = MC/RT$
- $IMC = 452.000/660.000 = 0,6849$

Ψ Determinando as vendas necessárias para chegar ao seu ponto de equilíbrio

- $V(PE) = CFT/IMC$
- $V(PE) = 163.000/0,6849$

  Λ $PE = \$237.990,95$
  Λ *Para cobrir seus custos, a empresa deve vender no ano pelo menos 238 mil em produtos*

Exercício 234. A *Lambda Silício*, produtora de *chips* de silício, apresentou em seu relatório anual para o ano de 2100 os seguintes dados: receita total de $319.726 mil, custo fixo de $72.830 mil e custo variável de $120.846 mil. Calcule o ponto de equilíbrio da companhia.

Ψ Cálculo do Índice de margem de contribuição

- $MC = RT - CVT$
- $MC = 319.726.000 - 120.846.000 = 198.880.000$
- $IMC = MC/RT$
- $IMC = 198.880.000/319.726.000$
- $IMC = 0{,}62203$
- $V(PE) = CFT/IMC$
- $V(PE) = 72.830.000/0{,}62203$

Λ $PE = \$117.084$ *mil de faturamento*

Exercício 235. A vinícola *Château neuf* estima que sua colheita de uvas este ano será de 20 toneladas de uva, o que resultará na produção de 18.000 garrafas de vinho, que serão comercializadas a $380,00 por unidade, sendo que o custo fixo de produção é de $2.480.000 e o custo variável por unidade é de $100,00. Devido às condições de clima, estima-se que a safra possa aumentar em 4 toneladas, porém neste caso o preço da garrafa de vinho seria reduzido em $80,00. Calcule o ponto de equilíbrio e o lucro nos dois cenários.

Ψ Situação original

- $MC = 380 - 100 = 280$
- $Q(PE) = 2.480.000/280$
- $Q(PE) = 8.857$ *garrafas de vinho*
- *Lucro bruto* $= 18.000 \cdot 280 - 2.480.000$
- *Lucro bruto* $= \$2.560.000{,}00$

Ψ Situação com aumento de safra de 4t (20%)

- *A produção teria um aumento de 20%*
- $Q(P) = 21.600$ *garrafas de vinho*
- *Preço de venda* $= 300{,}00$
- *Custo variável* $= 100{,}00$
- $MC = 300 - 100 = 200$
- $Q(PE) = 2.480.000/200$
- $Q(PE) = 12.400$ *garrafas de vinho*
- *Lucro bruto* $= 21.600 \cdot 200 - 2.480.000$
- *Lucro bruto* $= \$1.840.000{,}00$

Λ *Não compensa o aumento da produção do vinho, pois a redução de margem no vinho não é compensada pelo aumento da produção*

Exercício 236. A *BlackRock Iron* possui uma mina que produz 50.000t de minério de ferro por ano, gerando 38% de rejeito. Um processo de tratamento do rejeito pode recuperar 20% de minério de ferro a um custo de $30,00 por tonelada, além de gerar economia de $5,00 por tonelada pela diminuição da quantidade de rejeito. Um segundo processo de tratamento recuperaria 15% de minério, mas custaria apenas $10,00 por tonelada de material recuperado, além de gerar economia de $5,00 por tonelada. O minério recuperado pode ser vendido a $60,00 a tonelada. Qual o método a ser adotado se o objetivo é maximizar o resultado total da mina?

- *Mineração = minério de ferro + rejeito*
- *Minério de ferro = 50.000t (62%)*
- *Rejeito = 30.645t (38%)*

Ψ Considerando que são duas alternativas mutuamente exclusivas e que na análise devemos considerar somente os aspectos que as diferenciam, teremos

Ψ Alternativa A

- *Recuperação de 20% do rejeito*
- *Minério de ferro adicional = 20%·30.645 = 6.129t*
- *Custo de recuperação = 30·6.129 = $183.870*
- *Economia = 5·6.129 = $30.645*
- *Custo líquido = $153.225,00*
- *Receita = 60·6.129 = $367.740,00*
- *Lucro Bruto = $214.515,00*

Ψ Alternativa B

- *Recuperação de 15% do rejeito*
- *Minério de ferro adicional = 0,15·30.645 = 4.596t*
- *Custo de recuperação = 10·4.596 = $45.596*
- *Economia = 5·4.596 = $22.980*
- *Custo líquido = $22.616,00*
- *Receita = 60·4.596 = $275.760,00*
- *Lucro Bruto = $253.144,00*

Λ *A Alternativa A resulta em maior lucro*

Exercício 237. A instituição financeira *Caos Finance* faz captações de recursos no mercado à taxa de juros de 120% do CDI, e seus custos fixos são de $20 milhões por ano. Considerando os cenários indicados abaixo, determine o *spread* para o ponto de equilíbrio e a taxa de juros dos empréstimos mínima para cada cenário.

a.) Empréstimos de $1 bilhão por ano e taxa do CDI de 3,4% aa;
b.) Empréstimos de $2 bilhões por ano e taxa do CDI de 4,4% aa;
c.) Qual a taxa de juros nos dois cenários necessária para obter o lucro de $60 milhões?

Ψ a.) Determinando a margem de contribuição em milhões

- $MC = RT - CVT$
- $MC = 1.000 \cdot (1 + 1{,}2 \cdot 0{,}034) \cdot (1 + Spread) - 1.000 \cdot (1 + 1{,}2 \cdot 0{,}034)$
- $MC = 1.040{,}80 \cdot (1 + Spread) - 1.040{,}80$
- $MC = 1.040{,}80 \cdot Spread$

Ψ Para que 1 bilhão seja o ponto de equilíbrio, o Custo Fixo tem que ser igual à margem de contribuição total

- $CF = MC$
- $20 = 1.040{,}80 \cdot Spread$
- $Spread = 20/1.040{,}80$
- $Spread = 1{,}9216\%$
- Taxa mínima dos empréstimos $= (1 + 1{,}2 \cdot 0{,}034) \cdot (1 + Spread) - 1$

Λ Taxa mínima dos empréstimos $= 6{,}08\%$ aa/a

- Com este volume de operações, somente com taxas acima deste valor a entidade começa a ter lucro.

Ψ b.) Determinando a margem de contribuição

- $MC =$ Receita unitária − Custo variável unitário
- $MC = RT - CVT$
- $MC = 2.000 \cdot (1 + 1{,}2 \cdot 0{,}044) \cdot (1 + Spread) - 2.000 \cdot (1 + 1{,}2 \cdot 0{,}044)$
- $MC = 2.105{,}60 \cdot (1 + Spread) - 2.105{,}60$
- $MC = 2.105{,}60 \cdot Spread$

Ψ Para que 2 bilhões seja o ponto de equilíbrio, o Custo Fixo tem que ser igual à margem de contribuição total

- $CF = MC$
- $20 = 2.105{,}60 \cdot Spread$
- $Spread = 20/2.105{,}60$
- $Spread = 0{,}9498\%$

- Taxa mínima dos empréstimos = $(1 + 1{,}2 \cdot 0{,}044) \cdot (1 + Spread) - 1$

Λ Taxa mínima dos empréstimos = 6,28% aa/a

- Com este volume de operações, somente com taxas acima deste valor a entidade começa a ter lucro.

Ψ c.) para se obter o lucro mínimo, a margem de contribuição tem que ser suficiente para pagar o custo fixo total mais o lucro desejado

Ψ Na alternativa a.)

- $20 + 60 = 1.040{,}80 \cdot Spread$
- Spread = 7,6864%
- Taxa mínima dos empréstimos = $(1 + 1{,}2 \cdot 0{,}034) \cdot (1 + Spread) - 1$

Λ Taxa mínima dos empréstimos = 12,08% aa/a

Ψ Na alternativa b.)

- $20 + 60 = 2.105{,}60 \cdot Spread$
- Spread = 3,7994%
- Taxa mínima dos empréstimos = $(1 + 1{,}2 \cdot 0{,}044) \cdot (1 + Spread) - 1$

Λ Taxa mínima dos empréstimos = 9,28% aa/a

Exercício 238. A *Safer Can*, que produz latas de alumínio para um grande produtor de cervejas, vende-as ao preço unitário de $0,50, sendo que o custo unitário variável de produção é de $0,25. Ela teve no ano custos fixos desembolsados de $82.500,00 e o valor investido está sendo depreciado em 20 anos com valor anual de $200.500,00. Durante o ano, a *Safer Can* produziu e vendeu 2.980.000 unidades.
a.) Considerando que o custo de oportunidade do capital próprio é de 12%, calcule o ponto de equilíbrio contábil, o de caixa e o econômico;
b.) Se ocorrer uma redução de $0,05 no preço de venda do produto, qual a redução da rentabilidade do negócio?

- $INV = 200.500 \cdot 20$
- $INV = 4.010.000$
- $CFT = (CF + DEP) = 82.500 + 200.500 = 283.000$

Ψ Ponto de Equilíbrio Contábil

- $MCU = RU - CVU$
- $MCU = 0{,}50 - 0{,}25$
- $Q(PEc) = CFT/MCU$
- $Q(PEc) = 283.000/0{,}25$

Λ $Q(PEc) = 1.132.000$ un

Ψ Ponto de Equilíbrio de Caixa

- $Q(PEcx) = CF/MCU$
- $Q(PEcx) = 82.500/0,25$

  Λ $Q(PEcx) = 330.000$ un

Ψ Ponto de Equilíbrio Econômico

- $TMA = 12\%$ aa/a
- $Q(PEe) = (INV + CF \cdot fvp(12\%; 20))/MCU \cdot fvp(12\%; 20)$
- $Q(PEe) = (4.010.000 + 82.500 \cdot 7,4694)/0,25 \cdot 7,4694$
- $Q(PEe) = 4.626.225/1.405264$

  Λ $Q(PEe) = 2.477.429$ un

Ψ b.) Redução do custo fixo

- $LUCROant = MC \cdot Vendas - CFT$
- $LUCROant = 0,25 \cdot 2.980.000 - 283.000$
- $LUCROant = \$462.000,00$
- Com redução
- $MC = 0,45 - 0,25 = 0,20$
- $LUCRO = 0,20 \cdot 2.980.000 - 283.000$
- $LUCRO = \$313.000,00$

  Λ Ocorre uma redução de $\$149.000,00$ no lucro da empresa

Exercício 239. A *Evergreen LED* fabrica lâmpadas de *LED* nas seguintes condições: o custo variável de matéria-prima é de $0,40 por unidade e o custo variável de mão de obra é de $0,31. Os custos fixos são de $850.000,00 e no último ano a produção foi de 4.200.000 unidades. O preço de venda de cada unidade é de $1,35 por unidade. Qual o custo total de produção? Qual é o custo médio? Qual é o custo marginal por unidade? Se a empresa receber um pedido adicional de 100.000 lâmpadas, qual será o preço total mínimo aceitável?

- $CT = CVT + CF$
- $CT = 4.200.000 \cdot 0,71 + 850.000$

  Λ $CT = \$3.832.000,00$

- $Cmed = CT/Q$
- $Cmed = 3.832.000/4.200.000$

Λ $Cmed = \$0,912$ por unidade produzida

Λ $Cmg = \$0,71$, considerando que existe capacidade de produção ociosa e os custos fixos permanecem constantes

Λ Considerando que o pedido adicional de 100.000 não afeta o custo e o prazo dos pedidos anteriores, o preço de venda deve estar acima do valor do custo marginal

Exercício 240. A *CrystalClear* produz para a indústria automobilística 20.000 unidades de para-brisas por ano. Ela deseja ampliar sua produção, e tem duas opções para fazê-lo. Atualmente a fábrica tem um custo fixo de $2.500.000,00, um custo variável de $55,00 por unidade e sua receita unitária é de $200,00. A primeira opção — de ampliar em 30% a capacidade — exige um investimento inicial de $870.000,00, um incremento de 15% no custo fixo e um custo variável por unidade de $42,50. A segunda opção — de ampliar a capacidade em 40% — exige um investimento inicial de $1.400.000,00, um incremento no custo fixo de 20% e um custo variável por unidade de $44,00. Para ampliar as vendas, será necessária a redução do preço de venda em 5% para cada 10% de ampliação de vendas. Os recursos necessários para financiar a ampliação serão obtidos à taxa de juros de 8% aa/a e os investimentos serão depreciados integralmente durante sua vida útil de 8 anos. Determine o ponto de equilíbrio de vendas de cada uma das alternativas e indique a melhor alternativa.

Ψ A título de simplificação, vamos considerar que as vendas atuais não serão afetadas em volume e preços

Ψ Ampliação em 30% da Capacidade

- Capacidade Ampliada = $0,30 \cdot 20.000 = 6.000$
- Investimento = $870.000,00$
- Depreciação = $870.000/8 = 108.750$
- Custo Fixo Adicional = $0,15 \cdot 2.500.000 = 375.000$
- Custo Variável = $42,50$
- Receita Unitária = $(1 - 3 \cdot 0,05) \cdot 200 = 170,00$
- $MC = RU - CVU = 170 - 42,5 = 127,50$

Ψ Ponto de Equilíbrio contábil

- $Q(PEc) = CFT/MCU$
- $Q(PEc) = 483.750/127,5 = 3.794,12$
- % da Capacidade adicional = 63%

Ψ Ponto de equilíbrio econômico

- $TMA = 8\%$ aa/a

- *Vida útil = 8 anos*
- $Q(PEe) = (INV + CF \cdot fvp(8\%; 8))/MCU \cdot fvp(8\%; 8)$
- $Q(PEe) = (870.000 + 375.000 \cdot 5,7466)/127,50 \cdot 5,7466 = 4.128,57$
- *% da Capacidade adicional = 69%*
- $VPL = 0$
- *Cálculo do VPL para 100% da capacidade*
- $TMA = 8\%\ aa/a$
- $VPL = -INV + (MC \cdot Q - CFanual) \cdot fvp(8\%; 8)$
- $VPL = -870.000 + (127,50 \cdot 6.000 - 375.000,00) \cdot 5,7466$

  Λ $VPL = \$1.371.189,19$

Ψ Ampliação em 40% da Capacidade

- *Capacidade Ampliada* $= 0,40 \cdot 20.000 = 8.000$
- *Investimento* $= 1.400.000,00$
- *Depreciação* $= 1.400.000/8 = 175.000$
- *Custo Fixo Adicional* $= 0,20 \cdot 2.500.000 = 500.000$
- *Custo Variável* $= 44,00$
- *Receita Unitária* $= (1 - 4 \cdot 0,05) \cdot 200 = 160,00$
- $MC = RU - CVU = 160 - 44 = 116,00$

Ψ Ponto de Equilíbrio contábil

- $Q(PEc) = CFT/MCU$
- $Q(PEc) = 675.000/116 = 5.818,97$
- *% da Capacidade adicional = 73%*

Ψ Ponto de equilíbrio econômico

- $TMA = 8\%\ aa/a$
- *Vida útil = 8 anos*
- $Q(PEe) = (INV + CF \cdot fvp(8\%; 8))/MCU \cdot fvp(8\%; 8)$
- $Q(PEe) = (1.400.000 + 500.000 \cdot 5,7466)/116,00 \cdot 5,7466 = 6.410,52$
- *% da Capacidade adicional = 80%*
- $VPL = 0$

Ψ Cálculo do VPL para 100% da capacidade

- $VPL = -INV + (MC \cdot Q - CFanual) \cdot fvp(8\%; 8)$
- $VPL = -1.400.000 + (116 \cdot 8.000 - 500.000) \cdot 5,7466$

  Λ $VPL = \$1.059.561,47$

Λ   *A geração de riqueza na primeira alternativa é maior e o volume de vendas necessário para o equilíbrio contábil e financeiro é menor, havendo folga em relação à capacidade instalada*

Exercício 241. A *JGcompany*, desejando melhorar a qualidade de seu produto, optou por promover a substituição de um componente que tem um custo unitário de $350,00 por outro que tem um custo de $720,00. A companhia apresentou os seguintes resultados no ano anterior:

Vendas = $125.000.000,00
Unidades comercializadas = 50.000
Custos Variáveis = $75.000.000,00
Custos Fixos = $25.000.000,00
Lucro antes do IR = $25.000.000,00
IR 34% = $8.500.000,00
Lucro Líquido = $16.500.000,00

Calcule:
  a.) O ponto de equilíbrio em unidades do ano anterior.
  b.) Quantas unidades a empresa deveria ter vendido para obter um lucro líquido de $18.840.000?
  c.) Considerando o aumento de preço de venda de 10% em relação ao ano anterior, quantas unidades terão que ser vendidas para que a empresa alcance o ponto de equilíbrio no novo exercício?

Ψ   a.) Ponto de Equilíbrio contábil do ano anterior

- *Receita Total = 125.000.000,00*
- *Unidades comercializadas = 50.000*
- $RU = RT/Q = 2.500$
- *Custo Fixo = 25.000.000,00*
- *Custo Variável = 75.000.000,00*
- $CVU = CV/Q = 1.500$
- $MC = RU - CVU$
- $MC = 1.000,00$
- $Q(PEc) = CFT/MCU$
- $Q(PEc) = 25.000.000/1.000$

   Λ   *Q(PEc) = 25.000 unidades*

Ψ   b.) Obter o LL de $18.840.000,00

- *Lucro Bruto = LL/(1 − IR)*
- *Lucro Bruto = 18.840.000/(1 − 0,34) = 28.545.454,55*
- $Q = (CF + LB)/MC$

- $Q = (28.545.454,55 + 25.000.000,00)/1000$

Λ $Q(LL) = 53.546$ *unidades*

Ψ c.) Ponto de Equilíbrio contábil após as Mudanças

- $RU = 2.500 \cdot 1,10 = 2.750$
- $CVU = 1.500 - 350 + 720 = 1.870$
- $MC = 880$
- Custo Fixo $= 25.000.000,00$
- $Q(PEc) = CFT/MCU$
- $Q(PEc) = 25.000.000/880$

Λ $Q(PEc) = 28.409$ *unidades*

Exercício 242. HS*discovery* está avaliando um projeto que custa $724.000,00, tem vida útil de oito anos e não tem valor residual. A depreciação é linear até chegar a zero, ao longo da vida útil do projeto. A projeção de vendas é de 90.000 unidades por ano. O preço por unidade é $48,00, os custos variáveis por unidade são de $29,00 e os custos fixos são de $780.000,00 por ano. A alíquota de imposto de renda é de 34% e o retorno esperado é de 15% ao ano. Calcule:
a.) O ponto de equilíbrio contábil;
b.) O VPL do caso-base.

Ψ a.) Ponto de Equilíbrio contábil

- Investimento $= 724.000,00$
- Vida Útil $= 8$
- Depreciação $= 724.000/8 = 90.500,00$ *por ano*
- Custo Fixo $= 780.000,00$
- Custo Variável Unitário $= 29,00$
- Receita Unitária $= 48,00$
- $MCU = RU - CVU = 19,00$
- $Q(PEc) = CFT/MCU$
- $Q(PEc) = (780.000 + 90.500)/19$
- $Q(PEc) = 45.816$ *unidades*

Ψ Cálculo do VPL para caso-base

Ψ Valor do Imposto de Renda

- Receita Total $= 4.320.000,00$
- Custo Fixo $= -780.000,00$
- Custo Variável Total $= -2.610.000,00$
- Depreciação $= -90.500,00$

- $Lucro\ Bruto = 839.500,00$
- $IR34\% = 34\% \cdot LB = 285.430,00$

Ψ Cálculo do VPL

- $TMA = 15\%\ aa/a$
- $VPL = -INV + (MC \cdot Q - CFanual - IR) \cdot fvp(15\%;\ 8)$
- $VPL = -724.000 + (19 \cdot 90.000 - 780.000,00 - 285.430,00) \cdot 5,7466$

Λ $VPL = \$2.168.392,82$

Exercício 243. Um fabricante de ferramentas e equipamentos para o setor elétrico está planejando introduzir um novo tipo de isolador cerâmico, que será vendido por $57,00. O custo fixo para 1 ano de operação é de $215.000,00 e o custo variável por unidade é de $26,00. O volume estimado de vendas é de 15.000 unidades anuais e o imposto de renda é de 34%. Determine o volume do ponto de equilíbrio, a margem de contribuição e os lucros líquidos para os cenários do volume planejado e do volume do ponto de equilíbrio.

Ψ Ponto de Equilíbrio contábil

- $Custo\ Fixo = 215.000,00$
- $MC = RU - CVU = 57 - 26 = 31,00$
- $Q(PEc) = CFT/MCU$
- $Q(PEc) = 215.000/31 = 6.936$

Ψ Planejado

- – Quantidade de vendas = 15.000 un
- – Receita Total = 855.000,00
- –Custo Variável Total = –390.000,00
- – Margem de Contribuição = 465.000,00
- – Custo Fixo = –215.000,00
- – Lucro Bruto = 250.000,00
- – IR34% = –85.000,00
- – Lucro Líquido = 165.000,00

Ψ Ponto de Equilíbrio

- Quantidade de vendas = 6.935,48 un
- Receita Total = 395.322,58
- Custo Variável Total = –180.322,58
- Margem de Contribuição = 215.000,00
- Custo Fixo = –215.000,00
- Lucro Bruto, IR34% e Lucro Líquido iguais a 0,00

10
Projetos de Investimento

Um projeto de investimento busca, através da aplicação de uma certa quantidade de capital e insumos de diversos tipos, produzir um bem ou serviço, útil aos seres humanos ou à sociedade. A avaliação de um projeto de investimento consiste em verificar seu retorno econômico e social, de forma a garantir que esta necessidade humana seja atendida de forma eficiente, economicamente e financeiramente.

A avaliação começa, de forma sistemática, com a identificação da oportunidade de negócio, sua respectiva estratégia de implementação e a definição do modelo de negócio. Posteriormente, são examinados os investimentos, os custos necessários e os benefícios esperados. Enfim, o projeto é avaliado quanto ao seu desempenho econômico-financeiro e aos riscos envolvidos.

"Nos projetos de investimento temos dois fatores atuando em sentidos opostos: os retornos esperados do investimento, que atraem o investidor, e o risco, que o afasta.[...] O projeto de investimento, em sentido amplo, pode ser interpretado como o esforço para elevar o nível de informação a respeito de todas as implicações, tanto desejáveis quanto indesejáveis, para diminuir o nível de risco". (SOUZA, et al., 1995 p. 20)

Um projeto de investimento independente deve gerar riqueza suficiente para arcar com seus custos, incluindo os custos financeiros, e produzir resultados para remunerar seus empreendedores. Trata-se de um projeto em que a viabilização financeira ocorre através de uma estrutura de *funding*[27] na qual participam os acionistas (*equity*) e entidades financiadoras (*debt*), privilegiando garantias do próprio projeto, entre outras questões que usualmente demandam a criação de uma empresa independente.

10.1 Projetos de Investimento como um sistema.

A teoria geral de sistemas propõe visualizar os fenômenos dentro de uma ótica de totalidade, analisando não só seus componentes como também seu inter-relacionamento, com base no postulado de que somente é possível expressar o comportamento de um sistema conhecendo-se o detalhe das partes e de suas inter-relações.

> "O significado da expressão um tanto mística 'o todo é mais que a soma das partes' consiste simplesmente no fato de que as características constitutivas não são explicáveis a partir das características de partes isoladas. As características do complexo, portanto, comparadas às dos elementos, parecem 'novas' ou 'emergentes'. Se, entretanto, conhecermos o total das partes contidas em um sistema e as relações entre elas, o comportamento do sistema pode ser derivado do comportamento das partes" (BERTALANFFY, 2008 p. 83).

O *Sistema ambiente* é formado pelas condições que *não* estão sob o controle do tomador de decisões, enquanto os recursos e as partes encontram-se parcialmente sob seu controle. Os *Projetos de investimento* podem ser descritos como um sistema em interação com o *Sistema ambiente* — governo, clientes, fornecedores, concorrentes. Mudanças no ambiente no qual o projeto está inserido podem ameaçar sua capacidade de atingir seus objetivos.

Portanto, os projetos estão sob a constante ameaça de descontinuidade ou desequilíbrio, e sua relação com seu entorno deve ser cuidadosamente e constantemente monitorada. A complexidade dos *Projetos de investimento* torna necessária uma abordagem individualizada das partes que o compõem. Porém, sempre devemos ter presente que além das relações com o ambiente, cada parte mantém interações com as demais partes e estas relações afetam o desempenho final do projeto.

---

[27] Estrutura de capital utilizada nos projetos, composta de (i) capital dos acionistas e (ii) capital de terceiros de longo prazo obtido no mercado de capitais ou através dos lançamentos de títulos de dívida direta de longo prazo e/ou de direitos de propriedade (p.ex., debêntures e ações).

Os *Projetos de investimento,* e as partes que o compõem, são sistemas abertos que mantêm interações com o ambiente externo e com seus *stakeholders*. Dependendo do ambiente externo onde o projeto será implantado, haverá interações distintas que farão o projeto se comportar de forma distinta, mesmo se todos os demais fatores permanecerem constantes. A análise de viabilidade de um *Projeto de investimento* sempre deve estar atenta às possíveis consequências das interações com este ambiente externo.

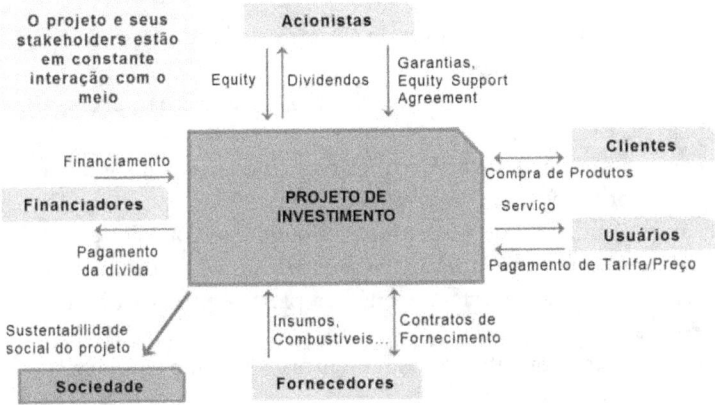

Figura 18 - Projetos de investimento e suas relações com os *stakeholders*

Fonte: baseado em (FINNERTY, 1998 p. 3).

10.2 Características dos Projetos de investimento

Projetos de investimento são projetos cuja implementação necessita de um investimento inicial de modo a garantir o posterior fornecimento de determinado produto. Os projetos de investimento podem ser oportunidades estruturadas por entidades públicas e ofertadas aos empreendedores, como as concessões e as parcerias público-privadas, ou ainda podem ter como objetivo atender uma demanda do mercado ou de uma entidade privada específica.

Os projetos de investimento, ressalvadas suas características básicas, podem ser diferenciados em dois grupos:

(i) Os projetos que na fase futura de prestação do serviço ou fornecimento de produtos geram suas próprias receitas;
(ii) Os projetos executados para uma entidade específica que será a beneficiária dos serviços ou usuária da utilidade implantada, em que a entidade é a contratante e usuária do projeto.

Do ponto de vista da entidade contratante, o projeto de investimento permite suprir uma necessidade imediata pela diluição de seu pagamento ao longo do seu ciclo de vida. Dessa forma, a necessidade imediata da infraestrutura ou do serviço, somada à ausência de recursos e, ademais, à segurança de entrega no prazo, justifica a opção por um *Projeto de investimento*.

Outro aspecto importante dos *Projetos de investimento* é que permitem a alocação compartilhada de riscos, de modo que os riscos sejam alocados sempre a quem tem a maior capacidade de gerenciá-los e mitigá-los. Isso faz com que o projeto tenha maior segurança e uma previsibilidade de custos que dificilmente outra forma de implantação poderia garantir.

Em resumo, um *Projeto de investimento* deve possuir as seguintes características:

a) Ser um ativo autônomo capaz de gerar receita para arcar com seu custo de implantação e operação;
b) Ter possibilidade de acessar os recursos financeiros necessários para sua implantação;
c) Apresentar um fluxo de caixa robusto que não necessite garantias adicionais de seus acionistas;
d) Ter uma entidade independente, sociedade de propósito específico (SPE), para isolar o projeto em relação a seus acionistas e promotores;
e) Alocar de forma correta e benéfica para o projeto os riscos entre os *stakeholders*;
f) Ter uma relação qualificada com o entorno social e ambiental.

10.3 Estrutura contratual

Normalmente os projetos de investimento têm duas fases distintas: a fase pré-operacional, que não apresenta receita, e a fase operacional, em que têm início as atividades produtivas e o projeto passa a ter receita. Na primeira fase são realizados os investimentos, não existem fluxos de caixa positivos e os custos de capital são altos. A potencial remuneração depende exclusivamente da conclusão do projeto, ou seja, de o projeto passar a desempenhar as suas funções, de passar para a fase operacional. Na segunda fase, o projeto deve produzir caixa positivo suficiente para fazer frente aos custos de manutenção e operação, ao compromisso do serviço da dívida, aos impostos incidentes sobre ele, assim como remunerar adequadamente os seus acionistas (*sponsors*).

As concessões públicas e parcerias público-privadas (PPPs) são projetos de investimento e apresentam diversas estruturas contratuais. Os modelos de contrato utilizados neste tipo de projeto de investimento são conhecidos por uma série de acrônimos.

BOT (*Build, Operate and Transfer*): Neste tipo de contrato a SPE é responsável por construir e posteriormente operar e explorar economicamente o projeto, sem contudo assumir a propriedade do ativo, muitas vezes por impossibilidade legal. Esta característica acarreta diferenças contábeis, pelo que o ativo não é depreciado, e sim amortizado como ativo intangível ou financeiro.

O prazo para a transferência do ativo deve ser compatível com os instrumentos de dívida que serão empregados e com a adequada remuneração dos acionistas.

Ao final deste prazo, as benfeitorias são revertidas ao proprietário sem qualquer indenização. Esta estrutura é usualmente utilizada em projetos de saneamento, energia e transportes.

BOTT (*Build, Operate, Train and Transfer*): Idêntico ao modelo anterior de BOT, mas acrescido de um período de comissionamento e treinamento, normalmente incluindo transferência de tecnologia. É utilizado em projetos com necessidade de transferência de tecnologia, como Usinas nucleares e Refinarias.

BOOT (*Build, Own, Operate and Transfer*): Neste tipo de contrato a SPE é responsável por construir e posteriormente operar e explorar economicamente, e ainda durante determinado prazo ser proprietária do ativo. Ao final do ciclo de vida do projeto ou do prazo da concessão, a propriedade do projeto é transferida para a entidade concedente segundo critério preestabelecido.

BOO (*Build, Own and Operate*): Neste tipo de contrato a SPE é proprietária do ativo e a propriedade não é transferida ao final do ciclo de vida do projeto, e o valor residual ou seu aproveitamento futuro são de exclusiva discricionariedade dos acionistas da SPE. Esta estrutura é empregada na área portuária em terminais e armazéns.

BT (*Build and Transfer*): A SPE somente capta o financiamento e faz a implantação do projeto, que, uma vez concluído, é transferido para a entidade contratante ou usuários finais. Esse contrato é utilizado no mercado imobiliário.

BLT (*Build, Lease and Transfer*): O modelo de seção de uso para o cliente final ocorre através de uma operação de *leasing* e a titularidade dos bens é transferida ao final do prazo contratual.

BTO (*Build, Transfer and Operate*): A diferença em relação aos modelos anteriores está no momento da transferência do ativo, que neste caso ocorre após a conclusão da implantação. Este modelo é utilizado em dutos de transporte, como oleodutos e gasodutos.

CAO (*Contract, Add and Operate*): Neste modelo a diferença está no objeto contratado, que neste caso é uma expansão de uma planta já existente que será posteriormente explorada economicamente. Pode ser utilizado em ampliações de capacidade de plantas industriais ou mesmo de pontes e estradas públicas.

MOT – ou O (*Modernize, Operate, Transfer – or Own*): Novamente, é simplesmente a alteração do objeto, que neste modelo está vinculado a projetos existentes que necessitem modernização ou mudança de rota tecnológica. Aplicado em plantas industriais e aeroportos.

§ *Cada um destes modelos contratuais, em virtude de suas diferentes naturezas, apresenta características que terão impacto nas considerações contábeis e fiscais, além de poderem influir na capacidade de captação de recursos. O modelo a ser utilizado deve ser objeto de estudo durante a análise de viabilidade do projeto de investimento.*

10.4 Dimensões de um projeto de investimento

O desenvolvimento de um projeto de investimento deve ser avaliado através da abordagem das diversas áreas — ou dimensões — que o compõem. O nível de profundidade que se dará aos estudos de cada um desses domínios está relacionado ao grau de maturidade do projeto. À medida que o desenvolvimento do projeto avança na análise de viabilidade, os estudos vão sendo aprofundados.

As dimensões a serem exploradas durante o desenvolvimento de um projeto de investimento são:

1. Condições para a existência do projeto;
2. Receitas e garantias;
3. Capex[28];
4. *Opex*[29];
5. Financiamento;
6. Estrutura societária;
7. Efeitos tributários;
8. Análise de risco.

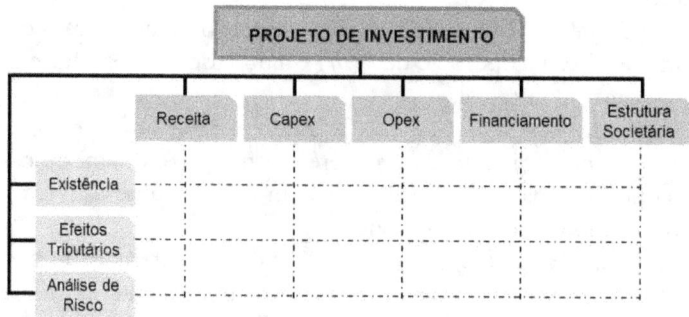

Figura 19 - Projeto de investimento: suas partes e inter-relações

No desenvolvimento do projeto sempre haverá a inter-relação entre estas dimensões, sempre será necessária uma abordagem holística do projeto. Eventualmente teremos que considerar a escolha de soluções que resultem no

---

[28] Capex: sigla da expressão inglesa "*Capital Expenditure*" (investimentos em bens de capital), que se refere ao montante de recursos aplicados no projeto durante a fase de investimento. Esse montante é composto da obra a ser implantada e dos demais investimentos realizados durante o período pré-operacional.

[29] Opex: sigla da expressão inglesa "*Operational Expenditure*" (despesas operacionais), que significa o montante de recursos necessários para o funcionamento do projeto durante o período de prestação do serviço (operação).

maior benefício para o projeto como um todo, e não necessariamente na melhor solução em cada dimensão. A seguir vamos abordar cada uma destas dimensões.

10.4.1 Condições para a existência do projeto

Etapa inicial da análise de investimento, a verificação de factibilidade de um projeto — ou condições básicas para implementação — consiste no levantamento de possíveis restrições as quais, pela simples existência, já inviabilizariam sua continuidade. Dessa forma, tem-se como objetivo evitar o dispêndio de tempo e recursos financeiros em projetos que não reúnem as condições primárias de viabilidade.

Dentre os pontos a serem observados, destacam-se a (i) sustentabilidade social e ambiental do projeto ao longo de todo seu ciclo de vida (período de implantação e de operação), a (ii) possibilidade técnica e legal de implantação, e a (iii) legitimidade e capacidade de obter ou emitir as licenças necessárias para a futura realização do empreendimento. Ademais, em alguns tipos de projeto é importante considerar questões de cunhos trabalhistas e sindicais, principalmente no tocante à existência de condições especiais obrigatórias para a realização da atividade-fim do projeto.

No início do desenvolvimento do projeto, quando o nível de investimento ainda é baixo, almeja-se a obtenção do maior volume possível de informações sobre as condições e requisitos de implantação do empreendimento. É importante haver constante interação entre as áreas envolvidas, de modo que o foco se dê sempre nos pontos mais críticos, uma vez que as necessidades evoluem e se alteram ao longo do desenvolvimento.

A seguir são apresentadas diversas questões a serem consideradas no projeto durante seu processo de desenvolvimento. As respostas podem indicar a necessidade de ações externas ao projeto, de forma a tornar possível a continuidade do seu desenvolvimento (p.ex., necessidade de leis específicas, mitigadores de riscos).

Existência do Projeto

1.1   Há restrição legal à implantação do projeto?

1.2   Há algum tipo de restrição ambiental?

1.3   Há apelo social favorável para este tipo de projeto?

1.4   A atividade a ser executada pelo projeto encontra-se prevista em lei (marco legal)?

1.5   Existe um ambiente politicamente estável e amigável ao projeto?

1.6   Existem condições técnicas para a implementação do projeto?

1.7   Existe efetivamente mercado para o produto ou serviço a ser elaborado?

1.8 O contratante tem histórico de continuidade e estabilidade em outros projetos?

1.9 Quais os tipos de responsabilidades vinculadas ao serviço a ser prestado pelo projeto?

1.10 As licenças e permissões legais necessárias foram ou podem ser obtidas?

1.11 Quais os riscos para a imagem na implantação deste projeto?

1.12 O projeto está baseado em tecnologias testadas?

1.13 O estudo de pré-viabilidade apresenta resultados satisfatórios para os investidores?

1.14 O projeto pode ser implantado através de uma sociedade de propósito específico (SPE)[30]?

10.4.2 Receitas e garantias

Um dos primeiros itens a serem avaliados na análise de um projeto de investimento é o potencial de suas receitas e a sustentabilidade do projeto ao longo do seu ciclo de vida. Projetos que, após sua implantação, cobram tarifa ou prestam algum serviço remunerado, terão o enfoque na projeção de demanda e no mercado futuro para seus produtos. Projetos que não são autossustentáveis, demandam a análise da sua liquidez futura para cumprir suas obrigações de pagamento e a análise do cliente. Nos dois casos, poderá ser necessária a criação de instrumentos de garantias, com exequibilidade e liquidez adequadas, de modo a reforçar a qualidade dos recebíveis e permitir ao projeto alavancar os recursos necessários para sua implantação.

Portanto, é importante buscar entender quem, ou o que sustentará o projeto — clientes, usuários, um terceiro interessado, ou o mercado — e quais serão os mecanismos de pagamentos e garantias. Um projeto de investimento é tão bom quanto a qualidade e previsibilidade de seus recebíveis.

Os projetos de investimento apresentam alguns contratos típicos para a venda da produção do projeto, e estes contratos buscam assegurar antecipadamente o mercado para seus produtos. Os contratos de fornecimento são assinados entre a SPE e os compradores, conhecidos como *off-takers*, os quais assumem o

---

[30] SPE: sigla para a expressão "Sociedade de Propósito Específico", que significa a entidade legal criada pelos acionistas com a finalidade exclusiva de implantar e gerir o projeto. A SPE celebra os contratos com o cliente e com os fornecedores das obras e prestadores dos serviços de operação, necessários para cumprir os requisitos contratuais do projeto, sendo esses agentes muitas vezes as mesmas empresas que fazem parte do grupo de acionistas da própria SPE.

compromisso de adquirir a produção futura, a um determinado valor, por um determinado prazo. Os contratos podem apresentar condições distintas, que são:

a) *Take if Offered*: aceitar a entrega e pagar pela produção e/ou serviços que o projeto for capaz de fornecer;
b) *Take or Pay*: pagar pela produção utilizando ou não o serviço, desde que o projeto esteja apto para fornecer (p.ex., PPA —*Power Purchase Agreement* — no setor elétrico e WPA — *Water Purchase Agreement* — no setor de saneamento);
c) *Built to Suit*: contrato de aluguel atípico, de caráter personalíssimo para o cliente, através do qual o investimento é efetuado de acordo com suas necessidades específicas e esse cliente se compromete, de forma irretratável, a pagar um aluguel pela utilização do bem durante um determinado prazo. Ao final deste prazo, o bem pode ser transferido ou não para o cliente;
d) *Hell or High Water*: pagar, pagar ou pagar. Em qualquer circunstância, o comprador tem que pagar, independente da capacidade do projeto de fornecer. Os eventuais problemas são tratados através da aplicação de penalidades por descumprimento, não afetando o fluxo de pagamento do projeto.

A segurança intrínseca aos recebíveis da prestação dos serviços pode ser incrementada por meio da oferta, por parte do cliente, de garantias externas ao projeto. A composição *da segurança contratual*, *do cliente* e *das garantias ofertadas* definirá a qualidade dos recebíveis do projeto, a qual determinará, em última análise, a percepção de risco e o consequente custo e alavancagem.

Tabela 10 - Projetos que tiveram problemas com a projeção de receita

Projeto	Demanda real no ano de abertura em relação à demanda projetada
Metrô Calcutá (Índia)	5%
Eurotúnel(UK, França)	18%
Metrô de Miami (USA)	15%
TGV linha Paris-Nord(França)	25%
Ponte Humber (UK)	25%
M65 Huncoat Junction to Burnley Section (UK)	35%
Metrô de Newcastle (UK)	50%
Metrô da Cidade do México (México)	50%
Aeroporto internacional de Denver (USA)	55%

Fonte: (FLYVBJERG, et al., 2003 p. 25).

Nos projetos autossustentáveis que apresentam demanda variável, a receita está baseada nas projeções do comportamento futuro, uma vez que o ciclo de vida do empreendimento varia entre 15 e 30 anos, sendo necessário um estudo robusto tanto do mercado atual como do provável mercado futuro. Em projetos *greenfield*[31] a estimativa da demanda inicial irá impactar toda a projeção de receita futura, o que, muitas vezes, pode ocasionar estimativas demasiadamente otimistas, conforme exemplificado na Tabela 10.

Na sequência apresentamos algumas perguntas que devem ser respondidas ao se analisarem as receitas de um projeto de investimento.

Receitas e Garantias

2.1 Que atividade/quem sustenta o projeto (Cliente, Mercado ou Usuário)?

2.2 Em sendo o Cliente, qual sua fonte de recurso?

2.3 Em sendo o Cliente, quais são as alternativas de estrutura de garantia que podem ser ofertadas para assegurar os pagamentos?

2.4 Em sendo o Mercado ou Usuário, existe estimativa/estudos prévios de demanda e tarifas ou preços que serão praticados pelo projeto?

2.5 A demanda ou tarifa que resulta no fluxo de recebimentos previstos para o projeto conta com a coparticipação ou garantia do cliente?

2.6 Existe uma regra ou legislação específica que regula as tarifas/preços do projeto?

2.7 Qual o tipo de mercado para o produto ou serviço gerado no projeto?

2.8 O transporte do produto ao mercado está assegurado? Existem boas vias de acesso a um custo aceitável?

2.9 O projeto visa atender a um mercado regulado?

2.10 Em caso de mercado regulado, existe um tipo de contrato de fornecimento típico?

2.11 Existem atividades acessórias que podem ser prestadas paralelamente à atividade principal?

10.4.3 Capex

O *Capex*, assim como a receita, é um dos itens de grande impacto na viabilidade dos projetos de investimento, principalmente em virtude da dificuldade de fazer a correta avaliação de seu custo total. Nos projetos em que os serviços são *commodities*

---

[31] Projeto greenfield ou *Greenfield Project*: Termo utilizado para descrever uma área de terra sem infraestrutura construída, onde será implantado o projeto, ou, ainda, para descrever projetos que não têm histórico de performance. Projetos *brownfield* são empreendimentos já operacionais ou executados sobre estruturas parcialmente existentes.

as estimativas são mais precisas, porém são correntes os exemplos de erros, sempre para menos, na avaliação dos custos de implantação. Em todo projeto de investimento existe um viés de otimismo nas avalições, e por isso temos que ter sempre presente a conhecida lei de Murphy: "se existe a possibilidade de algo sair errado, não tenha dúvida: isso vai acontecer".

As instalações ou as obras necessárias do projeto, além de serem viáveis tecnicamente, devem ter características adequadas para a implantação via estruturação de um *Projeto de investimento*. Elas:

a) Devem ter um prazo definido para a conclusão. A implantação do projeto não pode sofrer atrasos indefinidos, nem ter seu prazo alterado constantemente;
b) Devem permitir um alto grau de assertividade no valor total orçado; e
c) Devem, após o seu término, garantir sua performance dentro dos parâmetros estimados na projeção do fluxo de caixa do projeto.

§ *Na determinação do Capex, alguns projetos demandam a definição da tecnologia, sendo necessário verificar a viabilidade técnica do projeto, com a escolha da tecnologia que será implantada. Uma tecnologia nova demanda protótipos ou instalações teste; já quando dispomos de mais de uma tecnologia proprietária, temos que optar entre elas, o que por si só resulta na necessidade da comparação entre alternativas de investimento.*

A análise de Capex dos projetos deve avaliar todo o horizonte de tempo destes, não se limitando ao período de construção e às questões relativas à obra, sendo necessária atenção à posterior operação do projeto quanto a seu desempenho e manutenção. Desse modo, os estudos de engenharia devem ser norteados por uma análise da relação custo-benefício das possíveis soluções a serem adotadas, levando em consideração aspectos como funcionalidade, necessidade de manutenção e a vida útil dos componentes, a qual determinará a necessidade de reposições durante o ciclo de vida do projeto.

Em projetos em que é possível a utilização de recursos advindos de agências de crédito à exportação de outros países, deve ser analisada a possibilidade de utilizar fornecedores destes países.

A estrutura de financiamento do projeto irá definir os recursos de terceiros disponíveis para o projeto e a consequente necessidade de aporte de capital pelos acionistas. Para uma correta avaliação do Capex e dos compromissos assumidos pelos acionistas, é essencial:

(i) ter um cronograma de obra realista e equilibrado, visando a uma curva de desembolso sem excessos no início da implantação;
(ii) considerar fontes de insumos compatíveis com a estrutura de financiamento, de modo a permitir a otimização da alavancagem do projeto;
(iii) fazer uma divisão dos serviços elaborando uma Estrutura Analítica do Projeto (EAP) que permita o acompanhamento da evolução dos serviços de implantação, possibilitando o acompanhamento pelo cliente e/ou financiador; e
(iv) adotar uma visão holística tendo como pilares o custo, o prazo e o desempenho do projeto.

Por fim, o próximo passo é a alocação do risco de *cost overrun* para as entidades mais capazes de gerenciá-lo. Nesse sentido, dois conceitos podem ser explorados:
a) Os serviços de implantação são executados no conceito de um sistema fechado. Toda variabilidade de custo e prazo do empreendimento deve ser resolvida no contrato da obra, uma vez que nesse tipo de projeto não existe a disponibilidade de novos recursos que possam compensar tais variações. Esta solução demanda uma empresa robusta e uma negociação responsável das contingências a serem consideradas no preço de contratação.
b) Os serviços são contratados pelo menor preço, entre as empresas qualificadas, e as variações de custos e a contingência estarão a cargo da contratante. Considerando que a SPE será a beneficiária da riqueza gerada pelo projeto de investimento, ela terá mais capacidade de absorver as variações de custo e prazo que ocorram durante a implantação.

Evidentemente, cada projeto apresentará situações específicas e haverá distintas combinações com as várias possibilidades de segmentação do Capex, com a contratação podendo ser uma combinação destas estruturas.

CAPEX

3.1 Qual o tipo de contratação previsto para a execução das obras de implantação?

3.2 Existe algum evento que limite ou condicione o início ou término da obra?

3.3 Qual o cronograma e forma de desembolso previstos para o pagamento do Capex?

3.4 Existe uma regra clara e eficaz para a resolução do contrato de construção em caso de problemas de desempenho?

3.5 O construtor é experiente e conceituado no mercado?

3.6 Existe a necessidade de acordos tecnológicos?

3.7 Existe algum fornecimento de grande porte (equipamento/tecnologia) que poderia ser financiado isoladamente?

3.8 A implantação do projeto demanda algum insumo que possa levar a uma escassez de mercado?

3.9 Os materiais de construção estarão disponíveis ao custo previsto?

3.10 Existe uma contingência ou mitigação adequada para o *cost overrun*?

3.11 O escopo garante a funcionalidade e a performance prevista para o projeto?

10.4.4 Opex

Similarmente à análise do *Capex*, os estudos do *Opex* devem estar sempre alinhados com a visão de longo prazo do projeto. Ademais, deve-se atentar para o grau de complexidade da futura operação do projeto, considerando-se a necessidade de incorporar algum conhecimento específico sobre o produto gerado pelo projeto, de forma a garantir a performance e o consequente retorno aos acionistas.

O Opex pode ser dividido em:

a) custos fixos de custeio necessários para o funcionamento da SPE (p.ex., despesas com serviços de terceiros, contabilidade, auditoria, salários, etc.);
b) custos fixos relacionados ao escopo da prestação do serviço — custos operacionais (p.ex., segurança, limpeza, manutenção de rotina e manutenção periódica necessárias para preservar a performance do projeto);
c) custos variáveis (p.ex., consumíveis do processo — insumos — e energia utilizados na prestação do serviço).

A complexidade do Opex está vinculada à complexidade e variabilidade intrínseca aos serviços ou produtos gerados no projeto, sendo mais simples estimar os custos de operação de uma planta de tratamento de água do que de uma planta siderúrgica, onde o preço dos insumos tem maior peso na operação.

Para o projeto existir, é preciso verificar a disponibilidade dos insumos necessários para a operação do projeto. Na projeção dos custos poderá ser necessário considerar mecanismos para diminuir esta incerteza, por exemplo, fazer pré-contratos de fornecimento dos principais insumos da produção. Além dos custos diretos de produção, fixos e variáveis, teremos custos gerados pela interação do projeto com o entorno, como novas demandas sociais e ambientais, desde a moradia para os trabalhadores até a influência do projeto no ecossistema da região.

Cada custo operacional pode ter um comportamento distinto em relação aos efeitos da inflação, logo devemos analisar, e caso necessário projetar, possíveis descolamentos entre o comportamento destes custos diante da inflação e o comportamento das receitas.

O Opex ocorre em um futuro mais distante em relação ao momento da análise de viabilidade, e, portanto, as projeções a ele relativas estão mais sujeitas a desvios.

OPEX

4.1 Existem insumos consumíveis que serão utilizados para a produção ou prestação do serviço?

4.2 Os consumíveis são itens de mercados regulados? Existem dados históricos sobre o comportamento de seus preços?

4.3 Os custos para prestação do serviço durante a etapa de operação foram dimensionados de forma analítica?

4.4 O custo do produto ou insumo necessário ao projeto pode ser garantido através de pré-contratos?

4.5 O abastecimento de energia para o projeto está garantido a um custo razoável? São necessários investimentos adicionais para ter esta garantia?

4.6 As despesas administrativas estimadas são compatíveis com a complexidade do projeto?

4.7 O produto necessita de uma estrutura de pós-venda?

4.8 Existe a necessidade de alocação de especialistas e/ou acordos tecnológicos para a produção ou prestação do serviço?

4.9 Existirá a necessidade de acordos de manutenção parcial ou total com fornecedores do Capex?

4.10 O operador é experiente e conceituado no mercado?

10.4.5 Financiamento

A estrutura financeira de um projeto de investimento combina aporte dos acionistas (*equity*) e financiamento de terceiros (*debt*), através de fontes que podem incluir entidades públicas ou privadas. Esta combinação deve buscar uma solução que apresente condições aceitáveis para os acionistas e financiadores do projeto. As fontes usualmente utilizadas são linhas de crédito de bancos de fomento (p.ex., BNDES, BID, CAF, etc.), de entidades gestoras de recursos de alocação exclusiva (p.ex., Caixa Econômica Federal), bem como o mercado de capitais, através da emissão de debêntures.

O financiamento do projeto de investimento só será possível se o projeto apresentar resultados econômicos capazes de sustentar o pagamento de sua dívida e oferecer uma taxa de retorno aceitável aos acionistas. Considerando-se o fato de o capital próprio ser mais oneroso que o crédito, é desejável, para financiar o projeto, a maior proporção de dívida aceita pelo mercado a um custo competitivo.

A disponibilidade de financiamento, linhas de crédito ou mercado de capitais para o projeto está fundamentalmente associada à qualidade da sua fonte de recurso e à exigibilidade e liquidez das garantias ofertadas.

Quanto à forma da estrutura de garantias ofertadas pelo projeto e seus acionistas, esta pode ser: (i) *non-recourse*, isto é, as garantias são exclusivamente os ativos do projeto, (ii) *limited recourse*, em que existe uma combinação de garantias entre o projeto e os acionistas e (iii) *full recourse*, na qual os credores do projeto contam com garantias integrais dos acionistas sobre a totalidade das obrigações do projeto. Ao longo do ciclo de vida dos projetos de investimento, é comum a ocorrência de configurações distintas de garantia. As garantias são mais robustas durante o período de implantação, quando o risco é maior, e após o início da operação as garantias passam a ser exclusivamente do projeto.

Os financiamentos para projetos de investimento usualmente demandam complementos para estruturação da dívida, como:

a) Compromisso dos acionistas de colocar à disposição do projeto todos os recursos necessários para sua conclusão (*Equity Support Agreement* — para a conclusão da etapa de implantação).
b) Existência de acordo (normalmente sob a forma de um contrato para a compra da produção do projeto — PPA), garantindo que, após o término da implantação, o projeto vai ter mercado para inserir seu produto e consequentemente ter os recursos necessários para permitir satisfazer a todas as suas despesas operacionais e ao serviço da dívida.
c) Garantias, seguros e estrutura contratual que possibilitem, no caso de uma interrupção na operação, inclusive motivo de força maior, a existência dos recursos necessários para restaurar as condições de operação do projeto, ou, em caso de terminação deste, para o pagamento dos financiamentos.

Financiamento

5.1 Qual o recurso financeiro necessário para implantar o projeto?

5.2 Os acionistas têm histórico de captação de recursos financeiros?

5.3 Existe algum financiador ou solução de financiamento preferencial para o tipo de projeto escolhido?

5.4 O cliente, sujeito de crédito do financiamento, conta com algum financiador de sua preferência?

5.5 O cliente tem ciência da necessidade de segurança e estabilidade do fluxo para permitir o financiamento?

5.6 O financiador tem um critério de desembolso pré-definido?

5.7 O financiador aceita compartilhar garantias?

5.8 Qual o índice de alavancagem permitido pelo financiador?

5.9 O financiador tem alguma exigência quanto à origem dos insumos e serviços para o projeto?

5.10 O financiamento está em moeda e prazo compatíveis com o projeto?

5.11 A alavancagem financeira do projeto é compatível com a expectativas dos acionistas?

5.12 Os ativos que compõem o projeto têm valor como garantia?

5.13 As projeções do comportamento da inflação são realistas? Elas têm efeitos sobre o financiamento?

5.14 As projeções de variações nas taxas de juros e câmbio são realistas? Elas têm efeitos sobre o financiamento?

10.4.6 Estrutura societária

Nos projetos de investimento a constituição de uma sociedade de propósito específico, SPE, que será responsável pela implantação e posterior operação do projeto, tem como objetivo a segregação de risco, custos, receitas, etc. das demais atividades dos acionistas. Desta forma, o projeto se torna independente econômica, financeira e juridicamente, o que permite a análise de seu desempenho de forma isolada.

A SPE usualmente é uma sociedade anônima. Quando o capital próprio desta é aportado, ele é convertido em ações que podem ser ações ordinárias, com direito a voto, e ações preferenciais, com prioridade nos dividendos, respeitando-se a legislação das sociedades anônimas. A SPE pode ainda ser de capital fechado ou de capital aberto, e ter suas ações transacionadas no mercado de capitais. Os contratos de concessões usualmente, de forma indireta, dificultam a comercialização de ações, em virtude das cláusulas limitativas da modificação da composição acionária da SPE.

A SPE pode ainda buscar o capital próprio no mercado através de um IPO, *Initial Public offering*, que deve ocorrer quando da abertura do capital e/ou através de uma SEO, *Secondary Equity Offering*, quando a empresa de capital aberto vai novamente ao mercado buscar o aumento de seu capital. Ambas as operações podem resultar na alteração da composição societária da companhia.

As demais entidades envolvidas, construtor e operador, podem ser empresas do mercado ou, em alguns casos, outras SPEs, de forma a também isolar os riscos de Capex e Opex. A definição da forma mais adequada de operação e financiamento está a cargo dos acionistas do projeto. A escolha da natureza jurídica das empresas também dependerá do marco legal vigente e das repercussões tributárias advindas do modelo escolhido para cada uma das empresas.

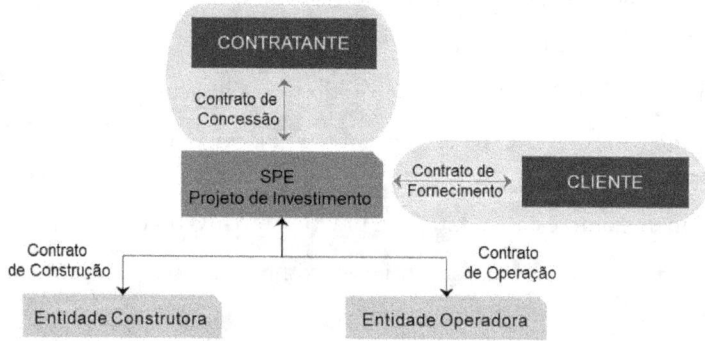

Figura 20 – Entidades em um Projeto de investimento

Dessa forma, o atendimento da dimensão de "estrutura societária" consiste na definição dos tipos de entidades que irão compor o projeto, empresa, consórcio ou fundo, e do tipo de atividade econômica que cada uma delas prestará ao longo do ciclo de vida deste. Ainda que os acionistas de uma SPE sejam, em muitos casos, as mesmas empresas envolvidas na construção e operação do empreendimento, é possível, por exemplo, a criação de um consórcio construtor ou a contratação de uma nova empresa para executar os serviços de engenharia.

Podemos ainda, em alguns casos, escolher a natureza do serviço a ser prestado, por exemplo, contratar a construção para uma unidade de elaboração de um insumo ou contratar o fornecimento do insumo, havendo, dessa maneira, distintas naturezas e incorrendo em situações contábeis e tributárias distintas. As soluções adotadas também podem causar efeitos na própria contratante e na forma e possibilidade de utilização de eventuais benefícios tributários disponíveis para o projeto.

A análise a ser desenvolvida nesta dimensão engloba os temas jurídicos referentes ao marco legal dos produtos a serem disponibilizados pelo projeto após sua implantação, os aspectos contábeis nas diversas entidades, assim como a repercussão contábil ao longo do ciclo de vida do projeto sobre os acionistas do projeto.

Outro ponto a ser abordado, principalmente nos casos de projetos que envolvam a presença de diversos sócios, são as estruturas de governança. A forma de governança deve considerar todo o ciclo de vida do projeto, que engloba (i) o eventual processo licitatório, (ii) o período de desenvolvimento e implantação do projeto e (iii) o período operacional da futura SPE.

O modelo societário escolhido para a realização do projeto é importante para seu sucesso e deve ser detalhadamente analisado, também é imprescindível a estipulação prévia dos princípios que irão reger as relações entre as partes envolvidas.

Estrutura Societária

6.1 O cliente demanda alguma estrutura societária pré-definida?

6.2 O serviço a ser prestado demanda algum tipo de estrutura societária?

6.3 Existe um sócio majoritário? Como será a governança para os minoritários?

6.4 Existe necessidade de um representante único próximo ao cliente?

6.5 Existe interesse específico de um dos sócios em uma parte do projeto (Sócio fornecedor, construtor, operador...)?

6.6 Existe exigência de participação em função de conhecimento, tecnologia, geografia de sócio específico que possua uma destas características?

6.7 Existe aderência entre os possíveis sócios com a estrutura de governança a ser implantada?

6.8 Existe alguma regra do financiador para a distribuição de dividendos?

6.9 O financiamento ou cliente demanda solidariedade entre os acionistas?

6.10 A estrutura exigida permite individualizar ou limitar a responsabilidade dos acionistas?

10.4.7 Efeito tributário

Consiste na elaboração de cenários, a partir das estruturas societárias escolhidas, dos enquadramentos tributários possíveis dentro da legislação vigente. Mediante a análise detalhada das distintas opções legais e de seus respectivos ônus tributários, busca-se a adoção da alternativa mais segura e menos onerosa do ponto de vista fiscal. Em última análise, o planejamento tributário objetiva a segurança e estabilidade do projeto e a economia tributária nas diversas entidades que o compõem.

A inflação também tem repercussão tributária. Considerando que nossa legislação não permite aplicar a correção monetária sobre a depreciação dos investimentos, a inflação acaba gerando impacto tributário sobre o fluxo de caixa dos projetos de investimento, o que, em alguns casos, pode ser mitigado pela contratação de fornecimentos ou opções de *leasing*. Estas análises têm por objetivo tornar a solução mais competitiva, porém a segurança e assertividade da solução deve ser o objetivo final.

Cabe mencionar que a mudança na legislação tributária, em muitos casos, é fato gerador da recomposição do valor contratual. Nos contratos privados que não contam com legislação específica (marco legal), em especial, é necessário analisar a existência de algum efeito tributário que possa onerar excessivamente o projeto.

Planejamento Tributário

7.1 Quais são as possibilidades de natureza tributária no tocante aos serviços a serem prestados? Qual sua repercussão tributária?

7.2 Existe legislação específica sobre a forma de contabilização dos ativos a serem implantados? Qual sua repercussão tributária?

7.3 Existe legislação específica para contabilizar os investimentos em Capex feitos durante o período pré-operacional? Qual sua repercussão tributária?

7.4 Os impostos incidentes durante o período de pré-operação devem ser desembolsados, ou podem ser diferidos?

7.5 Existe algum ativo previsto para o projeto que poderia ser alugado de modo a melhorar o desempenho fiscal do projeto?

7.6 Os impostos incidentes durante o período de pré-operação vão gerar crédito tributário para o período operacional?

7.7 Existe a possibilidade de terceirização de uma parte do escopo que resulte em economia fiscal?

7.8 Existe legislação específica para a natureza do projeto ou para sua localização que traga algum benefício de natureza fiscal?

7.9 Existem alternativas tributárias para o projeto? Quais os impostos incidentes e o custo tributário total para estas alternativas?

10.4.8 Análise de risco

Risco e incerteza, embora tenham definições distintas, influenciam de forma semelhante um estudo de engenharia econômica. Tanto um como outro advêm de fatores que podem afetar positiva ou negativamente o resultado de um projeto de investimento, sendo indesejáveis devido à possibilidade de causarem dificuldades financeiras e afetarem o retorno previsto para o projeto.

Os riscos de um projeto de investimento podem ser classificados em duas tipologias:

a) Riscos cuja ocorrência e consequência podem ser estimadas e precificadas, ou seja, riscos que podem ser convertidos em uma contingência financeira;
b) Eventos que não são previsíveis no tempo e em magnitude, de difícil precificação, os quais só podem ser mitigados através de seguros ou pela sua alocação a uma entidade externa ao projeto que possua capacidade de absorvê-los.

Os riscos devem ser identificados e em seguida analisados, tanto em termos de probabilidade de ocorrência quanto com relação à gravidade de suas consequências, de modo que seus impactos possam ser mitigados. O tratamento adequado e cuidadoso do risco — o qual varia, dependendo do país em que o projeto for implantado, do tipo de contrato e dos bens e serviços envolvidos — é essencial no processo de desenvolvimento de um projeto de investimento, sendo um item fundamental na definição das condições contratuais entre o cliente e a SPE.

§ *É sempre importante reforçar a ideia de que o risco está associado a qualquer atividade econômica lucrativa, porém, é necessário ter-se muito presente que sua magnitude econômica e financeira deve ser compatível com o retorno esperado do projeto, ou proporcional a ele.*

Para garantir o sucesso de um projeto devemos fazer uma alocação de riscos eficiente, atribuindo cada risco a quem tem a capacidade de gerenciá-lo e mitigá-lo. O produto desse processo é uma matriz de alocação de riscos, que os apresenta, geralmente, por categorias definidas, e determina quem — entre contratante e contratado — é responsável pelo risco. Posteriormente, essa matriz deve ser desdobrada para as demais entidades intervenientes no projeto — construtor e operador.

A seguir, são mostrados exemplos de itens que compõem uma matriz de alocação de riscos para um projeto.

Tabela 11 - Matriz de alocação de riscos

RISCO	DEFINIÇÃO	ALOCAÇÃO (Contratante, Contratado ou Compartilhado)	MITIGAÇÃO (medidas, procedimentos ou mecanismos para minimizar os riscos)
Eventos de Força Maior ou Caso Fortuito	Eventos seguráveis, caracterizados como Força Maior ou Caso Fortuito, que prejudiquem a continuidade das obras ou sua conclusão	Contratante	Plano de Seguros (Riscos de Engenharia)
Mudança em tributos	Custos não previstos com mudanças tributárias, exceto Impostos sobre a Renda	Contratante	Cláusula contratual de recomposição de equilíbrio econômico-financeiro
Aumento/redução da demanda	Aumento/redução inesperados de receita derivada da demanda causada pelo desempenho econômico	Contratado	Estudos aprofundados
Resíduos e efluentes	Resíduos sólidos e líquidos resultantes de obras inacabadas e da operação do projeto	Contratado	Cláusula contratual prevendo a destinação dos resíduos e efluentes para aterros e/ou tratamento
Acidentes com elementos da Fauna	Atropelamento de animais ou mortes destes, causadas por interferências no meio ambiente, como ruídos, poluição ou desmatamento	Contratado	Cláusula contratual prevendo a implementação do Plano de Proteção à Fauna: cercas, sinalização etc.
Atraso nas desapropriações	Risco de atrasos nos procedimentos de desapropriações, gerando custos adicionais nas obras, salvo se tais atrasos ocorrerem por culpa do Concessionário	Compartilhado	Cláusula contratual de recomposição de equilíbrio econômico-financeiro
Riscos Cambiais	Se o financiamento do projeto for em moeda estrangeira, corre-se o risco de a depreciação da moeda local trazer prejuízos financeiros ao investidor	Contratado	Proteção por meio de hedge cambial

Análise de Risco

8.1 O mercado onde o projeto vai atuar possui histórico e previsibilidade em relação ao comportamento macroeconômico?

8.2 Existe ou foi elaborada uma matriz de risco para o projeto?

8.3 O risco político do país está adequadamente alocado?

8.4 O projeto está sujeito ao risco cambial? Em caso afirmativo, existe a possibilidade de *hedge*?

8.5 As fontes de financiamento, previstas para o projeto, apresentam volatilidade de taxa?

8.6 Existe clareza a respeito de quem será o responsável pela recuperação do projeto em caso fortuito e/ou de força maior?

8.7 Existe histórico de alterações unilaterais por parte de autoridades públicas?

8.8 Existe previsão na legislação vigente ou no contrato de recomposição em caso de alterações nas regras tributárias?

8.9 O cliente tem histórico de *default* em suas atividades?

8.10 Os riscos a serem alocados ao construtor são compatíveis com a rentabilidade prevista nas suas atividades?

8.11 Os riscos alocados ao construtor são mitigáveis através de seguros?

8.12 Existe entidade reguladora prevista para atuar no projeto e com histórico de coerência?

8.13 A demanda prevista para o projeto está assegurada através de contrato?

8.14 A atividade a ser prestada apresenta maior exposição ambiental?

8.15 Existe contingenciamento para atrasos nas diversas etapas de implantação do projeto?

8.16 A fonte de recursos do projeto está vinculada ao desempenho e outras atividades do cliente?

11
FINANCIAMENTO

Os projetos de investimento possuem duas fases bastante distintas: a fase pré-operacional, período em que são efetuados os investimentos e são realizados os desembolsos, e a fase operacional, na qual se iniciam as atividades produtivas do sistema e o projeto passa a ter recebimentos.

A existência prática dos projetos de investimento está associada à disponibilidade de recursos financeiros para sua implantação. O financiamento possibilita a movimentação de dinheiro no tempo, de forma que as necessidades de recursos de hoje possam ser atendidas considerando-se o pagamento no futuro.

O financiamento de um projeto de investimento é o elemento que faz a conexão entre as duas fases do projeto, proporcionando recursos para fase pré-operacional, e havendo o compromisso de ressarcimento e devida remuneração durante a fase operacional. Os produtos financeiros utilizados são muitas vezes customizados para as especificidades da infraestrutura envolvida, mas também necessitam ser suficientemente padronizados para ir ao encontro dos produtos financeiros ofertados no mercado.

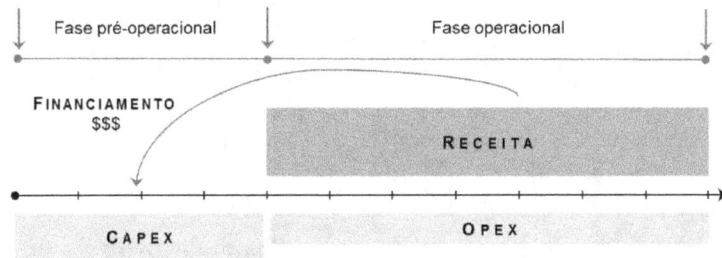

Figura 21 - Financiamento como elemento de liquidez para o projeto

11.1 Project finance

"O *Project Finance* pode ser definido como a captação de recursos para financiar um projeto de investimento de capital economicamente separável, no qual os provedores dos recursos veem o fluxo de caixa vindo do projeto como fonte primária de recursos para atender ao serviço de seus empréstimos e fornecer o retorno sobre seu capital investido no projeto" (FINNERTY, 1998 p. 2).

O *Project finance* foi concebido para que o financiador conceda o empréstimo com destino exclusivo dos recursos para a implantação do projeto e com o repagamento vinculado à posterior performance operacional do projeto. A utilização do sistema de *Project finance* demanda a criação de uma entidade independente, uma sociedade de propósito específico[32], que tem como objetivo único, em seu estatuto social, a implantação do projeto. Para o acionista empreendedor, isso permite que os recursos captados, estando isolados na SPE, não afetem seus outros negócios, e também que, pelo mesmo motivo, seus demais negócios não afetem diretamente o projeto.

No *Project finance* ocorre a securitização dos recebíveis, estando o serviço da dívida vinculado aos recebíveis do projeto e com garantias, exclusivamente ou preponderantemente, dos ativos do projeto. Com relação às garantias, o financiamento pode ocorrer sem direito de regresso junto aos acionistas — neste caso teremos um *Project finance non-recourse*. É, entretanto, mais usual o *Project finance limited recourse*, quando os financiadores solicitam a participação dos acionistas através de garantias de aporte de capital adicional no caso de eventos específicos e limitados, por exemplo, a variação dos custos de implantação.

A contratação de um *Project finance* demanda do projeto de investimento, além da demonstração de suas qualidades econômicas, uma série de contratos em que são estabelecidos compromissos e garantias entre as partes. A estruturação do *Project finance* acaba sendo complexa e dispendiosa, sendo, em princípio, uma

---

[32] SPE ou SPC — *special purpose company*.

operação financeira voltada para projetos que demandam grandes investimentos de capital e apresentam um ciclo de vida longo.

> "Project finance não é um meio de levantar recursos para financiar um projeto que seja tão fraco, economicamente, que poderá não conseguir servir sua dívida ou fornecer uma taxa de retorno aceitável aos investidores de capital. Em outras palavras, não é um meio de financiar um projeto que não possa ser financiado em bases convencionais" (FINNERTY, 1998 p. 3).

No *Project finance* o financiador não compartilha todos os riscos do projeto, sendo protegido por várias medidas mitigatórias e tendo senioridade nos recebimentos, porém seu pagamento integral, de uma forma ou outra, estará vinculado ao sucesso do projeto.

Além dos aspectos apresentados, para viabilizar um *Project finance* é necessário haver proteções contratuais adicionais aos credores, no caso de fracasso do projeto, por exemplo, assegurar aos credores os direitos emergentes da eventual liquidação do projeto e, em determinadas circunstâncias, a possibilidade de os financiadores assumirem o controle do projeto, *step-in rights*.

A complexidade contratual e as condições e garantias demandados pelos financiadores em um *Project finance* tendem a ser mais rigorosos e representar um maior nível de segurança quando comparados com um *corporate finance*.

11.1.1 Condições contratuais que geram discussões

O *Project finance* é uma estrutura complexa de financiamento que exige uma série de contratos e condições específicas, demandando recursos e tempo. A seguir vamos elencar algumas das condições usuais, na contratação de um *Project finance*, que normalmente são objeto de negociação entre as partes.

Due diligence

Due diligence pode ser traduzido como "diligência prévia", e no âmbito da estruturação de um *Project finance* significa a auditoria jurídica efetuada para verificar a situação legal da documentação que envolve a SPE e o projeto.

> "Trata-se de um relatório, elaborado pelos consultores jurídicos nomeados pelos financiadores, que descreve em detalhes tudo relacionado à estrutura do projeto e da SPE: sua natureza e características, os contratos referentes ao projeto, assinados e a serem assinados, o marco regulatório geral em que o projeto está inserido, concessões administrativas, permissões legais e licenças" (LUCERO, 2019).

Covenants

Os *Covenants* são obrigações contratuais acessórias que o tomador assume com o credor, durante a vigência do contrato de financiamento, referentes a seu comportamento futuro e a sua situação financeira. Os *Covenants* podem ser positivos — obrigações de fazer, que indicam as boas práticas a serem seguidas — ou negativos — obrigações de não fazer, que são os atos a serem evitados.

Exemplos de *Covenants*: positivo — cumprir regularmente todas as obrigações tributárias; negativo — proibição de distribuir dividendos sem autorização prévia dos financiadores. O não cumprimento de um *Covenant* normalmente constitui uma inadimplência não financeira, um *Event of default*.

Events of Default

Os *eventos de incumprimento* consistem no descumprimento de obrigações de fazer e não fazer, previstas nos contratos de financiamento, muitas delas com prazos pré-definidos. Normalmente, a maioria das obrigações possui um prazo de cura, isto é, mesmo ocorrendo o descumprimento contratual existe um prazo para sua correção. Somente após este prazo de cura, no caso da não solução do inadimplemento, o contrato pode ser declarado em *default*.

Nos contratos de financiamento, normalmente, antes de ser caracterizado o *event of default*, todas as etapas de um evento de inadimplência são objeto de notificações e comunicações formais entre as partes. O contrato define as consequências para os eventos de *default*, que podem ser, dependendo do evento de incumprimento, a execução das garantias vigentes, o vencimento antecipado da dívida (aceleração), e até o exercício do direito de intervir no contrato — *step-in rights*.

As condições de caracterização do *default* e suas consequências em cada projeto apresentam singularidades e são objeto de negociação entre os financiadores e tomadores. O principal objetivo dos credores é, em caso de incumprimento, estar em condições vantajosas em relação ao tomador, de modo a poder renegociar as condições contratuais alterando as garantias e condições de pagamento da dívida.

Cross default

Cross default é a condição nos contratos de financiamento que prevê que uma vez declarado o *default* em um contrato, o financiador tem o direito de declarar o *default* nos outros contratos de financiamento que o tomador tenha com ele, independentemente de nestes ter ou não ocorrido algum incumprimento. Essa provisão pode incluir não só o tomador, mas todo o seu grupo econômico.

Uma das consequências da declaração de *default* é a aceleração do vencimento da dívida. A cláusula de *cross default* pode simplesmente prever que o vencimento antecipado de qualquer outra dívida do tomador, cujo valor fosse superior a um determinado limite, resulte na aceleração do vencimento das parcelas vincendas.

O motivo da existência da cláusula de *cross default* é garantir aos credores as mesmas condições de acesso, dos demais credores, aos ativos dados como garantia pelo tomador.

Material adverse change clauses

Material adverse change clauses são cláusulas contratuais que preveem a existência de condições futuras que podem alterar os compromissos contratuais. A cláusula de condições materiais adversas pode prever a descontinuidade do financiamento se o financiador julgar que as condições do tomador o tornaram incapaz de cumprir suas obrigações, ou a suspensão do financiamento em virtude de alterações no mercado durante a vigência do contrato.

Esta cláusula é uma das mais controversas dos contratos de financiamento, ensejando diversas discussões entre financiadores e tomadores. Os tomadores tendem a resistir à inclusão deste tipo de cláusula, devido aos amplos direitos que esta disposição oferece ao credor e à instabilidade que ela pode ocasionar ao projeto; já os credores insistem nessa disposição. A solução normalmente é limitar o escopo da condição e incluir o conceito de materialidade, ou seja, a alteração ocorrida precisa ser significativa e ter efetivo impacto no financiamento.

Índice de Cobertura do Serviço da Dívida (ICSD)

O Índice de Cobertura, ou Índice de Cobertura do Serviço da Dívida – ICSD,[33] é um indicador que visa avaliar a margem de segurança que o projeto apresenta para cumprir com o serviço da dívida. Esse indicador permite aos credores avaliar o nível de risco da operação financeira.

O ICSD é um indicador da capacidade do projeto de efetuar o repagamento da dívida, sendo calculado através da divisão da geração de caixa operacional líquida pelo serviço da dívida. Ele usualmente é calculado para um exercício fiscal, utilizando o caixa disponível antes do pagamento de dividendos e do próprio financiamento, dividido pelo valor total do serviço da dívida do exercício. Em geral, as instituições financeiras demandam que o ICSD não fique abaixo de 1,2. Quanto mais elevado for o risco associado ao projeto, de acordo com a percepção do financiador, maior será o índice de cobertura exigido.

Quando a projeção futura do fluxo de caixa indicar índices menores do que o limite estipulado pelo financiador, dificilmente o valor solicitado de empréstimo será aprovado. Nestas situações o financiador pode: (i) solicitar garantias adicionais, ou (ii) reduzir o valor financiado.

11.2 Estrutura de Capital — Alavancagem

A estrutura de capital de um projeto de investimento é a composição entre capital próprio e capital de terceiros que será utilizada no projeto. Em finanças, alavancagem (*leverage*) é um termo genérico que designa qualquer técnica usada para aumentar a rentabilidade através da utilização de capitais de terceiros. A

---

[33] *Debt Service Coverage Ratio* — DSCR.

alavancagem de um projeto de investimento é a proporção de capital de terceiros na estrutura de capital do projeto.

Nos projetos de investimento o custo financeiro deve ser sempre menor que a TIR do projeto, de modo a permitir que a diferença entre a TIR do projeto e o custo financeiro da parte financiada seja transferida para a remuneração do acionista de risco, ou seja, o financiamento promove a alavancagem da remuneração do acionista de risco.

O valor total do financiamento depende de algumas condições vinculadas ao projeto e ao produto financeiro utilizado. Estas condições, determinantes para a definição da alavancagem do projeto, são:

a) o fluxo de caixa livre disponível para efetuar o pagamento do serviço da dívida;
b) o índice de cobertura exigido pelos agentes financeiros;
c) o prazo máximo previsto para o financiamento.

Em função destes parâmetros, os projetos normalmente obtêm um grau de alavancagem entre 50% e 90% do capital necessário para sua implantação. Para se obter maior grau de alavancagem do projeto, é de suma importância a qualidade dos estudos, premissas e projeções utilizados na elaboração do fluxo de caixa esperado do projeto.

Além dos estudos, também têm impacto sobre a alavancagem do projeto (i) os instrumentos contratuais que garantem a receita futura, permitindo aos credores avaliar sua segurança, e (ii) o tipo e qualidade intrínseca ao contrato de construção, principalmente em relação às eventuais variações de custos.

A *estrutura de capital* de um investimento é a composição, segundo a origem, entre os recursos de *capital próprio* e *capital de terceiros* que irão financiar a implantação do projeto.

Capital Próprio — Equity

O capital próprio é a parte da estrutura de capital alocada ao projeto pelos acionistas. Esses acionistas são empreendedores que investem seu dinheiro ou propriedade no projeto, com o objetivo de obter remuneração através dos dividendos futuros distribuídos no projeto. O capital próprio é *Remunerado por Dividendos e está sujeito ao risco de fracasso do projeto.*

O capital próprio tem um custo maior do que o capital de terceiros, pois ele assume o risco de ser, em qualquer circunstância, o último a ser pago. Apesar de o capital próprio ser mais caro, sua participação é exigida pelos financiadores, visando garantir o alinhamento de objetivos dos gestores com o projeto. O capital próprio somente é remunerado caso o projeto tenha desempenho operacional.

Capital de Terceiros — Debt

O capital de terceiros são os financiamentos tomados pelo projeto. São investidores ou financeiras (venda de debêntures) que têm interesse de investir e ter como garantia bens, direitos reais e direitos emergentes dos Projetos de investimento. O capital de terceiros é *Remunerado por Juros e está sujeito ao risco de insolvência do tomador.*

O tomador capta recursos de terceiros para serem utilizados na implantação do projeto e tem a obrigação contratual de, dentro de um prazo definido, devolver o valor emprestado ao projeto devidamente remunerado pelo pagamento de juros. O capital de terceiros deve ter custo menor do que o capital próprio, pois tem maiores garantias de sobrevivência em caso de insucesso do projeto.

Além desse custo menor, o capital de terceiros traz consigo ainda um efeito fiscal benéfico, uma vez que os juros, contabilizados como despesas financeiras, reduzem a base de cálculo do imposto sobre a renda. Este efeito dos financiamentos, de os juros serem dedutíveis da base tributária, é conhecido como escudo tributário. O escudo tributário é a parte do custo de juros que é "recuperada" pela redução do imposto a pagar.

Empréstimo ponte — Bridge loan

A estruturação de um *Project finance*, por ser complexa, demanda tempo. Portanto, na prática, nem sempre é possível estruturar o financiamento de longo prazo de forma a atender as necessidades imediatas de caixa do projeto. Para solucionar esta defasagem durante a fase inicial, em muitos casos são utilizados empréstimos de curto prazo, que servem normalmente de ponte (*bridge loan*) até o financiamento de longo prazo estar disponível.

O empréstimo-ponte é um financiamento temporário de curto prazo, com o objetivo de agilizar o início do projeto por meio da liberação de recursos durante o período de estruturação do financiamento de longo prazo. Usualmente, o empréstimo-ponte está associado ao financiamento de longo prazo, através da vinculação do repagamento do empréstimo-ponte à primeira liberação de recursos do financiamento de longo prazo.

11.3 Fontes de financiamento

Os instrumentos financeiros mais importantes utilizados na captação de recursos para os projetos de investimento são: (i) os empréstimos concedidos por bancos comerciais ou entidades de fomento e (ii) a emissão de títulos (debêntures) no mercado de capitais.

Empréstimos

Os empréstimos de longo prazo são os instrumentos mais utilizados no financiamento dos projetos de investimento. Os empréstimos podem ser contratados com bancos, comerciais, bancos de fomento ou ainda através da sindicalização de bancos, ou seja, de um grupo de bancos que se unem para financiar o projeto.

Os empréstimos estipulam regras para o desembolso dos recursos, usualmente *pari passu* com o avanço da implantação. Os juros são devidos sobre os valores efetivamente desembolsados e o repagamento está vinculado às receitas futuras.

Debêntures — Project bonds

Uma alternativa aos empréstimos é a emissão de títulos de dívida — debêntures — no mercado de capitais. Com relação a complexidade contratual, garantias, análises da qualidade do projeto e sua capacidade de pagamento, as debêntures funcionam de forma semelhante aos empréstimos. A principal diferença é a captação antecipada de todos os recursos, o que significa que o projeto terá que arcar com os juros integrais desde a colocação das debêntures.

Apesar de todos os recursos serem captados de forma antecipada, a utilização destes também está condicionada aos avanços da implantação do projeto.

Financiamentos de Bancos e Agências de Fomento

Estes organismos (Banco Mundial, BID, BNDES, etc.) têm estrutura e experiência para analisar os projetos de investimento, e sua participação no projeto serve de aval de sua qualidade. As entidades multilaterais são muitas vezes essenciais para viabilizar os projetos, tanto através da atração de bancos comerciais quanto no financiamento em países que não têm um mercado de capitais forte o suficiente para absorver a solicitação de uma grande quantidade de recursos.

Para os demais bancos, estar sindicalizado com um organismo multilateral significa mais segurança de ter créditos preservados, em virtude das consequências advindas de uma inadimplência junto a estes órgãos, que têm cláusulas de *Cross Default* que resultam na inadimplência e muitas vezes no vencimento antecipado de todas as dívidas com a entidade multilateral.

ECAs (export credit agencies)

Também podemos ter a participação de agências de fomento à exportação, as denominadas ECAs, que são entidades governamentais ou semigovernamentais que existem em diversos países com o objetivo de fortalecer os fornecedores locais de seu país para competir internacionalmente, incentivando as exportações através da concessão de financiamentos.[34]

---

[34] As ECAs prestam apoio com diversos instrumentos além dos financiamentos, seguros, garantias de crédito, participação acionária, capital de risco, financiamento a estudos de viabilidade de projetos, serviços de inteligência de mercado, garantias de performance e *bid bonds*.

Tabela 12 - Principais Agências de Crédito à Exportação

País	Agência	Página WEB
Alemanha	Hermes (Export Credit Agency)	www.agaportal.de
Alemanha	KfW (Interest Support Institution)	www.kfw.com
Brasil	BNDES-Exim (linhas de crédito)	www.bndes.gov.br/wps/portal/site/home/financiamento/produto/BNDES-Exim
Coréia do Sul	Korea Eximbank	www.koreaexim.go.kr
Estados Unidos	Export-Import Bank of the United States (US Exim)	www.exim.gov
França	Coface (Export Credit Agency)	www.coface.fr
Japão	Japan Bank for International Cooperation (JBIC)	www.jbic.go.jp/english/index.html
Reino Unido	Export Credits Guarantee Department	www.ecgd.gov.uk

11.4 Tipos de dívida

No caso de financiamentos de projetos, podemos classificar as dívidas em três tipos: dívida sênior, dívida subordinada e dívidas com fornecedores.

a) *Dívida sênior:* O que caracteriza uma dívida sênior é a prioridade de seu repagamento em relação a qualquer outra dívida assumida pela SPE e sobre qualquer tipo de pagamento aos acionistas do projeto. Pela legislação brasileira, para caracterizar uma dívida como sênior é necessário fazer o registro público dos instrumentos contratuais.

b) *Dívida subordinada:* Este tipo de dívida consiste em instrumentos estruturados que se situam entre o *equity*, no qual a remuneração depende do desempenho do projeto, e a dívida sênior, que tem prioridade de recebimento. Estão nesta categoria as debêntures com remuneração variável ou com cláusulas de conversibilidade e as dívidas com os acionistas que são sempre subordinados aos *senior debts*. Os credores subordinados assumem, portanto, um risco maior que os outros credores, o que em muitos casos justifica uma taxa de juros mais elevada.

c) *Dívida através de fornecedores:* São créditos obtidos de fornecedores de equipamentos e serviços de forma direta ou através de agências de fomento à exportação que vinculam seus créditos a aquisições no seu país de origem.

Em todos os casos a remuneração do capital próprio, dividendos ou mesmo de dívidas com os acionistas ficará subordinada não só ao pagamento do serviço da dívida mas também à colocação de recursos na conta reserva e ainda aos índices de cobertura da dívida.

11.5 Financiamento do tipo Mini-Perm

O financiamento do tipo *Mini-Perm* busca compatibilizar a estrutura de financiamento ao prazo de disponibilidade de recursos do mercado. Um projeto de investimento, para possibilitar uma alavancagem razoável, pode necessitar de um financiamento de 20 anos; porém, o mercado onde os recursos serão captados pode, por exemplo, somente operar com prazos de 7 anos.

Neste caso, a estrutura de *mini-perm* permite trabalhar com um cronograma de pagamento *como se fosse* uma operação de longo prazo (20 anos), com o vencimento no curto prazo (7 anos) do saldo não amortizado até esta data. Como resultado, no vencimento da operação ainda haverá um saldo devedor considerável, denominado balão *(balloon)* devido ao seu grande tamanho.

Portanto, na data de vencimento do financiamento do tipo *mini-perm*, a cota do *balloon* será um saldo pendente que deverá ser refinanciado ou quitado naquele momento. Os contratos de financiamentos do tipo *mini-perm* apresentam incentivos para o refinanciamento, com condições de prazo que possibilitam a negociação das condições do novo financiamento sem risco imediato de *default* no contrato. Entretanto, o tomador estará exposto às condições de taxa de juros e de liquidez do mercado do momento do refinanciamento.

11.6 Garantias para os financiamentos

O *Project finance* puro é bastante difícil de ocorrer na realidade, uma vez que as instituições financeiras costumam exigir algum tipo de recurso, pelo menos durante a fase de construção — período este em que ainda não há segurança em relação às receitas futuras do projeto —, de forma a assegurar a disponibilidade de recursos para o pagamento do serviço da dívida.

As garantias para o financiamento do projeto estão fundadas no fluxo de caixa gerado pelo projeto. Quanto à possibilidade de os credores buscarem ressarcimento com os acionistas, caso o projeto não consiga gerar o suficiente para o pagamento do serviço da dívida, temos as seguintes situações:

a) *Non-recourse:* não permite aos credores ter acesso ao patrimônio dos acionistas. Esta forma, em seu estado puro, é muito pouco usada.

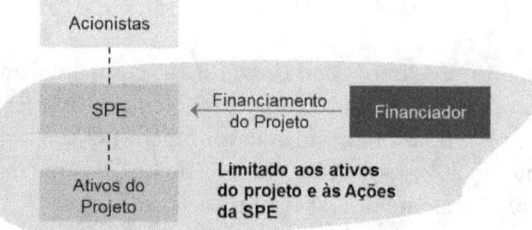

Figura 22 - Estrutura de garantia non-recourse

b) *Limited recourse:* os credores contam com uma combinação de garantias, considerando recursos gerados pelo projeto e outras garantias tradicionais, como caução de ações, hipoteca e algumas garantias ofertadas pelos acionistas, mas de forma limitada a alguns eventos específicos. Uma forma de garantia utilizada é o contrato de suporte dos acionistas denominado ESA (*equity support agreement*). Este tipo de contrato encontra algumas restrições com os financiadores, por ser de difícil execução em caso de descumprimento.

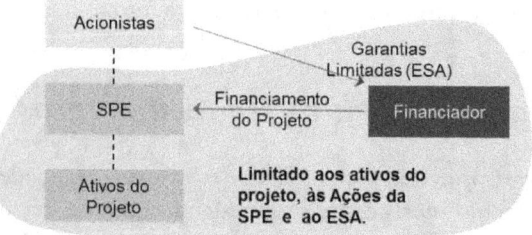

Figura 23 - Estrutura de garantia *limited recourse*

c) *Full-recourse:* neste caso os credores detêm garantias concedidas pelos acionistas as quais cobrem a totalidade das obrigações do projeto. Na realidade não é um *Project finance*, e sim uma estrutura de *corporate finance*.

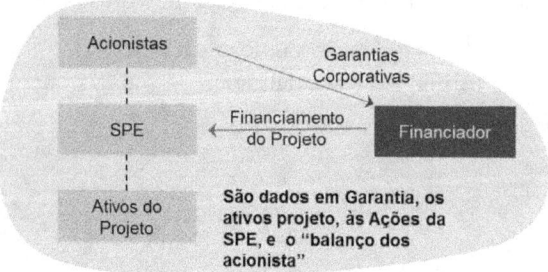

Figura 24 - Estrutura de garantia full-recourse

A situação mais usual é que a estrutura de financiamento conte com algum tipo de garantia corporativa durante determinada fase do projeto de investimento, especialmente durante a fase de implantação.

Os financiadores têm uma tendência de buscar dos *acionistas* do projeto a garantia plena até a conclusão da fase de implantação do projeto, sendo este um ponto de negociação importante nos contratos de financiamento. As garantias mais usuais dos *Sponsors* são a garantia de aporte de capital em caso de *cost overrun*, em caso de não cumprimento do cronograma físico e ainda no caso de falta de desempenho operacional do projeto em relação ao ICSD previsto no contrato de financiamento.

Além dessas garantias, a sociedade de propósito específico tem uma série de limitações impostas pelos financiadores, tais como: não investir em outros projetos, não prestar avais para terceiros, não tomar dívidas adicionais e não efetuar gastos que não estejam especificamente previstos no escopo do projeto apresentado às entidades financeiras.

11.7 Mercado financeiro

Mercado de capitais

O mercado de capitais é constituído de um conjunto de instrumentos, instituições e agentes econômicos cujo objetivo é mobilizar os recursos excedentes das pessoas físicas e empresas e propiciar a alocação desses recursos para financiar os investimentos de empresas e o consumo das famílias. O mercado de capitais trata de títulos, ações e derivativos em bolsas de valores. A principal função do Mercado de Capitais é permitir às empresas a captação de recursos mediante a emissão de seus valores mobiliários.

Quando um projeto emite títulos de dívida, tais como debêntures, os títulos são colocados no mercado de capitais.

A estruturação dos produtos e sua colocação no mercado são realizados por empresas corretoras e outras instituições financeiras, que operam no Mercado de Capitais. O recurso captado vai diretamente do investidor para o emitente da dívida, não ocorrendo a denominada intermediação financeira, tal como no mercado de crédito.

Mercado de crédito

No mercado de crédito as instituições bancárias captam os recursos excedentes das famílias e das empresas e negociam empréstimos de curto, médio e longo prazo para outras famílias e empresas que buscam recursos para projetos pessoais ou empresariais. No mercado de crédito, os recursos vão dos investidores para as instituições financeiras, e estas de forma independente emprestam recursos aos tomadores.

No caso do investidor que aplica recursos na *instituição financeira* — a qual remunera o investidor com uma taxa de juros dita passiva —, o risco da operação está vinculado à solidez desta *instituição financeira*. No caso dos empréstimos efetuados, quem está aceitando o risco do tomador é a *instituição financeira*, que cobra uma taxa de juros ativa à qual estão incorporados os *spreads* bancários referentes a custos e riscos.

Em suma, os projetos, quando buscam recursos através de empréstimos, fazem-no tomando recursos no mercado de crédito, e quando emitem títulos de dívida vão ao mercado de capitais.

Mercado primário e secundário

No mercado de capitais, todos os títulos são emitidos no mercado primário. O tomador contrata um intermediário financeiro, que são os bancos de investimento, sociedades corretoras ou sociedades distribuidoras, para a estruturação e colocação inicial desses títulos no *mercado primário*. Os recursos captados vão *diretamente* do investidor para o emissor das debêntures.

Após a colocação inicial desses recursos no mercado primário, todas as transações de revenda ou transferência que os detentores dos títulos comprados realizam com outras entidades são denominadas *mercado secundário*. Os recursos transitam *entre* investidores, e não vão para o emissor.

11.8 Underwriting

No caso do lançamento de títulos, normalmente é contratado um banco ou empresa especializada para estruturar a operação. A instituição estruturadora pode ter diferentes graus de compromisso com a efetiva captação dos recursos. O compromisso pode ser um *underwriting firme*, um *underwriting stand-by* ou ainda o compromisso somente de melhores esforços, o *best-effort underwriting*.

Underwriting firme (straight)

Nesta forma de contratação, a instituição estruturadora tem a obrigação de captar a totalidade de recursos, independente de ter obtido sucesso ou não na colocação primária dos títulos. Ou seja, independentemente da quantidade de títulos colocados no mercado de capitais, a instituição garante a colocação da totalidade da emissão. Esta condição permite aos acionistas ter mais segurança quanto à obtenção dos recursos para a implantação do projeto. Evidentemente, esta situação de menor risco resulta em uma remuneração maior para a dívida.

O fato de uma emissão ser colocada por meio de um *underwriting firme* oferece uma garantia adicional ao mercado, pois se as próprias instituições financeiras estão dispostas a assumir o risco da operação, é porque confiam na qualidade dos títulos e do projeto.

Residual ou stand-by underwriting

Já nesta forma de contratação a responsabilidade do estruturador é fazer a colocação primária e negociar os títulos durante um determinado prazo.

Transcorrido o prazo, a instituição pode optar ela mesma por subscrever os títulos ou declarar que a captação foi parcial (o que diminui a alavancagem do projeto).

Esta situação pode fazer com que os acionistas se exponham muito, e por isso é usual definir uma quantidade mínima de captação ou um *underwriting* parcial.

Melhor esforço ou best-effort underwriting

É a modalidade na qual a responsabilidade da instituição estruturadora é unicamente fazer o melhor esforço para colocar, nas melhores condições possíveis, o máximo de títulos emitidos junto aos investidores do mercado de capitais.

A SPE e seus acionistas correm o risco integral de não conseguir captar o montante pretendido. Paradoxalmente, este tipo de emissão é bastante utilizado, por conduzir às captações de menor custo para o projeto.

12
FLUXO DE CAIXA

O fluxo de caixa é o instrumento financeiro que integra os estudos, estimativas e projeções, elaborados durante o desenvolvimento do projeto, para todas as suas dimensões, através de sua expressão em uma unidade comum, uma moeda. Esta moeda pode ser referida ao seu valor da data de análise (valor constante) ou ao seu valor nas respectivas datas de ocorrência (valor corrente).

O fluxo de caixa permite avaliar o desempenho financeiro e o desempenho econômico da oportunidade de investimento. A partir dos resultados da avaliação, podemos fundamentar melhor a tomada de decisão pela implementação ou pelo descarte da oportunidade.

12.1 Elaboração do fluxo de caixa

A elaboração do fluxo de caixa de um projeto de investimento que permite a análise de sua viabilidade envolve, além da definição da moeda, diversos procedimentos prévios para a obtenção e elaboração das estimativas dos valores e do comportamento ao longo do tempo de seus ingressos e desembolsos. Devemos atentar para as dimensões do projeto de investimento e fazer a coleta de dados de forma sistemática, de forma a permitir que as informações possam ser revisadas ao longo do processo de desenvolvimento do projeto.

Lembrem-se de que é melhor termos um modelo razoável que possa ser constantemente revisado do que ficarmos na busca de um modelo perfeito, despendendo um enorme esforço e com isto perdendo completamente a agilidade e a correlação do modelo com a realidade.

Convenções adotadas

Para a elaboração do fluxo de caixa são adotadas as seguintes convenções: o investimento inicial é considerado, de forma conservadora, como ocorrido no instante "0", e os demais fluxos de custos e receitas são considerados como se ocorressem no final dos respectivos períodos, como visualizado na Figura 25.

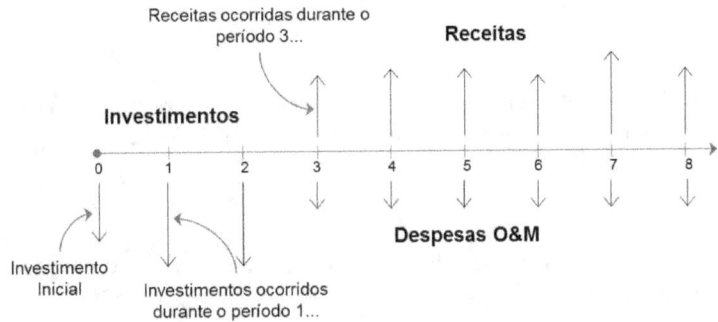

Figura 25 - Convenções adotadas na construção do fluxo de caixa

Receitas

A primeira dimensão a ser estimada e projetada é a receita do projeto de investimento, que será obtida a partir de três elementos: (i) a produção estimada, (ii) o preço de venda estimado e (iii) a projeção do comportamento futuro, tanto das vendas quanto do preço, até o término do ciclo de vida do projeto. Esta avaliação resulta na primeira informação sobre o fluxo de caixa, a receita bruta.

PIS, COFINS e ISS

Partindo da receita bruta e de sua projeção estimada para o projeto, verificamos os impostos que incidem diretamente sobre a receita bruta. Os impostos incidentes sobre a receita bruta no Brasil são o PIS (Programa de Integração Social), a COFINS (Contribuição para o Financiamento da Seguridade Social) e o ISS (Imposto sobre Serviços).

§ *Devemos também atentar para eventuais retenções, legais ou contratuais, incidentes sobre a receita, que podem até não ter impactos econômicos, mas certamente terão impactos financeiros.*

Quando as empresas são tributadas pelo regime de lucro real, o PIS e a COFINS não são cumulativos e têm as seguintes alíquotas:

a) PIS não cumulativo: alíquota de 1,65% aplicada sobre a receita.
b) COFINS não cumulativa: alíquota de 7,6% aplicada sobre a receita.

— *PIS e COFINS = (Receita — Custos compensáveis)·0,0925*

No caso da compensação de PIS e COFINS, devemos verificar as atividades da cadeia que têm incidência sobre a receita para fazer a compensação. No caso dos investimentos a compensação pode ser feita utilizando-se as mesmas alíquotas, à medida que são depreciados.

O ISS é um imposto municipal que incide sobre a receita bruta das empresas prestadoras de serviço, e está regulado pela Lei Complementar n° 116 de 31 de julho de 2003. Empresas que optam pelo lucro real, devem consultar o município[35] e verificar a alíquota, que varia de 2% a 5%.

— *ISS = Receita·Alíquota*

Após conferir as informações relativas aos impostos, fazemos a subtração entre a receita bruta e os impostos incidentes e obtemos a receita líquida do projeto.

Opex

Após obter a receita líquida, fazemos o lançamento dos custos classificados como despesas desembolsadas do projeto de investimento. São os custos que compõem o Opex do projeto. Assim como nas receitas, teremos a tarefa de estimar o custo e fazer a projeção de seu comportamento ao longo do ciclo de vida do projeto. A subtração entre a receita líquida e os custos de Opex resulta no Ebitda do projeto.

§ *O Ebitda[36] — Earnings Before Interest, Taxes, Depreciation and Amortization — é o indicador da capacidade do projeto de gerar caixa em sua atividade. O Ebitda não leva em conta os impactos dos empréstimos tomados, da depreciação dos investimentos e do imposto de renda.*

Devemos atentar para os custos de Opex durante a fase pré-operacional em termos de lançamento contábil. Eles são acumulados para posteriormente serem amortizados durante a fase operacional, gerando impacto no resultado contábil do projeto.

---

[35] O artigo 3° da lei complementar, em função da natureza dos serviços prestados, define o ou os municípios onde será recolhido o ISS.

[36] Em português, Lajida, ou Lucro Antes dos Juros, Impostos, Depreciação e Amortização.

Investimentos

Os investimentos também necessitam ser estimados e projetados ao longo do prazo de implantação do projeto. Esta dimensão tem repercussão direta na necessidade de caixa do projeto.

A dimensão dos investimentos também define a data de conclusão da implantação e a consequente data de início de operação, que marca a transição da fase pré-operacional para a fase operacional.

No fluxo de caixa os desembolsos com os investimentos são lançados para as respectivas datas de sua ocorrência, mas apresentam um tratamento contábil distinto das despesas, uma vez que para o cálculo do resultado contábil do projeto eles são lançados como depreciação ao longo da fase operacional.

Financiamento

Posteriormente ao lançamento dos investimentos, temos a definição da estrutura de capital do projeto. Definida a alavancagem, vamos lançar o cronograma de captação e desembolso e os pagamentos do serviço da dívida, segundo o tipo de financiamento previsto para o projeto. O serviço da dívida deverá ser detalhado, apresentando-se as respectivas parcelas de juros e amortização que compõem cada pagamento, uma vez que as parcelas de amortização não apresentam impacto tributário e as parcelas de juros têm repercussões tributárias.

Imposto de renda pessoa jurídica

Tendo-se ciência dos juros, do critério contábil de depreciação dos investimentos e de amortização das despesas pré-operacionais, será possível apurar o lucro bruto do projeto, lucro este que está submetido à tributação pelo imposto de renda e à contribuição social.

No caso de empresas no regime de lucro real, a alíquota do IRPJ é de 15% (quinze por cento) sobre o lucro bruto. Sobre a parcela do lucro bruto que exceder ao valor resultante da multiplicação de R$20.000,00 (vinte mil reais) pelo número de meses do respectivo período de apuração, incide um adicional de 10% da alíquota (dez por cento). Este adicional será pago juntamente com o imposto de renda apurado pela aplicação da alíquota de 15%.

A Contribuição Social sobre o Lucro Líquido é uma contribuição criada pela Lei nº 7.689/1988 para que todas as pessoas jurídicas possam apoiar financeiramente a Seguridade Social. A alíquota da CSLL é de 9% (nove por cento) para as pessoas jurídicas em geral, e de 15% (quinze por cento), no caso das pessoas jurídicas consideradas instituições financeiras, de seguros privados e de capitalização. A apuração da CSLL segue exatamente o mesmo critério de apuração adotado para o IRPJ.

- $IR = \textit{Lucro Bruto Real} \cdot 0{,}15$
- $IR\,\textit{Adicional} = (\textit{Lucro Bruto Real} - 20.000 \cdot 12) \cdot 0{,}10$

- $CSLL = Lucro\ Bruto\ Real \cdot 0{,}09$

Fluxo de Caixa

Calculados e lançados os custos com o imposto de renda e a contribuição social, podemos obter o fluxo de caixa livre do projeto pela diferença, em cada período, entre as entradas e as saídas de caixa. Devemos estar atentos e desconsiderar a depreciação dos investimentos e a amortização das despesas pré-operacionais, uma vez que estes são custos não desembolsáveis e não representam um efetivo movimento de caixa.

O fluxo de caixa resultante é o fluxo de caixa alavancado do projeto. A partir do fluxo de caixa alavancado podemos definir o fluxo de aportes dos acionistas, os dividendos a serem pagos e as reduções do capital próprio. Os movimentos de caixa de aportes e redução de capital e os dividendos recebidos irão compor o fluxo de caixa do acionista. A Tabela 13 apresenta um exemplo de estrutura de fluxo de caixa.

Tabela 13 - Fluxo de caixa alavancado de um projeto de investimento

Fluxo de Caixa					
		Descrição	Períodos	1	2
1.	(+)	Receita Bruta	Receitas do projeto e os Tributos incidentes diretamente		
2.		Impostos incidentes sobre a receita			
	(-)	PIS			
	(-)	COFINS			
	(-)	ISS			
	(+)	Crédito PIS/COFINS (s/depreciação)			
3.		Receita Líquida			
4.		Despesas Operacionais do Projeto	Custos de Operação e Manutenção do Projeto		
4a	(-)	Custos Operacionais			
4b	(-)	Custos Fixos Administrativos			
5.		EBITDA			
6.	(-)	Investimentos	Investimentos realizados e sua depreciação e a amortização dos juros quando não forem capitalizados e das despesas pré-operacionais		
7a	(-)	Depreciação			
7b	(-)	Amortização Juros pré-operacionais			
8.		Financiamento	Financiamento, desembolsos e pagamento do serviço da dívida. Os juros pré-operacionais podem ser capitalizados e pagos conjuntamente com o financiamento ou pagos durante a implantação do projeto		
8a	(+)	Desembolsos			
8b	(-)	Juros pré-operacionais			
8c	(-)	Juros			
8d	(-)	Amortização			
9.		Lucro antes do IR			
10.		Impostos sobre resultado	Cálculo dos impostos incidentes sobre o lucro bruto		
10a	(-)	IR			
10b	(-)	Contribuição Social			
11.		Lucro após o IR			
7.	(+)	Depreciação (não é caixa)	Avaliação do caixa do projeto		

12.		Fluxo de caixa alavancado	
13.	(+)	Capital Próprio	Aporte dos Acionistas
14.		Fluxo de caixa Livre	Recurso disponível para pagamento de dividendos. O saldo de caixa pode ser aplicado e gerar receitas financeiras
15.	(-)	Caixa Acum. Antes Dividendos	
		Pagamento de Dividendos + Red. Capital	Definição dos resultados do projeto e canal contábil para o pagamento de dividendos aos acionistas
		Caixa Acum. Após Dividendos	
16.		Fluxo do Acionista	Aportes e pagamentos de dividendos
17.		Fluxo do Acionista Acumulado	Disponibilidade de caixa acumulada
18.		Fluxo do Acion. Acumulado descapitalizado	Definição do Payback

"[...] o importante não é o processo mecânico de descontar os fluxos de caixa. Quando temos os fluxos de caixa e a taxa de desconto apropriada, os cálculos necessários são bastante simples. Já o trabalho de chegar aos fluxos de caixa e à taxa de desconto é muito mais desafiador" (ROSS, et al., 2013 p. 284).

12.1.1 Tipos de Fluxo de caixa

Os fluxos de caixa, em função dos dados considerados em sua elaboração, possuem distintas finalidades.

Fluxo de caixa do projeto

O fluxo de caixa do projeto é um fluxo teórico em que se considera que o projeto será executado no conceito "*All-Equity*"[37], ou seja, que o projeto não terá financiamento de terceiros. Este fluxo de caixa permite avaliar a qualidade intrínseca ao projeto, uma vez que sua taxa interna de retorno pode ser comparada com o custo para captação de recursos, assim podendo ser avaliada a sua capacidade de alavancagem da remuneração dos recursos aportados pelos acionistas.

Este tipo de fluxo de caixa é mais utilizado no desenvolvimento de projetos por entidades públicas para concessões e PPPs, uma vez que está sendo avaliado somente seu potencial, sem associação com um acionista em particular e sem considerar o produto do mercado financeiro adequado ao projeto.

---

[37] O conceito de Fluxo de Caixa "*All-Equity Cost of Capital*", na quase totalidade dos casos, é meramente teórico.

Fluxo de caixa alavancado

O fluxo de caixa alavancado, como vimos anteriormente, é o fluxo de caixa do projeto incluindo todas as considerações sobre a estrutura de capital e as características do financiamento, deixando-se somente de avaliar os aportes dos acionistas e a distribuição de dividendos. Este fluxo representa o projeto já em relação com o mercado financeiro.

Fluxo de caixa do acionista

O fluxo de caixa do acionista representa os recursos que serão demandados dos acionistas em termos de aporte de capital (quando o fluxo for negativo) e a remuneração efetivamente disponibilizada para os acionistas (quando do pagamento dos dividendos).

Para o pagamento de dividendos o projeto de investimento, através da empresa de propósito específico, tem que cumprir as seguintes exigências:

a) ter resultado contábil de forma a permitir o pagamento de dividendos (canal contábil);
b) ter saldo de caixa disponível para efetuar os pagamentos (disponibilidade de recursos);
c) e, em muitos casos, cumprir as restrições colocadas pelos *lenders* sobre a possibilidade de pagamento de dividendos (vinculadas a contas reservas e ICSD).

§ *Um projeto de investimento, para ser viável, deve apresentar uma taxa interna de retorno do acionista superior ao custo da dívida, uma vez que não teria sentido ser melhor opção emprestar para o projeto do que ser investidor de "equity". Ou seja, o custo de capital de terceiros ser superior ao custo do capital que está sujeito a uma série de riscos adicionais.*

O fluxo de caixa do acionista, durante o ciclo de vida do projeto, considerando os dividendos pagos e a eventual devolução do capital aportado, deve ser suficiente para o reembolso e a remuneração do valor investido de forma a atrair o capital de risco dos empreendedores.

12.1.2 Máxima exposição do fluxo de caixa

Como vimos anteriormente, o pagamento de dividendos para o acionista será inicialmente o ressarcimento do capital investido, no período de *payback*, para posteriormente ocorrer a efetiva remuneração do capital investido.

Por nível de exposição máxima do fluxo de caixa do acionista, entende-se o maior valor negativo do fluxo acumulado, representando, portanto, o aporte acumulado máximo de capital do acionista. Esta exposição é fortemente impactada pela ocorrência de imprevistos no transcorrer do projeto, devendo ser um dos parâmetros verificados na análise de sensibilidade.

12.2 Análise de sensibilidade

As análises econômicas de um projeto de investimento não estão completas a menos que avaliemos os efeitos potenciais das incertezas do projeto referentes às estimativas e projeções utilizadas na elaboração do fluxo de caixa.

A análise de sensibilidade é a avaliação da exposição ao risco, a partir de alterações no comportamento das estimativas e projeções dos parâmetros que compõe o fluxo de caixa, e a verificação da sua repercussão no resultado econômico através do comportamento do VPL ou da TIR.

> "A sensibilidade às vezes é definida mais especificamente como a magnitude relativa da mudança em um ou mais fatores que reverteriam a decisão entre as alternativas de um projeto ou a decisão sobre a aceitação econômica de um projeto" (DEGARMO, et al., 1997 p. 450)[38]

Diagrama de sensibilidade

Para apoiar o estudo, podemos montar um gráfico de sensibilidade no qual lançaremos os resultados relativos ao comportamento do fluxo de caixa para as variações individuais de cada fator projetado. Para tanto, realizamos o seguinte procedimento:

a) Fazemos as simulações do comportamento futuro dos fatores que geram os investimentos e as receitas utilizadas no modelo do fluxo de caixa. Para a variação de cada fator é calculado um novo VPL, mantendo-se constantes os demais fatores.
b) Os diversos resultados fornecem uma percepção sobre o impacto que cada fator tem sobre o projeto, o que permite a análise do risco associado.
c) Lançamos os dados em um gráfico denominado *Diagrama aranha*.
d) Com a informação sobre a sensibilidade do projeto ao comportamento dos distintos fatores envolvidos, o tomador de decisão pode trabalhar na diminuição das incertezas relativas aos fatores mais críticos.

Nos estudos de engenharia econômica, a análise de sensibilidade é elaborada a partir de cenários não probabilísticos[39], de forma simplificada para obter informações sobre o potencial impacto da incerteza nas estimativas dos fatores utilizados na análise de viabilidade.

---

[38] Tradução do autor.

[39] Diversos autores defendem o emprego, na Análise de Sensibilidade, de cenários probabilísticos, como aqueles criados a partir de Simulações de Monte Carlo, que permitem estimar o valor esperado de um fator e detectar quais variáveis têm maior efeito na rentabilidade de um projeto.

Fatores cujo comportamento pode variar nos cenários utilizados para a análise de sensibilidade são:

a) *Capex* — variações no cronograma, prazo, variação do custo e desempenho;
b) Financiamento — variação na alavancagem, no custo, no prazo (duração), na forma de desembolso;
c) Tributário — forma de depreciação do ativo, compensação de impostos, incidências de benefícios tributários;
d) *Opex* — custos dos insumos, desempenho operacional, custo de manutenção-reposição, descolamento temporal do desembolso do custo;
e) Receita — comportamento do reajuste da tarifa, demanda (ponto de partida e curva de crescimento), taxa de absorção do produto no mercado, início de venda;
f) Capital — cronograma de aporte, cronograma de redução;
g) Geral — Descolamento de índice de reajuste, incidência da variação cambial (em projetos impactados pelo câmbio).

> "Os parâmetros com grande impacto no projeto devem receber atenção especial por parte do gestor; eles merecem estudos mais aprofundados ou investimentos preliminares em informação, a fim de se reduzir a incerteza antes da aprovação do projeto" (SAMANEZ, 2009 p. 143).

Estabelecidos os fatores que resultam em maior impacto, devemos propor ações de planejamento para realizar o seu monitoramento quando da implantação e operação do projeto.

§ *Não se pode evitar a variabilidade. Ela faz parte da análise de viabilidade, seus resultados não podem nem devem ser tratados como certezas.*

12.3 Análise de Cenários

A análise de sensibilidade envolve a mudança de apenas um fator por vez e a análise de seu efeito sobre o VPL do projeto de investimento. Isso é muito útil ao tentar determinar os fatores mais críticos, mas desconsidera o fato de alguns destes fatores poderem estar correlacionados.

A análise de cenários consiste na identificação de possíveis variações nas estimativas e projeções dos diversos fatores que compõem o fluxo de caixa do projeto de forma conjunta, caracterizando cenários do que poderia vir a ocorrer. Nesse sentido, são considerados pelo menos três cenários.

– *Pessimista:* Considerado o pior comportamento do conjunto de dados projetados.
– *Provável:* Este é o cenário básico que foi projetado considerando as estimativas de maior probabilidade de comportamento para o conjunto de projeções efetuadas.
– *Otimista:* É o cenário no qual o comportamento conjunto dos dados apresenta melhorias, em relação à previsão inicial considerada de maior probabilidade.

A elaboração dos cenários, deve sempre buscar ter conexão com a probabilidade de sua ocorrência. A análise a partir destes cenários faz parte da tomada de decisão, tanto na escolha de uma alternativa de investimento quanto na decisão sobre a viabilidade de execução de determinado projeto de investimento.

Exercício 244. Uma empresa está avaliando a construção de uma sede própria. Para tanto, ela elaborou estudos e financiou projetos que foram pagos no valor de $20.000.000,00. Este estudo resultou nos seguintes dados:
1. O investimento total será de $472 milhões.
2. A Estrutura de capital será composta de 50% de capital próprio e 50% de capital de terceiros.
3. O edifício será construído em dois anos, com 30% de avanço no 1º ano e o restante no 2% ano.
4. O financiamento será desembolsado *pari passu* com o aporte de capital. Será pago com carência de três anos e dez prestações iguais anuais, pelo sistema de amortização constante e com a taxa de juros de 9% ao ano. Os juros durante a construção serão capitalizados.
5. O investimento será depreciado em 15 anos.
6. A receita estimada de aluguéis no primeiro ano de operação será de 212 milhões, com crescimento anual de 2%.
7. Os custos fixos de funcionamento foram estimados em $8 milhões no primeiro ano de operação, com crescimento anual de 3%, e os custos variáveis serão equivalentes a 35% do valor da receita anual de locação.
8. O imposto de renda e a contribuição social são de 34% do lucro bruto.
9. O horizonte de análise é de 17 (2 + 15) anos.
Elabore o fluxo de caixa do projeto e monte um diagrama de sensibilidade para variação das receitas, custo de implantação, custo do financiamento e alavancagem.

Ψ   A seguir a representação do Fluxo de Caixa dos quatro primeiros anos e do último ano, o somatório da coluna total é a soma do fluxo inteiro

		Descrição	Total	1	2	3	4...	17
1.	(+)	Receita Bruta	3.666,20	0,00	0,00	212,00	216,24	279,73
2.		Impostos incidentes s/ a receita						
	(−)	PIS (7,60%)	−278,62			−16,11	−16,43	−21,26
	(−)	COFINS (1,65%)	−60,51			−3,50	−3,57	−4,62
	(−)	ISS (2,00%)	−73,31			−4,24	−4,32	−5,59
	(+)	Crédito PIS/COFINS (s/deprec.)	17,23			1,15	1,15	1,15
3.		Receita Líquida	3.270,99	0,00	0,00	189,30	193,07	249,41
4.		Despesas Operacionais do Projeto						
4a	(−)	Custos Operacionais	−1.283,17	0,00	0,00	−74,20	−75,68	−97,91
4b	(−)	Custos Fixos	−148,79	0,00	0,00	−8,00	−8,24	−12,10
5.		EBITDA	1.839,03	0,00	0,00	107,10	109,14	139,40
6.	(−)	Investimentos	−472,00	−141,60	−330,40			
7.	(−)	Depreciação	−472,00			−31,47	−31,47	−31,47
8.		Financiamento						
8a	(+)	Desembolsos	236,00	70,80	165,20	0,00		
8b	(−)	Juros pré-operacionais	28,19		6,37	21,81		
8c	(−)	Juros	−147,47				−23,78	
8d	(−)	Amortização do financiamento	−264,19				−17,39	
9.		Lucro antes do IR				75,63	53,90	107,94
10.		Impostos sobre resultado						
10a	(−)	IR (25%)	−304,91			−18,91	−13,48	−26,99
10b	(−)	Contribuição Social (9%)	−109,75			−6,81	−4,85	−9,71
11.		Lucro após do IR				49,91	35,57	71,24
7.	(+)	Depreciação (−) Amort. Financ.	207,82			31,47	14,08	31,47
12.		**Fluxo de caixa Alavancado**	**776,71**	**−70,80**	**−165,20**	**81,38**	**49,65**	**102,71**
13.	(+)	Capital Próprio	236,00	70,80	165,20			
14.		Fluxo de caixa Livre	1.012,71	0,00	0,00	81,38	49,65	102,71
		Caixa Acum. Antes Dividendos		0,00	0,00	81,38	81,11	134,17
15.	(−)	Pagam. Dividendos + Red. Capital	1.012,71			49,91	35,57	134,17
		Caixa Acum. Após Dividendos		0,00	0,00	31,47	45,54	0,00
16.		**Fluxo do Acionista**	**776,71**	**−70,80**	**−165,20**	**49,91**	**35,57**	**134,17**
17.		Fluxo do Acionista Acumulado		−70,80	−236,00	−186,09	−150,52	776,71
18.		Fluxo do Acion. Acum. Descap.		−63,21	−194,91	−159,39	−136,78	106,22

Ψ Resultados do Fluxo de Caixa

Fluxo de Caixa Alavancado
Taxa Interna de Retorno = 23% ao ano
Valor Presente Líquido = $143,3 milhões

Fluxo de Caixa do Acionista
Taxa Interna de Retorno = 19% ao ano
Valor Presente Líquido = $106,2 milhões
Payback descontado = 11 anos
Capital Próprio = $236,0 milhões
Máxima exposição = −$236,0 milhões

Ψ Análise de sensibilidade — com os resultados do VPL fazendo a variação individual de cada um dos parâmetros

Fluxo de Caixa Alavancado (valores do VPL)					
Variação	−20%	−10%	0%	10%	20%
Receita	15,79	61,00	102,10	151,44	196,64
Investimento	168,72	137,46	102,10	74,98	43,73
Alavancagem	65,37	85,79	102,10	126,65	145,90
Taxa de juros	117,53	111,96	102,10	100,29	94,20

Ψ Diagrama de sensibilidade

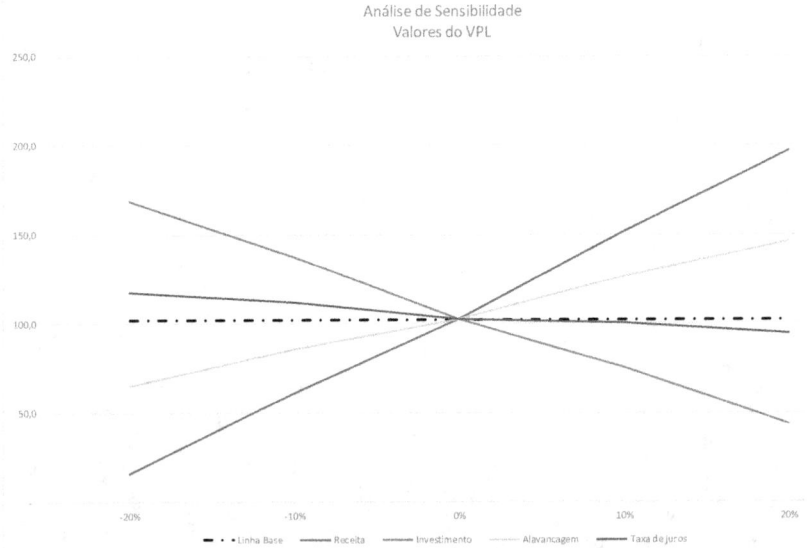

O diagrama indica que os parâmetros mais sensíveis são a Receita e a Alavancagem, devemos então aprofundar os estudos para verificar ações que podem ser tomadas no projeto para minimizar a possibilidade de ocorrência das variações negativas.

Exercício 245. A empresa *Clear Water* propõe a implantação de uma unidade de dessalinização de água para fornecer água a uma mineradora. Em relação ao cálculo do preço a ser ofertado, a empresa fez as seguintes considerações:
1. A expectativa do investidor é uma TIR de 14% aa/a e uma TMA de 8% aa/a.
2. A Estrutura de capital será composta de 25% de capital próprio e 75% de dívida do projeto.
3. A planta de dessalinização será construída em dois anos, e o avanço de implantação será de 40% no primeiro ano e o restante no segundo ano.
4. O financiamento será desembolsado *pari passu* com o avanço da implantação da obra e será pago com carência de 1 ano após o término da implantação, em 15 anos pelo sistema de prestações constantes, com pagamento dos juros durante a implantação.
5. O investimento total seria de $760 milhões investidos em dois anos.
6. O investimento será integralmente depreciado em 20 anos. Após este período, o ativo será vendido à mineradora pelo valor residual de 10% do custo de implantação.
7. A quantidade de água a ser fornecida será de 4 m^3/s durante 85% do ano.
8. Os custos fixos de funcionamento foram estimados em $20 milhões por ano, e os custos variáveis serão de $0,55/m^3 fornecido. Os custos terão um crescimento de 5% por ano em relação ao ano anterior.
9. O imposto de renda e a contribuição social são de 34% do lucro bruto.
10. O preço ofertado terá um crescimento de 2% ao ano.
11. O horizonte de análise é de 20 anos de operação.

Elabore o fluxo de caixa do projeto e monte um diagrama de sensibilidade para variação das receitas, custo de implantação e custo do financiamento.

Ψ A seguir a representação do Fluxo de Caixa dos quatro primeiros anos e do último ano, o somatório da coluna total representa o fluxo inteiro

		Descrição	Total	1	2	3	4...	22
1.	(+)	Receita Bruta	5.288,60	0,00	0,00	217,66	222,01	317,09
2.		Impostos incidentes sobre a receita						
	(−)	PIS (7,60%)	−401,92			−16,54	−16,87	−24,10
	(−)	COFINS (1,65%)	−87,27			−3,59	−3,66	−5,23
	(−)	ISS (2,00%)	−105,77			−4,35	−4,44	−6,34
	(+)	Crédito PIS/COFINS (s/deprec.)	78,11			3,91	3,91	3,91
3.		Receita Líquida	4.771,75	0,00	0,00	197,09	200,95	285,33
4.		Despesas Operacionais do Projeto						
4a	(−)	Custos Operacionais	−1.949,98			−58,97	−61,92	−149,02
4b	(−)	Custos Fixos	−661,32			−20,00	−21,00	−50,54
5.		EBITDA	2.160,45	0,00	0,00	118,11	118,03	85,77
6.	(−)	Investimentos	−760,00	−304,00	−456,00			
7a	(−)	Depreciação (NC)	−844,40			−42,22	−42,22	−42,22
7b	(−)	Amortização Juros pré-operac. (NC)	−62,38			−1,82	−6,24	
8.		Financiamento	0,00					
8a	(+)	Desembolsos	570,00	228,00	342,00			
8b	(−)	Juros pré−operacionais	−62,38		−18,24	−44,14		
8c	(−)	Juros	−337,63				−45,60	
8d	(−)	Amortização do financiamento	−570,00				−30,04	
9.		Lucro antes do IR		0,00	0,00	74,07	23,97	43,55
10.		Impostos sobre resultado						
10a	(−)	IR (25%)	−229,04			−18,52	−5,99	−10,89
10b	(−)	Contribuição Social (9%)	−82,45			−6,67	−2,16	−3,92
11.		Lucro após do IR	0,00			48,88	15,82	28,74
7.	(+)	Depreciação (+) Amortização (NC)	846,22			44,04	42,22	42,22
	(+)	Venda do Ativo (−) ganho de capital	64,60					64,60
12.		Fluxo de caixa Alavancado	753,55	−76,00	−132,24	48,78	34,24	135,56
13.	(+)	Capital Próprio	208,24	76,00	132,24			
14.		Fluxo de caixa Livre	961,79	0,00	0,00	48,78	34,24	135,56
		Caixa Acum. Antes Dividendos		0,00	0,00	48,78	34,24	135,56
15.	(−)	Pag. de Dividendos + Red. Capital	961,79			48,78	15,82	135,56
		Caixa Acum. Após Dividendos		0,00	0,00	0,00	18,42	0,00
16.		Fluxo do Acionista	753,55	−76,00	−132,24	48,78	15,82	135,56
17.		Fluxo do Acionista Acumulado		−76,00	−208,24	−159,46	−143,64	753,55
18.		Fluxo do Acion. Acum. Descap.		−70,37	−183,74	−145,02	−133,39	134,39

Ψ Resultados do Fluxo de Caixa

Fluxo de Caixa Alavancado
Taxa Interna de Retorno = 16% ao ano
Valor Presente Líquido = $157,8 milhões
Tarifa Proposta = $2,03/m³

Fluxo de Caixa do Acionista
Taxa Interna de Retorno = 14,0% ao ano
Valor Presente Líquido = $134,4 milhões
Payback descontado = 14 anos
Capital Próprio = $208,2 milhões
Máxima exposição = −$208,2 milhões

Λ A tarifa a ser ofertada será de $2,04 por metro cúbico fornecido, de modo a se obter uma taxa interna de retorno do acionista de 14% aa. O projeto é bastante sensível à variação da receita, portanto devemos verificar a capacidade instalada para garantir o volume a ser fornecido e assegurar contratualmente que o preço será respeitado

Ψ Análise de sensibilidade

Fluxo de Caixa Alavancado (valores do VPL)					
Variação	−20%	−10%	0%	10%	20%
Produção	−17,33	58,19	134,39	210,58	286,76
Preço de Venda	−110,99	10,26	134,39	258,48	382,60
Investimento	227,39	180,89	134,39	87,88	41,40
Alavancagem	89,51	111,95	134,39	153,25	169,35
Taxa de juros	167,50	151,06	134,39	115,61	96,65

No exemplo, utilizamos variações padronizadas de 10% e 20% para mais e para menos, podemos, entretanto, diferenciar os valores percentuais considerados para cada parâmetro, utilizando cenários com os valores de maior probabilidade de ocorrer.

Ψ Diagrama de sensibilidade

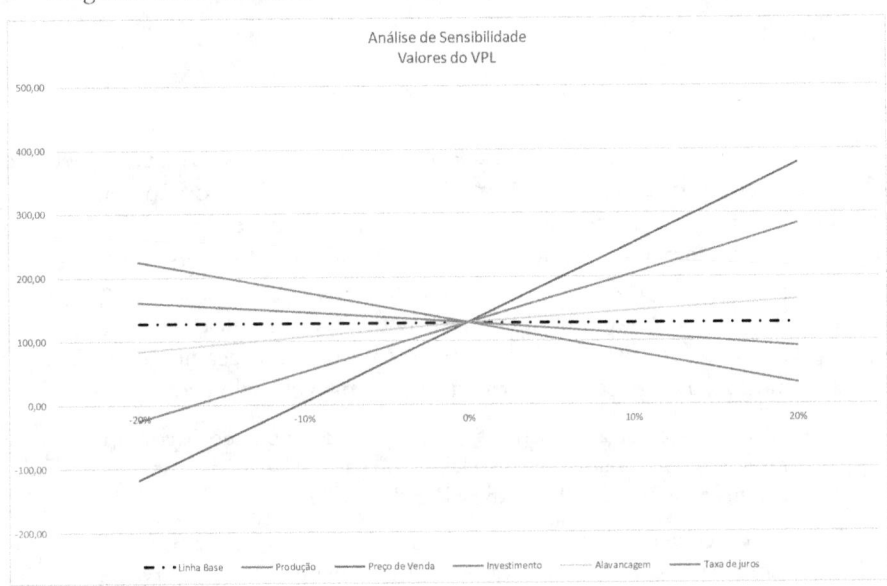

13
ANÁLISE DE RISCO

Risco é *lato senso* a incerteza associada ao retorno esperado do projeto de investimento. Desenvolver um projeto de investimento não deixa de ser adquirir uma série de riscos. De tal forma que a expectativa de retorno do projeto está diretamente relacionada à quantidade de risco assumida, sendo esperado que quanto mais riscos são assumidos, maior será a expectativa de retorno. Ou seja, o risco tem também uma natureza econômica.

A qualidade de um projeto de investimento está intrinsecamente vinculada à forma de mitigação dos riscos para torná-los assimiláveis pelo projeto.

> "A capacidade de administrar o risco, e com ele a vontade de correr riscos e de fazer opções ousadas, é um elemento-chave da energia que impulsiona o sistema econômico." (BERNSTEIN, 1997 p. 12).

> "O conceito de risco aparece intuitivamente devido a nossa percepção de uma incerteza futura — ñossa incapacidade de saber o que nos reserva o futuro em resposta a uma decisão tomada no presente. O risco implica a existência de mais de um resultado possível para dada ação." (MOTTA, et al., 2013 p. 246).

A análise de risco de um projeto consiste em tornar a incerteza explícita. Essa análise é composta da identificação dos riscos e de suas repercussões econômicas e das ações mitigatórias que permitem o seu monitoramento e controle.

Na tomada de decisão favorável para a execução de um projeto de investimento, os indicadores de rentabilidade, obtidos a partir das estimativas de fluxos de caixa futuros, tem um peso significativo na decisão, porém, a única certeza é que os resultados reais serão distintos dos previstos inicialmente. Desta forma, identificar e analisar os riscos do projeto implica em conhecimento, para que possamos estar melhor preparados para acompanhar e gerenciar os riscos, com o objetivo de alcançar o resultado esperado que nos levou a decisão favorável para execução do projeto de investimento.

§ *A análise de viabilidade econômica não estará concluída sem a avaliação dos potenciais efeitos das incertezas do projeto sobre os seus resultados.*

13.1 Mitigação de Risco

Os riscos são inerentes aos projetos de investimento. Porém, ao longo do desenvolvimento é necessário criar mecanismos que permitam tornar os riscos mensuráveis e gerenciáveis. Contratos de fornecimento, contratos de *swap* e seguros são muitas vezes necessários para tornar o projeto atrativo para os acionistas e financiável pelas entidades financeiras.

As estratégias de tratamento dos riscos dos projetos de investimento são basicamente as seguintes:

(i) mitigar o risco dentro do próprio projeto através de melhores estudos e maior controle sobre as atividades sensíveis que podem apresentar desvios;
(ii) transferir o risco a terceiros com capacidade para absorvê-los ou compartilhá-lo, quer seja o cliente ou os fornecedores;
(iii) estabelecer limites para o risco através de contratos complementares, tais como contrato de *swap* de taxa e/ou de moeda;
(iv) contratar seguros, principalmente para aqueles riscos que apresentam pouca probabilidade de ocorrência, mas cujo impacto é de grande magnitude, como catástrofes naturais, tipicamente os riscos vinculados a casos fortuitos e de força maior.

Na etapa de estruturação do projeto devemos identificar, alocar entre as partes e estabelecer os mitigadores dos riscos. Durante a implantação do projeto os riscos devem ser acompanhados e gerenciados. Quanto mais eficiente for a alocação, as ações mitigatórias e o gerenciamento do risco, maior riqueza poderá ser distribuída entre os patrocinadores do projeto de investimento.

13.2 Identificação do Risco

O primeiro risco a ser avaliado está inserido na própria análise de viabilidade: é o risco de previsão, ou seja, o risco de estimar incorretamente os valores de custos e receitas, o que resulta na avaliação equivocada das qualidades de um projeto de investimento.

> "A ideia de categorizar os riscos descrevendo-os de forma organizada faz o analista pensar, discutir e compreender os diferentes riscos presentes no projeto; como estes riscos podem ser mitigados por contratos; a sua

probabilidade de ocorrência; a magnitude do problema se eles ocorrerem e como esses riscos impactam o retorno do investimento." (BODMER, 2015 p. 159)

Um projeto de investimento está inserido em um ambiente onde o risco é endêmico. Logo, não podemos tratar de projeções de comportamento da demanda ou de custos dos investimentos que ocorrerão no futuro, sem considerar os riscos associados a estas previsões e projeções.

A identificação do risco é feita através da projeção dos cenários e adversidades que o projeto pode enfrentar ao longo de seu ciclo de vida. As fontes de riscos podem ser endógenas ao projeto ou exógenas. As endógenas são aquelas associadas diretamente ao projeto e seus acionistas, e estão ligadas ao mau desempenho do projeto por má gestão ou erros na implantação do projeto, por exemplo, a escolha de uma rota tecnológica de rápida obsolescência. As exógenas são as fontes de riscos externas ao projeto, como o comportamento do mercado consumidor, *stakeholders* externos e grupos afetados pelo projeto.

Diversos fatores de risco incidem sobre o projeto, e a segmentação destes se dá meramente para fins didáticos, uma vez que os riscos interagem entre si e as soluções de mitigação muitas vezes potencializam outros riscos. Por exemplo, a mitigação do risco de variação de custo do EPC pode aumentar o risco de não concluir o projeto no prazo. Sempre na análise de projetos de investimento, deve-se buscar *o melhor para o projeto*.

§ *Atenção para a síndrome da viabilização que leva os analistas a considerar cenários muito otimistas, que acabam, de forma artificial, tornando os projetos viáveis. A assunção de projeções otimistas ocorre de forma quase natural quando estamos em um ciclo de crescimento da economia. Porém, devemos sempre ter em mente que a economia é cíclica, e, portanto, temos que relativizar as projeções com relação ao ciclo econômico. Da mesma forma, não podemos ser excessivamente conservadores quando estivermos passando por um ciclo negativo da economia.*

Os projetos de investimento têm o comportamento de um sistema aberto, apresentando diversas interações com o meio onde estão inseridos, as quais podem gerar situações de risco. A seguir vamos abordar os riscos usuais, porém é bom ter em mente que cada projeto pode apresentar peculiaridades, sendo mais sensível à determinado tipo de risco ou, ainda, devido às suas características, estar exposto a algum risco específico.

13.2.1 Risco financeiro

O *risco financeiro*, ou melhor, o risco de não obtenção dos recursos necessários para implantar o projeto, está vinculado principalmente à liquidez do mercado e ao custo de captação dos recursos representado pela taxa de juros. Como o processo de captação ocorre no futuro, as condições ocorridas na prática poderão ser distintas das premissas utilizadas durante o estudo de viabilidade do projeto. Durante a análise de viabilidade, mais propriamente na análise de sensibilidade do projeto, a disponibilidade de recursos deve ser cuidadosamente avaliada antes de o projeto ser considerado viável.

A forma mais adequada de mitigar este risco é se esforçar para que o custo envolvido no projeto, até o momento da captação dos recursos, não seja significativo, de modo que a alternativa de postergar ou descontinuar o projeto esteja disponível. Existem instrumentos de mercado que permitem mitigar o risco de captação de recursos, porém eles implicam em custos, e em virtude do intervalo entre a contratação destes instrumentos e a efetiva contratação do financiamento, são muitas vezes incompatíveis com a realidade dos projetos. Todavia, em alguns projetos pode ser essencial a utilização, por exemplo, de uma proteção cambial.

O fechamento financeiro do projeto deveria ser um marco no seu ciclo de vida. Entretanto, esta situação, principalmente em concessões e PPPs, é difícil de ocorrer, muitas vezes o contrato determina a obrigatoriedade do início da implantação, mesmo sem terem sido assegurados os recursos, na quantidade e no custo adequado, para todo o projeto.

O mercado também pode determinar condições específicas em função da disponibilidade de recursos, principalmente vinculadas ao prazo do financiamento. Nesse sentido, a utilização de estruturas financeiras do tipo *mini-perm* para adaptação à disponibilidade de recursos no mercado é uma fonte de riscos e imprevisibilidade, na qual as condições de refinanciamento do *balloon*, tanto a liquidez do mercado quanto a taxa de juros, estarão sujeitas ao comportamento futuro do mercado.

Outra fonte de risco é a vinculação da dívida financeira a índices inflacionários e taxas de juros flutuantes que possam ter um comportamento muito desproporcional ao aumento da receita. A mitigação pode estar na indexação parcial da receita às mesmas taxas, caso a tarifa ou preço tenha uma fórmula paramétrica, ou na conversão dos empréstimos em taxas fixas através de contratos de *swap* de taxas. Todas estas premissas e possibilidades devem ser abordadas e avaliadas previamente durante o estudo de viabilidade do projeto.

Também existem os riscos do próprio financiamento, como aqueles associados às instituições financeiras depositárias dos recursos ou dos investimentos temporários feitos pelo projeto. Estes riscos são mitigados por meio da análise financeira das instituições e pela utilização somente de aplicações financeiras com altos *ratings*. Cabe lembrar que o objetivo dos projetos é obter retorno com suas atividades operacionais, e não buscar rentabilidade através de operações financeiras especulativas.

13.2.2 Risco comercial ou de mercado

O *risco comercial ou de mercado* é a incerteza associada à quantidade de unidades vendidas e ao preço de venda dos produtos. A mitigação deste risco pode ser feita por meio de contratos de compra e venda da produção futura a um preço ou critério de formação de preço predeterminado.

Na hipótese de um comprador único adquirir toda a capacidade de produção do empreendimento, ele assumirá o risco da oscilação de preço e demanda do produto. Há, neste caso, a substituição do risco comercial pelo risco de liquidez ou insolvência do comprador.

13.2.3 Risco de construção

O *risco de construção* está associado à concepção da solução de engenharia em termos da escolha do processo produtivo, da técnica construtiva e da disponibilidade de insumos. Cada solução tem seus prós, seus contras e seus riscos envolvidos.

No contexto da avaliação de viabilidade de projetos, os riscos emergentes da solução de engenharia adotada e da execução da obra para implantação do projeto podem ser divididos em:

a) Risco de desempenho inferior ao esperado com a solução de engenharia adotada;
b) Risco de atraso na conclusão do projeto, e consequente postergação do início da fase operacional;
c) Risco de aumento de custo de execução (*cost overrun*).

Para mitigar estes riscos relativos à própria concepção do projeto, pode-se: (i) adotar uma solução de engenharia adequada feita por especialistas com conhecimento e experiência específica no sistema produtivo do projeto; (ii) realizar uma avaliação técnica do prazo de execução da obra, que não deve ser condicionado pelas necessidades econômicas do projeto, e, quando necessário, fazer a correta precificação da aceleração do prazo.

O grande desafio dos projetos de investimento é o risco do excesso de custos durante a implantação, conhecido como *cost overrun*, que deve ser objeto de atenção durante os estudos de viabilidade. Este risco não pode ser eliminado, mas pode ser mitigado através de uma forma de contratação adequada e da seleção de empresas com experiência e conhecimento específico nas atividades que serão executadas.

> "A principal causa do *cost overrun* é a falta de realismo nas estimativas iniciais de custos. O cumprimento do prazo e o custo dos atrasos são subestimados, as contingências são muito baixas, as mudanças nas especificações e no projeto não são consideradas adequadamente, as mudanças nas taxas de câmbio entre as moedas são subestimadas ou ignoradas, assim como o risco geológico, e as mudanças de quantidade e de preços são desestimadas, assim como os custos de desapropriação e as demandas de segurança e meio ambiente" (FLYVBJERG, et al., 2003 p. 12).

Tabela 14 - Exemplos de *cost overrun* em grandes projetos de transporte. Preços constantes

Projeto	Cost overrun (%)
Big Dig - Central Artery/Tunnel Project (Boston)	196%
Ponte Humber (UK)	175%
Ferrovia Boston-Washington-New York (USA)	130%
Túnel ferroviário Great Belt (Dinamarca)	110%
A6 bypass Chapel-en-le-Frith/Whaley (UK)	100%
Ferrovia Shinkansen Joetsu (Japão)	100%
Metrô de Washington (USA)	85%
Eurotúnel (UK, França)	80%
VLT Karlsruhe-Bretten (Alemanha)	80%
Link de acesso a Øresund (Dinamarca)	70%
Metrô Cidade do México (México)	60%
VLT Auber-Nanterre (França)	60%
Metrô de Newcastle (UK)	55%
Link Great Belt(Dinamarca)	54%
Link costa a costa Øresund (Dinamarca)	26%

Fonte: (FLYVBJERG, et al., 2003 p. 14).

Desta forma, um contrato de construção equilibrado, que tenha como filosofia a conclusão do projeto no prazo e ao custo estimado, é fundamental para o sucesso do projeto. As medidas mitigadoras devem ser equilibradas e buscar o melhor para o projeto, não sendo elas próprias uma fonte de risco.

O critério para o tratamento da variação do custo de implantação deve ser muito bem elaborado e equilibrado, pois simplesmente repassar esse risco de forma indiscriminada para o fornecedor pode gerar a insolvência deste. A mitigação baseada simplesmente em penalidades é outro exemplo de prática desaconselhável, pois ela apenas repõe parcialmente as perdas do projeto, não garantindo sua conclusão no prazo e com a qualidade necessária. Logo, é fundamental analisar o fornecedor quanto à sua capacidade técnica e financeira de implantar o projeto, e ter no contrato de construção um instrumento equilibrado de gestão do projeto.

13.2.4 Risco tributário-contábil

Os projetos de investimento, em sua maioria, possuem como característica um período pré-operacional bem definido, e posteriormente, no período operacional, há a interação com diversas empresas fornecedoras. A natureza de todas as atividades contratadas (construtor, operador, entidades financeiras, consultorias, assessorias), assim como a natureza da atividade principal do projeto, pode afetar o tratamento contábil, e isso pode ter distintas repercussões tributárias no projeto.

A avaliação desses cenários deve ser realizada na análise de sensibilidade. Nesta dimensão, teremos o risco inerente à má interpretação ou de considerações não aderentes à legislação, o que pode impactar negativamente o resultado do projeto.

Quanto às mudanças na legislação, que acarretam condições diferentes daquelas previstas inicialmente, normalmente os contratos asseguram proteção às partes nesses casos; porém, em caso de projetos não regulados feitos para atender uma demanda de mercado, essa proteção inexiste. O estudo de viabilidade deve avaliar os possíveis efeitos e a eficácia das proteções contratuais.

Também a natureza das atividades presentes nos diversos contratos deve ser analisada com cuidado, pois, principalmente no Brasil, os tributos incidentes são distintos, o que pode resultar na não compensação de algum tributo ou no não aproveitamento de um benefício tributário.

13.2.5 Risco de Insumos

De acordo com o tipo de projeto, o risco relativo aos insumos terá maior ou menor impacto. Por exemplo, para um projeto que necessita um insumo básico consumido no seu processo produtivo, como combustível no caso de uma termoelétrica, a variação do custo desse insumo terá impacto significativo no seu desempenho. Além do custo, a própria disponibilidade do insumo pode representar um risco.

As garantias relativas à disponibilidade e ao custo dos insumos devem receber a devida atenção durante os estudos para a implantação do projeto, principalmente quanto àqueles insumos fornecidos por monopólios ou oligopólios. Como ação mitigadora podemos fazer pré-contratos, de forma a assegurar fornecimento e condições comerciais constantes durante todo o ciclo de vida do projeto. Aqui vale a observação: devemos verificar a real capacidade de absorção deste risco pelo fornecedor.

A variação de custo dos insumos, por si só, gera um risco no projeto. A análise de sensibilidade serve para determinar a influência desta variação no retorno esperado do projeto.

13.2.6 Risco operacional

O *Risco operacional* é o risco associado ao desempenho ou performance do projeto. A viabilidade do projeto depende da manutenção de determinada relação entre os custos operacionais fixos e variáveis e as receitas líquidas geradas por ele, relação esta que deve ser vantajosa para todas as partes envolvidas. Portanto, qualquer falha no desempenho do projeto, principalmente em virtude dos custos fixos, irá ter impacto no retorno esperado.

As atividades de manutenção de rotina, preventiva e eventuais reposições devem ser estimadas e provisionadas para que não haja interrupção na produção, e as eventuais paradas de manutenção e consequente diminuição nos rendimentos devem ser consideradas nas projeções — neste caso, a experiência dos *sponsors* na operação de projetos de mesma natureza é um importante elemento mitigador.

Este conhecimento também é importante para o *startup* do projeto, pois ajuda a evitar os erros comuns de aprendizagem característicos do início da produção.

Dois fatores adicionais podem ser bastante significativos no desempenho do projeto. O primeiro deles é a relação com os órgãos fiscalizadores e legisladores, visando à obtenção tempestiva das devidas licenças de operação. O segundo fator é a relação com a comunidade onde o projeto está inserido. Se não forem devidamente tratados, esses fatores podem gerar eventuais perturbações e interrupções na produção.

13.2.7 Risco de integridade

Risco de integridade é composto por situações ligadas aos acionistas e aos gestores do projeto devido à presença de vulnerabilidades na organização de forma que possa favorecer ou facilitar práticas de corrupção, fraudes, conflito de interesses, dentre outras que possam impactar a legalidade e a competitividade do projeto de investimento.

O risco de integridade pode afetar os projetos de investimento, através da aplicação de multas, sanções e litígios jurídicos, resultando em consequência perda financeira e a diminuição do valor de mercado. Além disso, a própria repercussão na imagem pode afetar a capacidade do projeto de continuar desempenhando de forma eficaz as suas atividades.

Os contratos que compõe um projeto de investimento já preveem uma série de sanções e consequências para quaisquer atos desta natureza. Fazer avaliação de condutas desta natureza foge da capacidade do analista. Desta forma, tem todo o sentido, quando da definição da estrutura societária e do dimensionamento do Opex do projeto, considerar a implantação de uma forma de governança que dificulte este comportamento e de um sistema robusto de gestão de *compliance*.

Um programa de *compliance*, resulta no maior controle dos gestores sobre o projeto e consiste em processos e políticas que buscam assegurar o cumprimento de normas internas e externas. O programa tem como objetivo fazer que toda a cadeia produtiva, incluindo todos os colaboradores, parceiros e fornecedores, apresente um comportamento ético e cumpram a lei.

13.2.8 Risco ambiental e social

Independente do seu impacto ou de sua localização, todo projeto deve abordar o tema ambiental em suas análises. Um projeto não pode prosseguir sem uma opinião favorável de conformidade ambiental por parte do ente regulatório local. Essa categoria de risco tem ainda maior repercussão conforme a localização do projeto, por exemplo, perto de regiões densamente povoadas ou nas proximidades de áreas selvagens, patrimoniais ou reservas nativas.

Algumas agências multilaterais não irão sequer fazer a análise de enquadramento do projeto em alguma linha de financiamento, sem as devidas salvaguardas ambientais. A mitigação deste risco está no envolvimento de especialistas ambientais e em consultas às entidades responsáveis pelo licenciamento, desde os estágios iniciais do desenvolvimento do projeto.

Os projetos de investimento são de longa duração, além do meio ambiente, devem ser socialmente sustentáveis, principalmente com relação a estratos sociais que serão diretamente afetados pela sua implantação. Devem ser consideradas medidas de compensação e ações sociais de facilitem e consolidem as relações com o entorno do projeto e a sociedade.

13.2.9 Risco-País

O denominado *risco-país* é precificado em pontos básicos, sendo que cada 100 pontos básicos (*bps*) são equivalentes a 1%. O risco-país refere-se ao custo adicional que os instrumentos de dívida soberana de um país têm sobre a taxa paga pelos instrumentos de dívida do tesouro dos Estados Unidos.

Se o risco-país do Brasil for de 150 *bps*, isso significa que o investidor deseja um prêmio de 1,5 ponto percentual de rendimento acima do que paga o título norte-americano. A remuneração adicional tem a finalidade de gerar no investidor o interesse de assumir o risco econômico, político e financeiro adicional de investir na economia brasileira.

É importante destacar, também, que três são as formas mais comuns de se medir o risco-país. São elas:

a) EMBI+: *Emerging Markets Bond Index Plus*;
b) CDS: *Credit Default Swap*;
c) *Rating*.

EMBI+

É a forma de expressão do risco-país mais conhecida, e seu cálculo é feito pelo J.P. Morgan Chase, banco idealizador do índice. O EMBI+ é um índice ponderado composto de instrumentos de dívida externa, ativamente negociados e expressos em dólar, de governos de países emergentes.

O EMBI+ para o Brasil recebe o nome de EMBI+Br. Seu *spread* é conhecido como risco-Brasil e corresponde à média ponderada dos juros implícitos pagos pelos títulos da dívida externa brasileira em relação aos juros pagos por papéis de prazos equivalentes do Tesouro dos Estados Unidos.

Esse indicador é muito utilizado no mercado financeiro para medir e qualificar a instabilidade de um país, analisando-a em termos políticos, econômicos e financeiros.

CDS

Outra metodologia de determinação do risco-país é o *Credit Default Swap*, abreviado por CDS, também representado em pontos-base — *bps*. O CDS é um contrato bilateral que permite adquirir uma espécie de proteção contra um possível calote do emissor de determinado ativo.

No caso de insolvência, o vendedor da proteção paga ao comprador um montante que compense as perdas resultantes do evento, imunizando o risco de crédito. Quanto maior a probabilidade de inadimplemento do emissor, maior será o prêmio/custo do CDS, que funciona, assim, como uma medida de risco de crédito.

Rating

Por fim, ainda temos o *rating*, que é a classificação de risco de um país emissor de dívida, feita por agências especializadas, que avaliam a capacidade e a disposição deste país em efetuar o pagamento do serviço da dívida, pontual e integralmente.

As principais agências de *rating* Internacionais são: Standard & Poor's (S&P) e Moody's e Fitch, e normalmente essas agências avaliam indicadores como:

— *Reservas internacionais e política fiscal;*
— *Solidez na economia e estabilidade política;*
— *Fatores sociais: liberdade de imprensa e distribuição de renda;*

Tabela 15 - Classificações das agências de *ratings*

Moody's	Standard & Poor's	Fitch Ratings	Significado
Aaa	AAA	AAA	
Aa1	AA+	AA+	
Aa2	AA	AA	Grau de investimento
Aa3	AA-	AA-	com qualidade alta e
A1	A+	A+	baixo risco
A2	A	A	
A3	A-	A-	
Baa1	BBB+	BBB+	Grau de investimento
Baa2	BBB	BBB	com qualidade média
Baa3	BBB-	BBB-	
Ba1	BB+	BB+	
Ba2	BB	BB	Especulativo
Ba3	BB-	BB-	
B1	B+	B+	
B2	B	B	Altamente especulativo
B3	B-	B-	
Caa1	CCC+	CCC	
Caa2	CCC	CC	Risco alto de
Caa3	CCC-	C	inadimplência ou em
Ca	CC	DDD	atraso
C	C	DD	
	D	D	

O *rating* também reflete a conjuntura do país no longo prazo e, portanto, tende a ser mais confiável do que as outras medidas de risco-país. Os países que apresentam *ratings* mais altos (acima de Baa3 ou BBB−) são denominados

Investment Grade, ou grau mínimo de qualidade do investimento. As obrigações dos países com baixo *rating* são denominadas *Junk bonds* ou obrigações lixo, e isso indica que o pagamento dos juros e do principal emprestado é bastante duvidoso.

O custo final para a captação de recursos estará vinculado ao risco do país onde o projeto será realizado mais os *spreads* do setor, dos acionistas e da percepção dos financiadores sobre as qualidades e defeitos do projeto.

13.2.10 Risco de força maior e caso fortuito

Este risco está relacionado à ocorrência de eventos fortuitos externos ao projeto, ou seja, fora do controle das partes envolvidas, que possam prejudicar o desenvolvimento do projeto, seja em sua fase de construção, seja em sua fase de operação. Estes riscos incluem falha técnica irreparável, incêndio, greve, revoluções, convulsões sociais, terremotos, terrorismo, etc.

Eventos deste tipo não podem ser previstos pelo projeto. Quando for o caso, o único fator mitigador é a contratação de um seguro *all risk* que cubra todos os possíveis efeitos de um sinistro desta natureza.

13.3 Contingência

A gestão dos riscos é um processo contínuo durante o ciclo de vida de todos os projetos, e o tratamento de risco começa no estágio de pré-viabilidade. Durante esta etapa podemos encontrar elementos de risco que não tenham fatores mitigadores adequados. Nestas situações podemos, nos casos mais sensíveis, rechaçar o projeto. Nos casos em que a probabilidade do risco é mensurável e seus efeitos podem ser mitigados através de uma provisão financeira, podemos determinar uma verba de contingência no projeto e testar a viabilidade deste com este valor provisionado.

O valor da contingência é normalmente determinado de forma probabilística, baseado no princípio de que alguns riscos poderão efetivamente ocorrer, mas não todos. Desta forma, é possível determinar um valor que suportaria a eventual ocorrência de um destes eventos, mas evidentemente não de todos em conjunto. Também é usual determinar fatores de risco positivos, eventos não considerados na análise, que podem melhorar o desempenho do projeto. Esses riscos são elementos mitigadores e devem ser considerados no dimensionamento da contingência.

> "As estimativas de custo da construção também deverão incluir um fator de contingência que permita cobrir eventuais erros de projeto ou custos não previstos. O tamanho deste fator depende de incertezas que poderão afetar a construção, mas, na maioria dos grandes projetos, um fator de contingência de 10% dos custos diretos é normalmente tido como adequado se o projeto de

engenharia das instalações do empreendimento já estiver concluído" (FINNERTY, 1998 p. 34).

Esta observação de *Finnerty*, não condiz com os dados apresentados nos grandes projetos, caberia aqui um pequeno adendo — em estudos de projetos de investimento *greenfield*, porém, com escopos conhecidos, elaborados por empresas com experiência e por especialistas da área, podemos trabalhar com o valor da contingência citada. Quando enfrentamos projetos únicos de grande complexidade, necessitamos salvaguardas adicionais, de forma a garantir o sucesso na implementação do projeto.

O dimensionamento do valor da contingência pode ser efetuado considerando a probabilidade de ocorrência dos riscos identificados e sua repercussão econômica. No caso da avaliação dos riscos, suas probabilidades e suas consequências econômicas, serem determinantes da viabilidade ou inviabilidade do projeto de investimento, podemos estar incorrendo no erro de ter classificado como risco do projeto, fatores que deveriam ser considerados como custo.

13.4 Medindo o Risco

A mensuração do risco é um assunto que tem sido bastante explorado tanto no meio acadêmico, resultando inclusive em alguns Prêmios Nobel para estudiosos que desenvolveram várias abordagens matemáticas ou estatísticas, quanto no mercado financeiro com a criação de diversos produtos derivados de complexas equações e extrapolações de dados. Apesar das fórmulas sofisticadas e estatísticas complexas, a utilização destes métodos matemáticos inovadores na avaliação de riscos, tem muitas vezes, na prática, se mostrado ineficiente. A crise financeira global recente, foi um alerta contra a dissociação dos modelos econométricos da realidade.

Os analistas e profissionais que atuam em projetos de investimento muitas vezes preferem analisar modelos, estaticamente menos sofisticados, que permitem associar os resultados com sua vivência prática, no lugar de utilizar complexas equações matemáticas que incorporam distribuições de probabilidades, porém, são de difícil calibração através da sensibilidade empresarial dos promotores.

O desafio de tornar o risco de um projeto de investimento um número, tem motivado diversos analistas e acadêmicos, porém, ainda não temos uma metodologia de ampla utilização. Os modelos econométricos, curvas de probabilidade, árvores de decisão e simulações de Monte Carlo, tem sido mais utilizado no dimensionamento dos cenários dos fatores de forma individual, principalmente nas projeções de receitas, tanto no comportamento da demanda como de preços.

Na elaboração de análise de sensibilidade e determinação dos cenários, o analista e os especialistas que o apoiam, devem avaliar a abordagem a ser dada a avaliação de risco de cada um dos fatores que compõe o fluxo de caixa.

14
Considerações Finais

As ferramentas da matemática financeira, e principalmente o conceito do valor do dinheiro no tempo, são essenciais para a análise de projetos de investimento. Os projetos nessa área trabalham com projeções e estimativas do comportamento futuro dos fluxos de caixa, estando inseridos em um ambiente de risco. Portanto, os estudos relacionados, além de seguirem a abordagem do valor do dinheiro no tempo, devem analisar as ações mitigadoras de riscos necessárias para garantir o retorno esperado.

Os projetos de investimento estão em constante interação com o meio em que estão inseridos devido à sua natureza de sistema aberto, em um ambiente financeiro em que há a presença de uma taxa de juros, além de diversas outras variáveis, em relação às quais devem ser feitas projeções sobre seu comportamento futuro. Mesmo com um planejamento muito rígido, esses projetos estarão sempre sujeitos à variabilidade, logo não é possível garantir que as expectativas sobre sua rentabilidade irão se realizar.

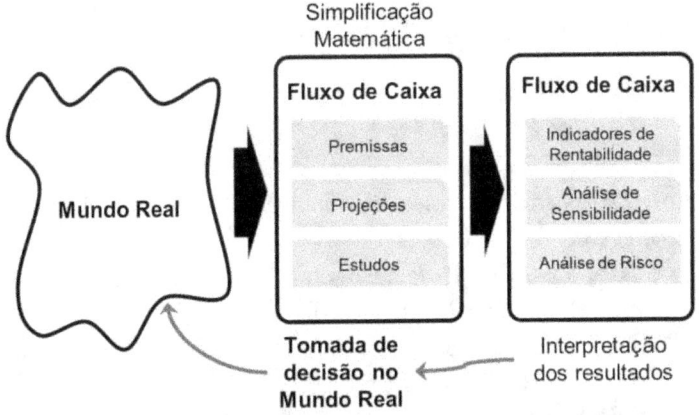

Figura 26 - Simplificações utilizadas no apoio à tomada de decisão

Convém sempre enfatizar que o valor resultante de qualquer avaliação econômico-financeira se fundamenta em um conjunto de expectativas sobre o futuro do projeto, do setor, do país e da economia e na avaliação do risco do comportamento futuro dos fatores estimados. O estudo de viabilidade não é uma ciência exata, mas sim um cenário estimado do comportamento do projeto, e seus resultados devem ser tratados tendo-se esta ressalva em mente.

❖ O estudo de viabilidade não é somente a verificação da viabilidade ou não de determinado projeto para um investidor. Esse estudo deve indicar as ações que maximizem a possibilidade de o projeto ter o desempenho esperado.

❖ Devem ser identificadas as fontes de risco, e fortalecidos os instrumentos de mitigação.

❖ Devem ser identificadas as variáveis que mais sensibilizam a rentabilidade, e utilizados instrumentos para tornar mais seguro seu comportamento futuro.

❖ Sendo assim, os projetos demandam muito trabalho, a interação de diversos stakeholders e muita disciplina para garantir o seu sucesso.

Abordar de forma analítica o desenvolvimento de Projetos de Investimento é essencial para tomar boas decisões na aplicação dos recursos escassos das empresas e dos indivíduos. Para finalizar, um lembrete importante para esta tomada de decisão, um modelo sempre será uma simulação da realidade, não podemos tomar seus resultados como certezas e sim como um indicador do pode vir a ocorrer, mas sem sombra de dúvida, bons indicadores de rentabilidade e o próprio processo de análise, incrementa significativamente a possibilidade de sucesso de um projeto de investimento.

BIBLIOGRAFIA

ASSAF Neto, Alexandre. *Matemática financeira e suas aplicações, 14ª ed.* São Paulo: Editora Atlas S/A, 2019.
AU, Tung e AU, Thomas P. *Engineering Economics for Capital Investment Analysis, 2ª Ed.* New Jersey: Prentice-Hall, Inc., 1992.
BERNSTEIN, Peter L. *Desafio aos Deuses, A Fascinante História do Risco.* Rio de Janeiro: Elsevier Editora Ltda., 1997.
BERTALANFFY, Ludwig von. *Teoria Geral dos Sistemas, 2ª Edição.* Petrópolis: Editora Vozes Ltda., 2008.
BODIE, Zvi e MERTON, Robert C. *Finanças. 1ª Edição.* São Paulo: Bookman Companhia Editora Ltda, 1999.
BODMER, Edward. *Corporate and Project Finance Modeling.* New Jersey: John Wiley & Sons, Inc., 2015.
CASAROTTO Filho, Nelson e KOPITTKE, Bruno Hartmut. *Análise de Investimentos: Matemática Financeira, Engenharia Econômica, Tomada de Decisão, Estratégia Empresarial, 9ª ed.* São Paulo: Editora Atlas S/A, 1992.
DEGARMO, E. Paul e et al. *Engineering economy, 10th edition.* New Jersey: Prentice–Hall, Inc., 1997.
DRAKE, Pamela P. e FABOZZI, Frank J. *Foundations and Applications of the Time Value of Money.* Hoboken, New Jersey: John Wiley & Sons, Inc., 2009.
FARO, Clóvis de. *Elementos de engenharia econômica.* São Paulo: Editora Atlas S/A, 1979.
—. *Princípios e análise de cálculo financeiro.* Rio de Janeiro: LTC, 1990.
FINNERTY, John D. *Project Finance: Engenharia Financeira Baseada em Ativos.* Rio de Janeiro: Qualitymark Editora Ltda., 1998.
FLEISCHER, Gerald A. *Teoria da aplicação do Capitas: um estudo das decisões de investimento.* São Paulo: Editora Edgard Blücher Ltda, 1993.
FLYVBJERG, Bent, BRUZELIUS, Nils and ROTHENGATTER, Werner. *Megaprojects and Risk: An Anatomy of Ambition.* Cambridge: Cambridge University Press, 2003.
FRASER, Niall Morris e JEWKES, Elizabeth Marie. *Engineering economics : financial decision making for engineers; 5th ed.* Toronto: Pearson Canada Inc., 2013.
GELBCKE, Ernesto Rubens, et al.*Manual de Contabilidade Societária. 3. ed.* São Paulo: Editora Atlas Ltda., 2018.

GITMAN, Lawrence J. *Princípios de Administração Financeira, 12ª ed.* . São Paulo: Pearson Education do Brasil Ltda., 2013.

HESS, Geraldo, et al. *Engenharia Econômica, 18ª Edição.* São Paulo: Difel Difusão Editorial S.A., 1985.

JUER, Milton. *Matemática financeira: aplicações no mercado de títulos, Ibemec.* Rio de Janeiro: Ibemec, 1985.

KASSAI, José Roberto. Conciliação entre o VPL e o EVA®: abordagem matemática e contábil do Lucro Econômico. *RBC: Revista Brasileira de Contabilidade.* nov./dez., 2005, Vol. 34, n° 156, p. 22-35.

LEME, Ruy Aguiar da Silva. *Projeção da demanda.* Brasília: Ministério do Planejamento Escritório de Pesquisa Econômica Aplicada (Epea), 1967.

LUCERO, Diego. *Manual Práctico de Financiación de Proyectos.* Ebook: Amazon, 2019.

MATHIAS, Washington Franco e GOMES, José Maria. *Matemática Financeira, 2ª edição.* São Paulo: Editora Atlas S.A., 1993.

MICROSOFT. Ajuda do Software EXCEL®. s.l.: Diversas Versões.

MOTTA, Regis da Rocha e CALÔBA, Guilherme Marques. *Análise de Investimentos.* São Paulo: Editora Atlas S.A., 2013.

ROSS, Stephen A., et al. *Fundamentos de Administração Financeira, 9ª ed.* Porto Alegre : AMGH Editora Ltda, 2013.

SAMANEZ, Carlos Patrício. *Engenharia Econômica.* São Paulo: Pearson Prentice Hall, 2009.

—. *Matemática Financeira: aplicações à análise de investimentos, 4ª edição.* São Paulo: Pearson Prentice Hall, 2007.

SOUZA, Alceu e CLEMENTE, Ademir. *Decisões Financeiras e Análise de Investimentos.* São Paulo: Editora Atlas S.A., 1995.

www.ingramcontent.com/pod-product-compliance
Lightning Source LLC
Chambersburg PA
CBHW060823220526
45466CB00003B/954